淘宝大数据

《卖家》编著

中国友谊出版公司

目录

序言

你是否能看到，正在发生的未来

“大数据”到底是个什么玩意儿?

这个曾经被炒到暴热的词汇，对许多人来说，如同“数据门户”、“数据魔方”、“淘宝指数”、“淘宝时光机”一样，只是看起来好厉害！可是，大数据到底跟我们有什么关系?它背后潜藏的逻辑与规则，到底是指向了阿里巴巴的宝藏，还是索马里海盗的陷阱?

大数据，是正在发生的未来。

这一句高大上的解释，好像有点恐吓人民群众的意思。往通俗里说，我们处于当下时间与空间之下，能看到的只是一年、两年。但是，当你潜入诸多大数据之中，并且找到其背后的规律与密码时，你将看到如阿凡达星球那样瑰丽的未来。

你是否还记得，在 1999 年，也就是上个世纪最后狂欢中的情景?当时的热潮是，走出国去！新东方托福培训的狂热背后，是欧洲和美国的经济处于1%~3%的增长，而彼时中国的GDP正在高速狂奔。于是，海归成为海带。那一个5年，西太平洋大学的学子面临着“挫骨扬灰”。

你是否还记得，2003年淘宝刚刚成立，天猫还是“液体”？无数人冲向公务员和世界五百强，搏斗厮杀，志向卑微一点的也一定要去新浪、搜狐这样的大公司。而只有隔壁小王，拉了两个包裹去四季青进货，做起网店生意来。那一个5年，互联网用户在光速暴增，90后正在从边缘消费人群成长为主流消费人群。

你是否还记得，ICQ、MSN、8848和人人网偷菜？那些年，我们爱过的这些产品，曾有过超级巨星般的辉煌，又如同流星那样逝去。这一个5年……不，不用五年，也就是这两年，在一个叫“微信”的产品绑架了5亿用户之后，逼迫阿里巴巴要推出另外一个叫“来往”的产品以抢夺无线互联网终端。

这一年，PC互联网终于颤颤巍巍地走向了移动互联网。电子商务正在走向商务电子，所有的商业模式又一次被洗牌，重新定义。

这，便是大数据能告诉你和我的一切。

我们在此提供最新的各城市消费力报告，提供近年来的类目数据趋势，还提供每年上半年是内衣好卖还是保暖裤热销这些鸡毛蒜皮的分析。我们协同业内狗仔队与阿里巴巴的BI部门，从数据产品报表到数据工具，再到可视化图片，看上去越来越没有“数据味”，甚至还有些恶趣味。

这所有的数据背后，你是否能看到正在发生的未来？

但愿，我和你，像一首唱不完的歌。

恩　雅

《卖家》执行主编

第一篇

淘宝生态圈

第一章　卖家们的活法

2003～2013 淘宝十年

时间倒流到 2003 月 5 月 10 日这一天，淘宝网成立的时候，谁也没有想到在接下来的时间里，它会成为 eBay（易趣）的竞争对手。从 2005 年下半年起，中国 C2C 市场的历史被重新改写：三年前名不见经传的“中国土产”互联网公司击败了曾经市值最大的互联网公司的中国业务。

同样被改变命运的还有获得由淘宝创造直接的就业机会的人们。回顾十年历史，在淘宝十年里扮演着重要角色的卖家们仍然是大家最为关注的对象。他们曾经在淘宝一天的交易额还不到 1 亿的时候挤占交易环节的最前端，实现创业梦想。然而，传统品牌的进入加剧了整个平台的竞争。

2013 年 4 月，淘宝女装 Top10 的品牌名单中，传统品牌占据 6 席。

在一片“大浪淘商”的生态环境中，产品、营销方式通通发生了变化，各种标准也更为严格，但这并不影响许多跟淘宝一同成长了十年的“老淘宝人”的存在。我们曾调查过不少从2003年开店至今的店家，在接触到的这些人中，有人试图拿起“淘品牌”这一武器和传统品牌抗衡；有人寻求合作，与传统品牌联姻共赢；也有人从“创业者”摇身一变成为淘宝生态里的“就业者”。

不管选择如何，他们的每一种活法，都必须被放入整个生态环境的变化中细细观察。由此，我们才能分析出一些规律的养分，供养下一个十年。

- 截至2013年4月，从2003年开店，且最近30天内至少有1笔成交的卖家近800家。
- 2012年，阿里妈妈针对站长的分成金额突破30亿元。
- 第三方服务商预计2015年营收10000亿元。
- 淘宝创造直接就业机会467万个，总就业机会1333万个。
- 截至2013年4月，十年卖家最近30天成交笔数的平均值是活跃卖家整体的3.71倍，成交金额平均值是活跃卖家整体的4.70倍；店铺被收藏次数平均值达16042.44次，远超全网卖家平均值1278.48次。

淘宝十年，坚守与离开

2007年之前是一个在淘宝上“卖什么都能卖得出去”的年代，不少草根卖家一无所有，在淘宝上却混得风生水起。但在之后的多次洗牌里，又相继有卖家出局，其中不乏皇冠级卖家，甚至有品牌商家。

到底什么样的店铺可以在淘宝上生存十年?已经在C2C市场打拼十年的人认为，一不折腾，二要愿意改变，三要有自己的话语权。

联姻传统品牌

2009年下半年，很多正规品牌进入淘宝，几个月内，淘宝上就消失了数百个大卖家。事后有人总结，没活下来的卖家大都有这些特点：投机、跟风、不会花钱、不愿意改变。这一点，与十年老卖家孙丰的看法恰好一致。

孙丰的第一次转型正是发生在2009年。这年，她收掉经营了6年的进口保健品业务，趁着商城正旺的势头转型经营低卡食品，并开了第一家专营店。回顾当时的电子商务生态环境，有两个信息可以作为说明：2009年，淘宝网交易额达人民币2000亿元；同年，淘宝网宣布拿出1亿元来支持打假行动和建设网购保障，这说明官方乐意在商城形象和细分市场上下功夫，最直接的表现之一是原来的淘宝商城商家遭遇第一次“洗牌”。

孙丰收掉进口保健品业务的原因并不难理解：继续做下去，从国外拿货的方式必然会导致税收问题和知识产权问题的凸显，而这与要求正规化的生态环境并不相符。如果不愿意改变，就只有面对困局。

从已经跻身保健品类目前十的辉煌中退下之后，孙丰选择了属于同一大类目的食品类目。事实上，在很多人眼里，做各种零食爆款可能利润更高，无所谓强调“低卡”。然而，孙丰有自己的考虑。首先，转型意味着从进货渠道到营销方式都要从零开始，此时选择在庞大的食品市场中做细分的部分，可以暂时避过和同行正面竞争的压力；其次，虽然低卡食品在整个零食市场上只占了一小部分，但对于一个店铺来说却已足够。靠着在细分市场的深耕细作，孙丰在市场中站稳了脚跟。

2010年，又经历了两年的交易额爆发神话后，淘宝迎来了风云变幻的一年。许多卖家尚未适应扑面而来的各种新规则，却不得不匀出精力应对由众多传统品牌上线所带来的生存压力。从这一年开始，传统品牌成为了牵动整个生态环境变化的重要因子。

品牌化已然成为趋势，而对于食品类目来说，如果真正要打造一个高附加值的自主品牌并不容易。2011 年，孙丰把战略转向了“合作”，她把第一个联姻的对象锁定为上海本地的老字号品牌功德林。在素食界，功德林被称为“素食鼻祖”。

功德林是“被”淘宝的。直到 2013 年，由孙丰自己公司拥有所有权的功德林旗舰店才终于在天猫上线，而孙丰为此付出了两年有余的心力。“功德林不要求我们销量高，最主要的一条要求是价格不能低于线下门店。”两年下来，孙丰把功德林产品的月销售额从最初的 3 万元提高到了百万元，且超过了他们自己任何一家线下门店。有趣的是，“我们所有的产品都比他们门店卖得贵，同时我们的数据表明，我们只有 20%的客户来自上海本地，其他都是外地的”。而外地人群刚好是功德林原来的渠道覆盖不了的。

按照孙丰的理想规划，与功德林的合作完全顺畅以后，她想接触更多的老字号品牌。“只要能跟十家左右的老字号合作，我们就有巨大的商业价值了。”只是，要找到有双赢意向的战略合作伙伴其实并不容易。

当资本开始进入大淘宝，市场也越来越成熟时，“傍品牌”进行大兵团作战会是一个好思路。不过，选择这种活法的店铺也要有自己的常年积累，其中包括以下几项。

一、对产品有要求，在产品为王的年代，店铺转型以及转型之后的产品选择都要坚持优质；

二、做生意有明确的思路和规划，在爆款、促销成为主流声音的时候，这类店铺要慎重选择参与，从而“蓄势”。在品牌化成为趋势的时候，能够迅速选择借力，实现优势互补。

再晚，也要做品牌

2003 年，淘宝网“蚂蚁打大象”的传奇刚开篇。无意中看到网页某一角的小广告，陈莉很随意地就点开链接，顺手在淘宝网完成了注册。她没有想到，当时的无心之举竟然造就了自己长达十年的淘宝创业史。

陈莉记得，她的店铺编号是 6098。如今店铺等级已达到金冠，销售额居护发类目的第一位。

但在 2002 年，国内还甚少有人知道什么叫“电子商务”，人们正在为付费网民的出现而感到新鲜。此时，陈莉在一个名为 Only Lady 的论坛异常活跃，她习惯在论坛上分享自己关于护发美发的心得。当粉丝越来越多，推荐产品越来越频繁的时候，“别人自然就会问你有没有什么产品推荐”，陈莉说。

于是，“达人”陈莉开始了网络销售。淘宝出现以后，她注册了店铺“芝曼”，卖国外一线品牌专业线的洗护发用品。

在个人英雄主义横行的 2003～2006 年，陈莉和许多恰好抓住了机会的卖家一样在淘宝上独自闯荡。如果非要说出一个优势来，那么无疑是陈莉在细分还没有成为流行词时，就已经开始不自觉地做起了细分；在众多卖家争抢低价产品时，她坚持中高端。

不是没有被“淘便宜”诱惑过。2009 年初，有一款售价为 10 余元的洗发水风靡淘宝，成了全网爆款。陈莉动心了，进了近 1 万块钱的货。结果，“三年过去，剩下了价值 8000 多元的库存”。就这样，陈莉觉悟了：“我们的客户就是中高端人群，他们也只能接受中高端产品。”

2010 年，靠产品稳扎稳打的芝曼迎来了快速发展期。“2010 年 2 月份，我们已经是四皇冠店铺。”

发展快速，也和团队有关。“2010 年之后的两年，我们的团队发展最为完善，开始分各部门，协调运作。”

在传统品牌、淘品牌纷纷进攻淘宝的背景下，不少原本单打独斗又过分依赖爆款的卖家因实力不足，就此退出舞台。在这个年代，团队已经成为了有发展力的淘宝店铺的基本配备。而此时的芝曼，已经有3～5年左右经验的主力员工，带领新员工快速成长。

品牌化成趋势之后，陈莉逐渐意识到活法变了。从2009年至今，陈莉在品牌化上进行尝试。2009年底，陈莉和国内一家品牌合作，最后因双方发展愿景不统一而告终。在已经年满十周岁的当下，芝曼的下一步将如何走？

“继续往下走两步，一是想办法跟国外品牌商接触，另一步是做自主品牌。这两步，放弃哪一步都舍不得。”

拿到授权是最佳的选择，因为品牌本身已经具备了知名度，一旦拿到授权，标题、页面上出现品牌名称也不会侵权。这样一来，消费者通过搜索品牌，就能轻易找到店铺。“弊端是我们会受制于人。”

做自主品牌的时机亦算成熟，但同样也有弊端——新兴品牌的认知度很低，卖家前期销售额有限，反而广告费用投入会很大。“可能前期我看不到远景，所以挣不到钱，会怀疑自己是不是对的。”陈莉说。可是，她知道，这条路必走不可。

2012年年底，芝曼第一个自主品牌试水。它一共推出了四样产品，总数量几万瓶。“月销量还可以，但我们对原料要求很高，没有考虑后续问题，当中断了一段时间。”对于自建品牌，陈莉还比较有信心。

首先，以芝曼为代表的小而美店铺在生存法则里同样少不了对产品的要求和坚持，专注是他们成功的原因之一；

其二，当店铺发展到一定规模后，这类店铺能够顺应变化，细化分工并引进团队，稳定的团队在它们后来的发展中起到了很大的作用；

其三，在品牌化趋势无法抵挡的当下，对于化妆品、美发用品而言，高附加值的自建品牌化道路几乎是不可躲避的。

生于 B2C，长在 C2C

想做品牌的不只芝曼，还有颜菱。这家同样十周岁的店铺主营女装，在波澜起伏的淘宝女装市场里，虽然没有成为风口浪尖上的明星，但也同样活得好好的。

2002 年，颜菱嫁到了上海。本想着嫁人后进修的她，趁着空档就做了一个卖女装的独立网站。“网站维护开发费这些都不成问题，因为老公就是做 IT 的，所以就负责帮我把网站做起来了。”没有太多商业上的策划，因为只对女装有兴趣，2002 年底颜菱的独立网站“Inshops”上线。创业故事开始的方式都很相似：拼体力，她起早贪黑去服装批发市场淘货；拼价格，性价比高的衣服是首选，款式迎合大众潮流，独特性倒是其次；无营销，她的网站在上线初期没有任何推广，有的只是论坛发发帖子。就凭借着回头客和口口相传的口碑效应，生意似乎还不错。

顾客去银行汇款，然后留言她再发货。颜菱慢慢地意识到，网站顾客购买方式不方便以及自己与顾客之间存在着距离。“当时跟顾客没有太多交流，而淘宝遇到新顾客的机会要多得多，跟买家对话，了解他们需求的机会也更多。而且可以跟做同样事情的人一起打拼，更有竞争动力。”于是，颜菱的淘宝店“颜菱”在 2003 年 9 月开张，她开始把网站上的一些货放在淘宝店卖。

“一开始网站的生意还是要比淘宝好一些，但网站没有推广之后，流量就非常少。要把独立网店做下去需要大量的广告资金投入。”很快，颜菱的重心转移到淘宝店。再后来，因为“要网购先淘宝”的观念渐渐深入人心，颜菱把网站彻底关了。她还把店名改为“颜菱.Inshops”纪念曾经的B2C生涯。

2006年之后，淘宝在中国C2C市场的老大地位已经成为定局。第二年，电商优势凸显，整个淘宝平台获得的关注度骤然升高。在平台发展速度加快的同时，市场的运营方式日益规范，用正规手段运营店铺和规范经营的商家得以生存。

在这一年，颜菱也迎来了她的好时代。她店铺的销量突飞猛进，很快做到了皇冠。“2007年生意一下子就非常好，具体成交额也记不清了，一个月大概几千单交易吧。”光靠颜菱一个人忙不过来了——团队作战在这个年代初露端倪，颜菱慢慢组建了自己的团队，共7个人。

销量逐步上升后，批发市场已经满足不了需求，跟每个女装卖家必经的转型之路一样，颜菱找到了固定的厂家供货，开始整顿供应链。然而，光有货不行，在2007年之后，卖家们已经开始研究搜索和广告，对着流量穷追猛打，并且爆款之风盛行一时。可是，颜菱却显得很淡定，她主打的是品质女装，无意走低价多销的路数。

在淘宝发展的十年时间里，“送水者”第三方服务商的出现丰富了整个淘宝生态环境，也加快了卖家和淘宝的发展进程。2012年，在流量获取越来越艰难的环境下，颜菱找到第三方服务商，把直通车推广外包。“现在不做推广地做淘宝几乎是不可能的，所以我们还是会持续做直通车，可能方式上或者外包的对象上会调整。”

虽然店铺发展已经十年，但至今颜菱还没有成立自己的营销推广团队。而这正是她目前面临的困境，也是她走品牌化之路必须解决的问题。

颜菱想做属于自己的品牌是在三年前。彼时，传统企业的进入以及各大淘品牌的崛起，使得整个淘宝硝烟四起。作为份额最大的女装类目，同质化、抄板、价格战等现象日益白热化。颜菱意识到，品牌化之路非走不可。

经过一段时间准备后，2012 年颜菱店铺的原创品牌“颜菱”诞生，每周都会有颜菱自制的产品上新。“做品牌才刚刚起步，每周能上新的品种不多，一般是自己品牌的衣服占四分之一，其他衣服四分之三，可是往往自家品牌衣服的销量能超过二分之一。”而颜菱的目标，是把品牌做大。

女装类目尽管竞争激烈，但在淘宝上尚有突围的空间。一无设计能力，二无供应链优势的女装店铺如何存活？法则有三：

一、在创业历程中，有两种元素不可或缺：对行业感兴趣的初心以及遇到困境时的坚持；

二、勇于正视自己的优劣势，并且做出改变，寻求专业化合作；

三、逐渐打造适合全网的运营能力，这将是这类店铺得以“长寿”的经验。

转战职业经理人

曾有人说：“2012 年是‘淘宝知识’最后的盛宴。”这意味着，曾经以为只要熟练掌握淘宝规则、工具、产品、技巧就能做好淘宝的卖家们，将会丧失优势。在淘品牌和传统品牌的双重压力下，不少原生卖家退出市场。其中，不少人成为了职业经理人。这类人转型的原因有二：

一、随着淘宝知识的普及和市场环境的变化（并购、收购频出），他们不得不被动走出；

二、“商业常识”的先天不足给了他们进步的空间，他们主动选择到已有深厚商业积淀的大企业中去锻炼。

2012年秋天，郝郡去当职业经理人了。认识他的朋友都表示吃惊，从来都是当老板的他，怎么降得下身份？

十年前，郝郡的淘宝之路从卖雕塑品开始。但雕塑艺术品是个“生僻”行业，考虑到规模化和更高的效益，郝郡决定找个高利润的行业大干一番。之后，他与一位在线下从事汽配行业多年的朋友联手，进军汽配市场。本以为一定会成功的两人，却在开店一年后碰了一鼻子灰。“就人群需求而言，有车一族属于高收入人群。他们对汽车配件的价格敏感度不高，更重视品质和品牌。”加之汽车配件大多是标类产品，工厂对生产量有一定要求，这导致郝郡的库存吃紧。

事实上，郝郡的理想与整个环境是矛盾的。2005年以前的平台环境正处于萌芽期，绝大部分到淘宝进行购物的消费者对网络购物并不信任。在整个“淘便宜”的环境下，“淘品质”的人少之又少。因此，郝郡想要在淘宝挖到高收入人群，在彼时犹如大海捞针。

不堪资金压力，郝郡从公司退出。而吊诡的一幕发生了，他的合伙人调整了店铺，将汽车配件换成汽车内饰，结果势头日增。不久后，其原来的合伙人获得了马云颁发的黄马褂。

淡出线上汽车用品市场两年的郝郡在2007年嗅到了新商机。那时，他从朋友处得知，淘宝将推出商城店铺。

郝郡再次“出山”了，这时的定位是汽车内饰品。在接下来的时间里，两人合力将店铺做到了类目前三。后来，因朋友看中了B2B市场而分散精力，2009年，两人和平“分手”——郝郡选择了另外一位合伙人。这一次，郝郡将战略规划得很详细，而他也真真切切地在爆款时代里打了一场硬仗。

依靠低价做爆款的战略，店铺在半年的时间就跻身车品类目前三强，第一次参加“双十一”会战，一举打破传统企业垄断销售的局面。可是，此时的汽车用品类目并不适合打造爆款。“当时，我们的类目老大采取的是多品类战略，虽然没有爆款，但平均销量很可观。”而郝郡掀起的价格战，虽然在短期内积累了人气，但让店铺非常不健康。再者，随着店铺销量的增长，工厂的生产能力开始出现瓶颈。

2009年下半年开始，汽车用品类目引进了许多品牌商，其中包括3M等。此时，与品牌商正面抗衡并非明智之举，郝郡想要的是能够获得品牌商的代理权。“可是，我们好不容易谈下了上海地区的代理权，却得知竞争对手谈下了全国的代理权。”

在这之后，越来越多的线下大牌开始上线，尤其是国际大牌的入驻，让郝郡一类的淘品牌瞬间失去了优势。原类目第一尚且压力倍增，何况郝郡这样的跟随者？

伴随销量的下滑和员工工资的上涨，管理团队出现分歧，郝郡的第二次淘宝创业失败了。

这之后，郝郡总结问题出在管理上。自己虽线上线下运营多年，但始终没有在传统大企业干过。当企业发展到一定规模就有些力不从心。2012年，郝郡放弃了“老板”的身份，加入某传统大牌企业出任电商部总监一职。他说：“无论薪资待遇都跟自己当老板没法比，但是我心甘情愿。”

因为，郝郡想给自己补上十年来一直没上的“企业管理”课。

一般而言，企业的命运掌握在决策者手中，而决策者又受制于自身实力和业态趋势。最悲情的往往是十分努力却败给了时运的人。细究他们在巨变中的抉择，往往能吸取经验。

在千军万马挤在交易环节时，退一步，选择在淘宝生态环境里“就业”，也是一种活法。

到第三方服务市场中去

不管是被动还是主动，当前由卖家转战职业经理人的并不是少数。而转型做服务商的人也数不胜数——这类曾经在一线打拼的淘宝卖家，摇身一变成为交易市场的“送水者”。他们转型的原因不外乎三个：

一、随着一批不懂线上玩法的线下企业“触电”，服务商的市场空间巨大；

二、走高的市场需求带来了高利润空间，名声在外的优质服务商收费很高，但仍然难求；

三、在规避压力的同时进行自我产业升级——不少人在资本、产业链上留有遗憾，而与强势企业的合作恰好实现优势互补。

不做产品，那就做服务。刘海龙觉得，只要是企业看得见、摸得着、能持续的生意都是好生意。

2003 年，刘海龙的一位朋友在 eBay 上做服装生意，大谈网络生意好做。刘海龙想，反正手上有一批不畅销的小家电，不妨就放上去试试吧。策略很简单，比线下卖得便宜。当时网络上的产品少，无论什么类目的商品都有展示机会。这批线下不畅销的产品在线上很快脱手。

利益让刘海龙开始认真关注线上市场。不过，eBay 当时是付费的，且不让买卖双方有直接的交流，这让刘海龙觉得有些可惜。同时，淘宝以免费的旗号出现。刘海龙说，我倒不在乎它免费，我关注的是它有个旺旺，可以直接让我跟买家交流。

同年 10 月，刘海龙正式在淘宝上开店，而挑选的类目却是客单价高、非大众消费品的运动器材类。原因是，当时淘宝上小宗产品太多，而门槛又低，为了开展差异化运营，刘海龙觉得要挑个有门槛的类目做。就运动器材类产品而言，其一，当时线上经营此类目的商家少；其二，自己熟悉这个品类，线下有运营经验；其三，该类产品的利润很高。

在“淘便宜”时代，很多人质疑刘海龙的选择，而他觉得，淘宝购物人群整体是丰富的，只要布局早，保证产品质量和服务，一定有市场。事实证明他是对的，刚起步时，刘海龙好好赚了一笔。只是没多久，这样的“红利”就消失了。

采用低于线下的价格是刘海龙赚钱的主要原因。而当大家都看懂这个有戏，麻烦也就随之而来了。

刘海龙的货源来自代理商。这在价格上被狠狠敲了一笔。直接找厂商谈判，却又因为当时人们对线上市场认知少而被拒绝。最残酷的是，经销商瞅准线上有利润后，纷纷自己上线做买卖。

从2004年到2006年，对刘海龙影响很大，这段时期他不断跟厂家沟通，但始终没得到便宜。一方面，当时整个线下市场仍采取现金结算方式。对商家的资金要求高，虽然是长期合作，但受制于销量仍拿不到更低的折扣，遑论压货了。另一方面，厂家担心线上市场的销售影响其线下的布局，开始对外宣称，线上全是假货。这让刘海龙这样的商家压力巨大。由于没有授权书，又得不到厂家认可，可谓哑巴吃黄连；等熬到厂家松口，同意为线上企业授权，但仍然优先考虑线下的经销商。

在厂家和经销商的共同胁迫下，刘海龙开始找代工厂贴牌生产产品。然而，跑步机、按摩椅一类的运动健身品款式大同小异，消费者没有很明确的认知。即便是同一款产品，贴了两个不同的标签，消费者也还是愿意选择品牌商。刘海龙承认，在研发设计上没有优势，做独立品牌根本不行。

品类受挫，让刘海龙萌生转型的想法。他觉得，既然自己有供货的困扰，别人也有。于是，2009年，刘海龙创建了一个专注于运动保健类产品的独立B2C分销平台。只可惜不久后淘宝的分销平台也应运而生，这让刘海龙的分销生意泡了汤。

分销做不成了，继续原品类开店又没产品优势，刘海龙觉得，既然产品做不成，就做服务吧。凭借在运动健身品类目多年的运营经验，刘海龙开始做代运营。第一单生意是为线下某运动品牌销售羽毛球拍。只可惜，当时这种体育用品需求较小，投入产出比太低。而且，团队成员开始出现骚动。因为他们发现代运营的门槛太低，不少人开始“自立门户”。

低投入产出，团队人员流失，这让刘海龙想明白一个道理，小众类目的代运营发展空间有限。在淘宝摸爬滚打十年时间，刘海龙一直坚持不熟悉的生意不做。迟迟摆脱不了运动品类的掣肘，这让他陷入了困境。

思来想去，刘海龙总结自己的优势：拥有足够丰富的运营经验，熟悉卖家的需求，积累了一定的人脉资源。既然没有产品和团队的优势，那就坚持把服务做下去，并且要做一个企业看得见、摸得着、可持续的服务——CRM管理、仓储管理服务就很合适。

经过谈判，刘海龙拿到了某软件商华东区的代理权，成立了一家专注CRM管理的服务公司。他觉得，这件事能长久，因为软件服务是个有技术含量、有门槛的行业，团队不易跳失。努力的方向是，跟客户建立起彼此信任的关系，真正能解决客户的实际问题。哪怕将来软件商将授权收回也不要紧，因为团队有了，又有一批建立了信任关系的客户，做服务总是有市场的。

在淘宝从业十年的人不多，创业失败但还是留在圈子内的人就更少，跟这类人聊天会发现，他们都很实干，且勤奋努力。仔细思考会发现，他们属于典型的坚持型人才，甚至有些固执。不过，正是这种长年的坚守，让他们对自己看得更清，对行业看得更透，也更明白自己要的是什么。淘宝的下一个十年会如何，不得而知，而他们一定会泅游其中，且方向一定是健康的、顺势的。

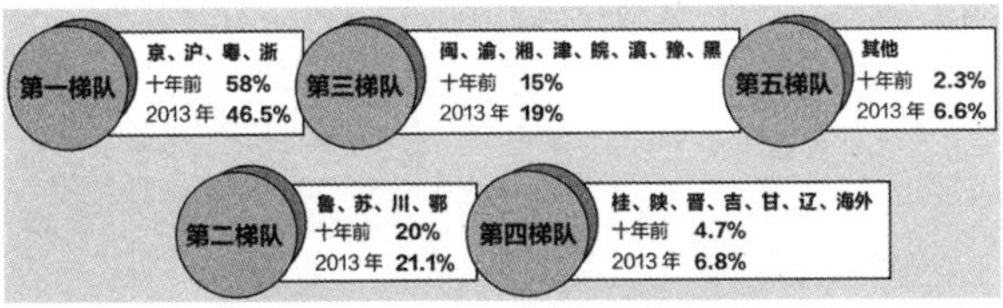

图 1–1 十年卖家地域分布占比

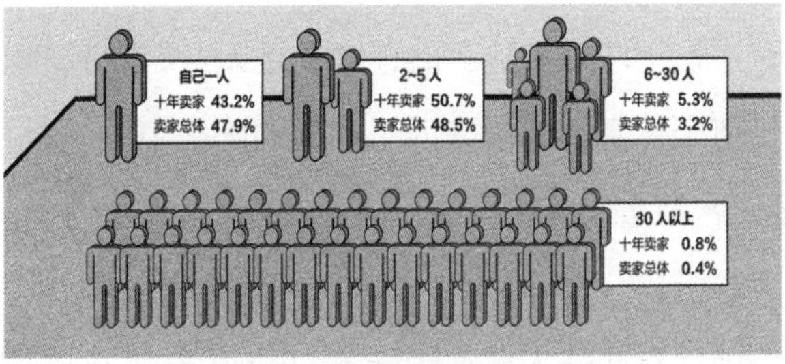

图 1–2 十年卖家店铺人员数量

表 1–1 十年卖家与卖家总体店铺类目分布情况对比

类目百分比	十年卖家占比	卖家总体占比
虚拟票务类	5.2%	9.0%
成年男装类	3.2%	5.4%
成年女装类	17.4%	24.2%
成年鞋类	2.8%	5.6%
箱包类	2.0%	3.5%
配饰类	6.6%	5.0%
数码类	7.2%	6.4%
家电类	0%	1.6%
美容护肤类	7.8%	4.1%
母婴用品类	9.0%	6.9%
家居建材类	6.8%	5.8%
日用百货类	3.5%	4.4%
食品类	7.3%	5.7%
运动户外类	4.8%	3.4%
汽车用品类	2.4%	1.8%
文娱爱好类	10.1%	4.0%
生活服务类	3.8%	3.2%

表 1–2 十年卖家与卖家总体发单情况对比

日均发单量	十年卖家	卖家总体
基本没有订单	14.8%	22.7%
5 单或以内	47.3%	49.3%
6~20 单	27.8%	19.4%
20~50 单	4.8%	5.2%
50 单以上	5.3%	3.4%

表 1–3 十年卖家与卖家总体店铺数量对比

店铺数量	十年卖家	卖家总体
1 个	79.1%	79.0%
2 个	16.6%	15.3%
3 个	2.7%	2.8%
4 个	0.8%	0.6%
5 个或以上	0.8%	2.3%

表 1–4 十年卖家成长表现

星级分布	总占比	2013 年占比
心级卖家	9.8%	55.7%
钻级卖家	61.1%	39.4%
皇冠卖家	27.9%	4.8%
金冠卖家	1.2%	0.1%

表 1–5 十年卖家天猫店铺情况

是否有天猫店铺	百分比
没有，不打算做天猫店铺	66.1%
没有，准备做天猫店铺	30.2%
二者皆有有	3.7%

商业本质不关心输赢

十年,这个时间刻度足够令我们驻足回望。在这段消失的岁月中,从野蛮生长到回归商业本质，电商以不可逆转的姿态在主流商圈外壮大起来。2003～2013年,生于、长于淘宝平台的卖家们无论有意或是无意,都扮演着瓦解传统商业秩序的角色,任何个体身影都被嵌入了时代的脉络中。

回首最初的起点,作为一名淘宝卖家并不是什么光鲜亮丽的事情。然而,十年的变迁幅度大到让人咋舌,当一批淘宝平台走出的卖家进入《财富》商界精英榜单时,“卖家”这个曾经有些被人蔑视的标签,开始收获来自周围人的羡慕。

十年间起起落落,这群小人物生生不息,快速而又成批地完成着生与死的交替,就像余华《兄弟》笔下的人物:“他们像野草一样被脚步踩了又踩,被车轮碾了又碾,可是仍然生机勃勃地成长起来。”留在历史名单里的,既有柠檬绿茶、Mr.ing、心蓝T透、芳草集这样名噪一时的明星样板,也有北美阳光、芝曼这样长袖善舞的隐形选手。但是,如果将历史时段稍稍拉长一点,我们却看到了另一种画面。那些带着财富神话,活跃在镁光灯下,接受膜拜的闪亮名字,一个接着一个黯淡下来,甚至中途离场,似乎应了那句:英雄与美人都敌不过时间。

事实上,商业并不是一场零和游戏,它也不关心输赢,那种巅峰对决、混战的商战情景多是出于艺术的渲染,以窥探八卦的心境来揣测各种争斗。集中翻看那些“长寿”店铺的履历,不难发现,他们以相似的商业思维经营着自己的业务,不瞎折腾,也不在“乱花渐欲迷人眼”中迷失自己。这个市场变化很快,诱惑自然也很多,在爆款、促销成为主流声音的时候,他们也只是遵循着一条普适的商业规律，即为客户提供价值。

当然，这是一个百变的时代，客户价值自然也在升级变化中。如果说，电商的头十年是对传统零售的补充，满足的是消费者的基本需求，那么下一个十年，势必要向满足消费者的体验需求升级。如今，消费者的个体意识觉醒，他们的声音越来越强，他们忠于符合自己品味的商品，一个“消费者主权”主导的商业时代已经拉开了序幕。在这样的消费市场环境下，从商品中提炼出“情感价值”成了商家运作的核心。

商业世界，偶然和好运向来是靠不住的。在商业本质面前，韦尔奇与草根卖家是一样的，都需要遵循最朴素的道理：关心现金流，提供价值。再无常识的人也懂得，现金流掉链子就意味着 Game Over 了，兜里有现金才能熬过今天，躲过明天，然后见到后天的太阳。

（文 | 许静纯　陈晨　渡劫　张浩洋　颜思思）

中小卖家釜底抽薪

中小型卖家，大多是对电子商务有理想、有憧憬、有抱负、有动力的网络时代四有新人。可另一个明显的事实是，电子商务似乎已经过了那个只要努力就能成功的年代，它更像是一头从良的怪兽，更温和，更老谋深算，更精于世故。如果想要驾驭它，就不得不拿出十二分的精神与努力。这也就要求驾驭者必须具备清晰的头脑和战略思维，才能骑在这头飞速奔跑的怪兽身上，在与其他同样抢夺一席之地的竞争对手的较量中获取自己的地盘。

其实，发生在这头怪兽身上的争夺还远远说不上可怕，更可怕的是，当我们在这里你死我活之时，另一头更健壮、更迅猛、更强势的怪兽已悄然赶上，而这之间的距离，眼睁睁看着就越来越短。这头怪兽被称为 B2C，而它的主要驾驭者，却是来自于我们未必那么熟悉的领域：那些大型自主销售的B2C网站，例如京东、当当、凡客诚品、走秀网等。面对似乎四面楚歌的电商环境，中小卖家的机会又在哪里呢？

两极分化的网购市场

中国的网络购物市场增速喜人，让我们先看一组数据：京东商城2004年上线，当年销售额1000万元人民币，2005年为3000万元，2006年8000万元，2007年3.6亿元，2008年13.2亿元，2009年40亿元，2010年102亿元，2011年预计为300亿元左右，其中2010年新增的服装百货业务在2011年有望突破60亿销售额。按目前的发展速度，京东可在2012年超越传统家电巨头国美的销售额。凡客诚品2006年上线，2010年销售额突破30亿元，而2011年内部销售目标为100亿元。

在一串炫目销售数据的背后，是另一串更为耀眼的融资和投资数据：京东2011年C轮融资额15亿美金，这笔钱将主要被投入物流和技术建设；新蛋网投资7500万美金在上海兴建物流中心；2010年，当当网成功上市，融资额2.72亿美金，主要投入到物流、客服与技术建设；2010年麦考林成功上市，融资额1.29亿美金。

电子商务是一个炙手可热的市场，而参与其中的，不仅是热血沸腾的创业者，也有希望复制亚马逊奇迹的各大投资机构。就目前而言，中国互联网整体发展还是落后于美国这样的成熟市场，但这也给了风投们无限的想象。在错过了像亚马逊这样的机会后，他们唯一的心愿就是在中国复制出另一个亚马逊，因此普遍采取“广撒网、重点培养”的战略手段。B2C的风光与疯狂，不仅仅是大玩家们的决斗，更是那些逐利资本的较量。在2011年6月初，作为京东重点攻击对象的当当网，借势服装商城上线，推出服装五折以及类型图书五折的非常规优惠。在这样的态势下，即便是卓越网（亚马逊中国）这样在全球已经进入稳定发展时期，本已无需进行价格促销的网商，也无法忍受这类疯狂促销所造成的市场份额流失，被迫搅入战团，推出让利千万和图书 5 折的非常态促销。这种商业逻辑，显然不是中小卖家可以借鉴和竞争的。而可以预见的是，随着各大网站资金的到位和各类物流配套设施的完善，此类活动只可能愈演愈烈，而尚见不到平息的一天。

B2C 行业的生态，更像是一场巨人之间不计牺牲的对决。拼命打击对手，扩大己方地盘，哪怕是自身受伤、流血不止也还顾不得包扎休整，一味进攻，才是目前阶段的金科玉律。自身造血不足，可以快速输血，而每个人都在拿着现金挥霍的同时，指望对手早日血尽而亡。

这，就是一场跑马圈地的追逐与角力。

虽然 B2C 行业的混战，并不以 C2C 或是中小卖家为直接竞争目标，但目前他们的主攻方向，确实会直接影响到用户的选择。

曾经有人预估，到 2014 年，整个网络购物市场的增长速度会降至 30%左右，从而基本跟每年中国新增网民的数量基本相似（年均 20%～30%）。但与此同时，我们看到网购市场越来越开始呈现出两极分化的状况。网购市场中的中小卖家的份额会不断流失，而 B2C 卖家以及大型网商的份额不断扩大，从而在 2014 年左右，整个网络购物市场增长将来自大型网商的贡献。

通过数据显示，我们发现用户选择网上购物的前两大原因在于方便快捷和价格便宜，以此我们也可以清楚地分析出 B2C 大型网商在网购市场中存在的各种优势。

物流优势。苏宁电器副总裁孙为民说过，“电子商务不是商务电子，从根本上来说，它是电子化的物流，归根结底还是物流体系的问题”。传统家电

表 1-6 大卖家与中小卖家销售额增长表

单位：亿	2008		2009		2010		2011		2012		2013		2014	
	销售	增长	销售	增长	销售	增长	销售	增长	销售	增长	销售	增长	销售	增长
大卖家	87	NA	224	136	634	411	1,389	755	2,634	1,245	4,480	1,846	6,713	2,233
中小卖家	1,195	NA	2,406	1,212	3,996	1,589	6,245	2,249	8,206	1,962	10,209	2,003	12,412	2,203

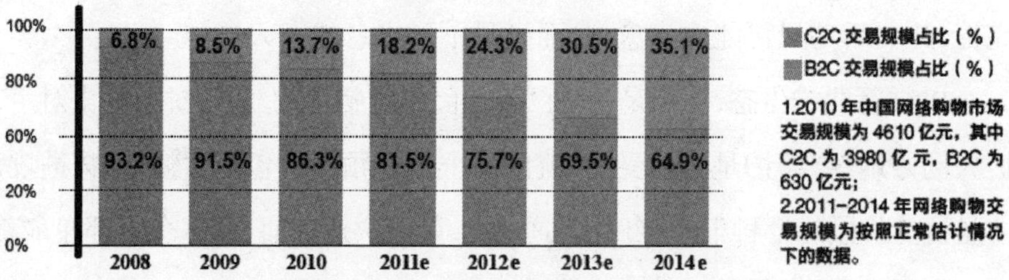

图 1–3 中国网络购物市场份额变化

图 1–4 用户选择网上购物的原因

零售企业的物流成本为0.5%左右，而纯互联网出身的电商预计是在3%～5%左右，因此物流是重头。如今，免费快递几乎成为了各大B2C商城的标准配置，而随着各个物流中心投入使用，配送速度也大幅提高，订购商品隔夜送达在主要城市已经非常普遍。

系统优势。虽然淘宝网等平台型站点为中小卖家提供了便捷的操作平台以及后台系统，但无论是数据挖掘的深度还是界面配置的灵活性，在这一点上都无法和B2C等大型网商相比。B2C等各大网站对于消费者数据，以及在根据消费者数据进行页面调整的能力上，要远高于中小卖家，落实到销售层面，就意味着更高的转化率。

客服优势。大型网站通常配备集中的客服中心，并且有着完善的培训和话语体系，因此能给客户提供及时、一致且专业的服务。

价格优势。在目前的市场环境中，大型网站主要的价格优势体现在行货的售价上，这主要是因为其采购规模而带来的成本优势，以及受惠于价格补贴的促销。

优势？劣势？这是一个适者生存的江湖。作为中小卖家要思考的是，如何在市场从混沌到清晰的过程中，依靠自身优势，扬长避短。

中小卖家，如何夹缝求生？

在2011年的NBA总决赛中，拥有韦德、詹姆斯和波什三位巨星的热火队，相比起阵容老迈的小牛队，似乎拥有太多的优势。年轻、气盛，各个位置的个人实力高于对手，加上主场优势，获得冠军看起来理所应当。

刚开始，一切似乎朝着人们预想的方向发展，但自从第二场小牛实现惊人逆转之后，事情就发生了变化。热火队的巨星们开始心思涣散，团队配合立刻分崩离析，而小牛凭借着不屈不挠的精神，以及无私的团队配合，充分演绎了篮球作为集体项目的魅力，从而最终赢得胜利。

以弱胜强的小牛，是否能带给我们一丝启发呢？

人通常在潜意识里对巨型生物有一种恐惧本能，不过人类学家有一种理论，证实正是因为恐惧，才驱使人类学会使用工具，最终成为生物圈的主宰。其实，诸如此类的辩证思维也可以广泛应用在各个层面，套用在当前的网购市场，我们需要思考的未必是以弱胜强，但却可以尝试共赢共存。危机之中，有危也有机，如何趋利避害，需要中小卖家做出明确的战略选择。

鸿门宴未必是刀光剑影，就如当年的古巴导弹危机，虽然美国一度陷于本土被核武器袭击的危险之中，但当危机退去之后，却迎来了美苏关系的重要转折。

在商业的世界里，吨位并不是决定胜负的唯一条件。大有大的优势，小有小的灵活，而关键则在于错位竞争和找到自身的目标市场。人定胜天本身是一句非常没有环境意识的呓语，但放在当前这个环境，却非常真实。为什么？因为中小卖家的机会，就产生于创业者本身的头脑、灵活与眼光。当我们与竞争对手去比总数时，必然会落于后方，但如果计算平均水准，那通常具备强烈拼劲与灵活头脑的中小卖家，却能够略胜一筹。从中小卖家的自身条件来看，他们也具备自身短期优势。

渠道。渠道优势怎么说呢？中国作为加工制造的大国，总能让你在某个村落就找到别人所无法获取的产品，或是许多大型网商无法售卖的产品，比如说真正的原单货。而这些渠道，要不就是规模太小，大型网商不感兴趣，要不就是存在一定法律风险，需要规避。

质量控制。如果我们留意网络新闻，就会发现 B2C 网站时不时总会爆出些质量问题。这些未必是网商自己造成，但随着发货量的迅速扩大，一旦与供应商之间的配合出现问题，质量问题就会随之产生。而目前对大型网站而言，要对产品实现100%验货，是完全不可能的。而这对于中小卖家来说，却不成为问题。即使是日成交300单以上的大店，要做到单单检查，只要有专人负责，也不会成为问题。然而，质量控制优势也会随着时间的推移而慢慢消失。随着大型网站物流投入的增加，以及对供应商关系的理顺，加上运作经验和人员的增加，质量问题也会随之而解。

在线时间。这是一个只要努力就可以收获成功的年代。保持长时间的在线，在一片灰色之中亮着一盏蓝色的灯，对于买家来说是一种温暖的诱惑。但要长时间保持这一点，却又不太现实。

至此，中小卖家到底应该如何借助这些短期优势，发挥自己所长，使得自己在网购市场的浪潮中不被淘汰呢？针对中小卖家的突围战，笔者提出以下几个建议。

做好产品选择。正如我们现在所看到的那样，随着许多B2C网站的不断壮大，它将不断进入其他延伸行业，因此这些网站对产品的选择必定是大而广，这也就会冲淡其单个产品的个性。这一点，恰好是中小卖家能够很好弥补的方面。积极开拓渠道，始终保持有3～5款优势产品或明星产品，淘汰劣质产品，以常规产品作为优势、明星产品的补充。

淘宝上，无论是淘宝品牌还是线下品牌，目前所占的比例还很有限，淘宝仍然是一个产品、价格、性价比为主导的市场。因此，如果有产品优势，还是比较适合在淘宝发展的。为了获得产品优势，有几个方式：

1. 自己生产产品（含贴牌），产品有特色，价格未必有优势，但能满足小众市场的需要；

2. 自己生产产品（含贴牌），产品特色不是很强，但有强大的成本控制能力，可以保证价格优势；

3. 有好的货源渠道,掌握有特色的产品货源,性价比也不错,网上同类产品竞争不很激烈;

4. 代理知名品牌的线上销售,网上得到授权的同类店铺往往只有几家,竞争不激烈;

做好顾问式的主动客服兼销售。随着许多 B2C 网站的发展,人员也将飞速扩张,这将使得短时期内服务难以跟上,导致消费者很难获得个性化服务。中小卖家却没有类似烦恼,无论是自己上阵,还是外聘客服,都有足够优势可以花尽可能长的时间来培养客服的专业知识和销售能力,同时为买家提供个性化的服务。据了解,在国外成熟的零售市场,关联销售可以占到总销售额的 30%左右。同时培养杰出的客服,能够很快拉近客户和网店之间的距离,使其洋溢人情味,这也为中小卖家提供了额外的营销渠道。

专攻细分市场。当所有人都在铺设大平台时,大而全网站失去的优势则是细分市场和产品的小而专,而这点正是中小卖家最为擅长的。在拼渠道和拼资本的时代,中小卖家的优势则体现在将有限的资金用在刀刃上,而专注于细分市场则是中小卖家实现高性价比的最佳选择。卖别人没有的东西,卖别人不卖的东西,做深做细,必将走出自己的天地。这就如同当京东商城一心只做电器的时候,它成为了买家购买电器的首选,而当当网的行业标签则是图书。当京东和当当网拼图书之时,则必将分散它的一部分资本和精力,从而弱化本身的电器优势。经验告诉我们,从细分市场切入,并成为行业标签,无疑是中小卖家的出路之一。

注重手造和定制。卖那些只有你能有,别人都无法拥有的东西永远都是帮助你独树一帜,并且赢得客户的重要手段。当大型网站的商品看起来千篇一律时,中小卖家却是“这边风景独好”。个性化产品以及针对有限顾客的个性化定制,将是越来越多买家的需求点。在对买家的数据调研中,我们也发现，越来越多的买家开始回归小店铺。因为在他们看来，大型的B2C网站或者是大卖家因为量大货多，往往容易忽略服务，而小卖家在手造和定制上，则更具有自身优势。

在综合分析了大型B2C卖家和中小卖家的优劣势后，我们不难看出，拼渠道拼资本并不是中小卖家的擅长点，但船小好掉头的理论似乎在网络江湖的博弈中依然奏效。因此，当别人的盘子越做越大之时，作为具有原始积累的中小卖家，精选一个小盘子，做精做细，走上差异化的产品和竞争之道，更可增加其成功的筹码。

（文 | 詹星宇）

天猫标品行业①商家饱和度分析

如果对照2011年中国连锁百强榜单，“双十一”当天191亿元的进账，足以让天猫挤下销售190亿元的利群集团，继而排名第二十四位。而除了让人瞠目结舌的市场总量，日销量过亿元商家的出现也足以佐证一个观点：线上竞争已经趋于品牌化，而且领跑者聚焦于少量品牌。很多品牌尚未呈现出竞争优势，但确有突围机会。

评论者很爱探讨一个问题：网购市场是否饱和？先看数据。根据CNNIC（中国互联网络信息中心）在2012年10月底发布的《2011年中国网络购物市场研究报告》显示，2011年中国网络购物市场交易金额达到7566

①标品行业是指品牌集中度相对较高的行业，本文是指手机、笔记本电脑、大家电、平板电脑、厨房电器、生活电器、影音电器、数码相机/单反相机/摄像机、彩妆/香水/美妆工具、美容护肤/美体/精油、奶粉/辅食/营养品、尿片/洗护/喂哺/推车床、洗护清洁剂/卫生巾/纸/香薰、运动服/运动包/颈环配件以及运动鞋等15个行业。

亿元,较 2010 年增长 44.6%。诚然,相比较 2007～2010 年四年均是 100%级别的年增长率,2011 年 44.6%的增长率属于下降状态,中国网购市场饱和感初现。

从网购宏观数据到单个电商平台,甚至具体到某个类目,品牌商家饱和度的概念被再次重视。以天猫为例,有些类目的市场份额已经被几大品牌瓜分占据;而有些类目,潜力品牌还大有机会。对于已经上线运营的品牌商家,以及即将整装待发的新晋品牌商家,无论是品牌商还是品牌分销商,大家都很迫切地想要知道:市场的机会在哪里?

因此,我们尝试通过行业(某品牌)单店交易额和行业商家数量的相关关系,剖析标品行业的品牌商家饱和度,从而给予商家重要的运营提示。

标品行业,饱和度初现

通过研究天猫的商家数据发现,标品行业已经呈现出商家饱和的现象,而其他大部分非标品行业还未有商家饱和的现象。事实上,因为标品行业提供标准化的产品和服务,经营的商家并不是越多越好,经过市场优胜劣汰后的少量品牌和商家,就能满足大部分消费者的需求。非标品行业则不具有此特征,比如女装,因为款式和风格是消费者的主要诉求点,不存在所谓商家饱和的问题。综合以上因素考虑,本文圈定的研究范围是标品行业。

饱和度指标:相关系数

为了让商家一目了然地看到行业商家饱和的情况,本文用一个直观的数据指标“相关系数 r”来进行分析。

相关系数 r 是变量之间相关程度的指标,为【$-1,1$】之间的数值,$r>0$ 表示正相关,$r<0$ 表示负相关,$|r|$ 越接近 1 表示相关性越强,$|r|$ 越接近 0

表示相关性越弱。

$$r_{XY}=\frac{\sum_{i=1}^{N}(X_i-\overline{X})(Y_i-\overline{Y})}{\sqrt{\sum_{i=1}^{N}(X_i-\overline{X})^2}\sqrt{\sum_{i=1}^{N}(Y_i-\overline{Y})^2}}$$

备注：计算公式中，X为商家数量，X_i表示某时期商家数量，i=2010.1，…，2012.7；Y为单店交易额，Y_i表示某时期单店交易额，i=2010.1，…，2012.7。计算单店交易额的时候去除尾各1%商家，商家数去掉尾部1%的商家，以此排除极值影响。

几种常见定义

◇ r为(0.8,1]，则说明单店交易额随着商家数量的增加而增加，且强正相关，可以认为市场处于起步阶段；

◇ r为(0.5,0.8]，则说明单店交易额随着商家数量的增加而增加，且弱正相关，可以认为市场处于稳步发展阶段；

◇ r为(−0.5,0.5]，则说明单店交易额和商家数量无正相关性，可以认为市场处于接近饱和阶段；

◇ r为(−0.8,−0.5]，则说明单店交易额随着商家数量的增加而减少，且弱负相关，可以认为市场处于竞争阶段；

◇ r为[−1,−0.8]，则说明单店交易额随着商家数量的增加而减少，且强负相关，则认为市场处于过度竞争阶段。

图解三大品牌的饱和度

分析店铺运营数据发现，不同行业的单店交易额和商家数量之间的关系有所不同，不同品牌的单店交易额和商家数量之间的关系也大相径庭。以下分别列举生活电器、厨房电器和手机类目的单个品牌，通过单店支付宝金额和商家数量两个维度来预判其竞争热度。

格力：市场起步阶段，竞争不激烈。经营格力品牌的商家，单店交易额随着商家数量的不断增长而增长，r 值呈现正相关关系，说明该品牌在天猫市场竞争中处于起步阶段，尚未白热化。

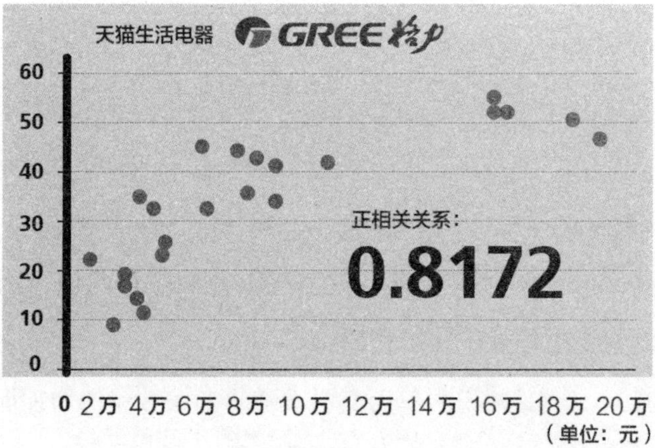

图 1-5　格力品牌商家单店支付宝金额和商家数量的关系

九阳：很饱和，竞争惨烈。经营九阳品牌的商家，单店交易额随着商家数量的不断增长而下降，r 值呈现负相关关系，说明该品牌在天猫市场中已

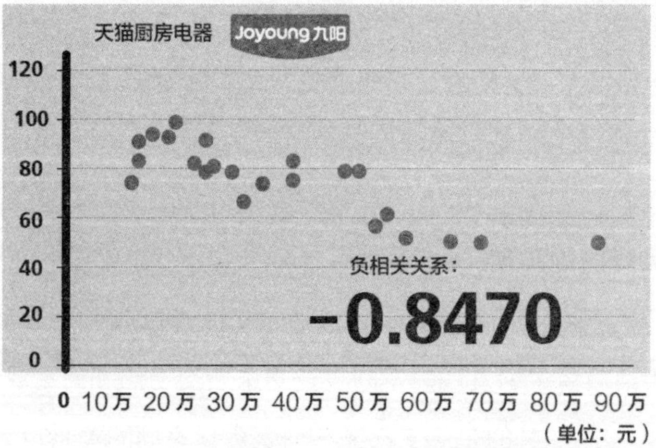

图 1-6　九阳品牌商家单店支付宝金额和商家数量的关系

经处于过度竞争阶段。

诺基亚：很饱和，竞争惨烈。经营诺基亚品牌的商家，单店交易额和商家数量无相关关系，说明该品牌商家的竞争已经接近饱和。

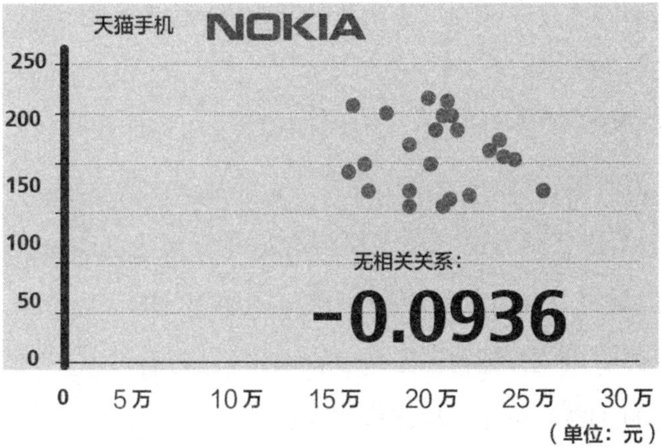

图 1-7　诺基亚品牌商家单店支付宝金额和商家数量的关系

两种纬度请自检

淘宝网和天猫的标品行业商家饱和度

淘宝集市的笔记本电脑、数码相机／单反相机／摄像机这两大行业的r值分别为－0.7439、－0.5584，说明这两个行业商家已经过度饱和，竞争已经白热化；手机、彩妆／香水／美妆工具、运动鞋行业也已经接近饱和，接下来竞争淘汰会比较严重；其他类目相对来说，还处在市场发展阶段，商家还可以进入，一起发展。

天猫大部分标品行业，还处在市场发展阶段，现有商家数未达到饱和，其他商家还可以进入。但数码相机／单反相机／摄像机行业单店交易额和商家数量的相关系数仅 0.1340，接下来商家数将趋于饱和，实力强的品牌商可以考虑进入，但小商家将面临比较大的挑战。

事实上，r 值类似的不同品牌在天猫的发展也各式各样。对于具体的某个品牌而言，市场竞争饱和度除了要看其 r 值外，还应该看经营该品牌交易额排名第一的店铺占该品牌整体交易额的比例。综合考虑两种因素，可以分为以下四类市场类型。

第一类，相关系数为正，且 Top1 店铺的市场份额较高(20%及以上)。市场处于发展阶段，但是在天猫已经有一家非常强大的店铺，虽然市场可以进入，但是要考虑自身店铺实力，实力非常强的店铺也许能抢占很大一部分市场份额，但是实力弱的商家，可能只能分到小部分的市场份额。例如：手机类目下的 Apple/ 苹果，相关系数为 0.6085，且已经有一家实力非常强的商家占据市场的 44.3%的交易额，对于有信心超过这家店铺的商家，或者不要求高交易额、而只是想分一小杯羹的小商家可以考虑进入。

第二类，相关系数为正，且 Top1 店铺的市场份额较低(20%以下)。市场处于发展阶段，且排名第一的店铺的交易额占比不高，这说明商家实力还比较相当，更多不同背景的商家还可以进入抢占该市场。例如：手机类目下的 HTC，相关系数为 0.5428，排名第一的店铺交易额占比仅为 9%，想经营 HTC 品牌手机的商家还可以进入。

第三类，相关系数为负，且 Top1 店铺的市场份额较高(20%及以上)。市场处于竞争阶段，且在天猫已经有一家非常强大的店铺，市场已经非常饱和，不建议商家进入该市场。例如：彩妆 / 香水 / 美妆工具类目下的 Bogazy/ 柏卡姿品牌，相关系数为 -0.9954，且排名第一的店铺市场份额达 97.9%，这说明该市场一家店铺就已经能够满足消费者的需求，其他商家进入完全没有生存的余地。

第四类，相关系数为负，且 Top1 店铺的市场份额较低(20%以下)。市

表 1–7　类目相关系数统计

一级类目	天猫 TMALL.COM 单店支付宝金额和商家数量相关系数	天猫 TMALL.COM 相关性类别	淘宝网 单店支付宝金额和商家数量相关系数	淘宝网 相关性类别
手机	0.5537	弱正相关	−0.0084	无正相关
笔记本电脑	0.5752	弱正相关	−0.7439	弱负相关
大家电	0.8706	强正相关	0.7370	弱正相关
平板电脑 /MID	0.8771	强正相关	0.7224	弱正相关
厨房电器	0.8939	强正相关	0.5592	弱正相关
生活电器	0.9052	强正相关	0.1730	无正相关
影音电器	0.7335	弱正相关	0.4905	无正相关
数码相机 / 单反相机 / 摄像机	0.1340	无正相关	−0.5584	弱负相关
彩妆 / 香水 / 美妆工具	0.8390	强正相关	−0.1347	无正相关
美容护肤 / 美体 / 精油	0.8538	强正相关	0.3457	无正相关
奶粉 / 辅食 / 营养品	0.9301	强正相关	0.5780	弱正相关
尿片 / 洗护 / 喂哺 / 推车床	0.9046	强正相关	0.8656	强正相关
洗护清洁剂 / 卫生巾 / 纸 / 香薰	0.6928	弱正相关	0.8966	强正相关
运动服 / 运动包 / 颈环配件	0.4970	无正相关	0.2525	无正相关
运动鞋 new	0.8429	强正相关	−0.0665	无正相关

表 1–8　r 为负，且 Top1 店铺份额高于 20%的标品行业品牌重点分布图

类目	市场处于高度竞争阶段的品牌（卖家基本不需要考虑进入）
手机	天语
笔记本电脑	联想，戴尔，苹果，惠普，东芝，神舟
大家电	创维，老板
平板电脑 /MID	联想
厨房电器	九阳，奥克斯
生活电器	贝尔莱德，小狗
数码相机 / 单反相机 / 摄像机	佳能，索尼，卡西欧，富士，松下，三星，宾得
彩妆 / 香水 / 美妆工具	卡姿兰，谜尚，柏卡姿，The Face Shop，美康粉黛
美容护肤 / 美体 / 精油	阿芙，相宜本草，御泥坊，比度克，玉兰油，美即，自然堂，丸美，芳草集，柏卡姿
奶粉 / 辅食 / 营养品	惠氏，圣元，雀巢，美素佳儿，美赞臣，御宝，飞鹤
尿片 / 洗护 / 喂哺 / 推车床	帮宝适，笑巴喜，大王
洗护清洁剂 / 卫生巾 / 纸 / 香薰	云南白药，资生堂，佳洁士，潘婷，海飞丝，七度空间，涤太太
运动服 / 运动包 / 颈环配件	李宁，背靠背，安踏，茵宝，特步
运动鞋	新百伦

表 1–9　r 为正，且 Top1 店铺份额高于 20% 的标品行业品牌重点分布图

类目	市场处于稳步发展阶段的品牌（有超强实力的卖家可以进入）
手机	苹果，联想，华为，索尼爱立信，小米
笔记本电脑	宏基，华硕，索尼
大家电	海尔，TCL，华帝，美的，夏普，索尼，长虹，格力
平板电脑 /MID	台电，三星，昂达，原道，酷比魔方，蓝魔，纽曼，艾诺
厨房电器	苏泊尔，奔腾，小熊，飞利浦，格兰仕，天际，东菱
生活电器	飞利浦，格力，夏普，哥尔，美菱
影音电器	美如画，开博尔，魔声，雅马哈，秋叶原，索尼
数码相机 / 单反相机 / 摄像机	尼康，奥林巴斯
彩妆 / 香水 / 美妆工具	美宝莲，BK，蜜丝佛陀，香奈儿，姬芮
奶粉 / 辅食 / 营养品	多美滋，纽瑞滋，亨氏
尿片 / 洗护 / 喂哺 / 推车床	贝亲，好孩子，好奇，花王，易简，小白熊，POUCH
洗护清洁剂 / 卫生巾 / 纸 / 香薰	ABC，威露士，拜灭士
运动服 / 运动包 / 颈环配件	阿迪达斯，361°，彪马
运动鞋	李宁，安踏，回力，特步，匡威，背靠背

表 1–10　r 为正，且 Top1 店铺份额低于 20% 的标品行业品牌重点分布图

类目	市场处于发展阶段的品牌（普通实力的卖家就可以进入）
手机	三星，HTC，摩托罗拉
笔记本电脑	IBM
平板电脑 /MID	苹果
厨房电器	美的
生活电器	美的，艾美特，先锋
影音电器	先科，飞利浦，铁三角
运动服 / 运动包 / 颈环配件	耐克，康智奇
运动鞋	耐克，阿迪达斯，匹克

场处于竞争阶段，但排名第一的店铺的交易额占比不高，这种情况非常少。在各标品行业的 Top 品牌当中，只有手机类目下的 Nokia/ 诺基亚，相关系数为 -0.0936，Top1 店铺交易额占比 8.7%；影音电器类目下的 Sennheiser/ 森海塞尔，相关系数为 -0.1247，Top1 店铺交易额占比 12%；数码相机 / 单反相机 / 摄像机类目下的 Aigo/ 爱国者，相关系数为 -0.0787，Top1 店铺交易额占比 18.7%。这三个品牌比较特别，虽然市场显示已经进入竞争，但是竞争还不够激烈，属于较温和的竞争状态。

在天猫经营标品类目的品牌，一般都对应了上文中描述的 4 种市场类型，商家可以对应各自品牌的市场竞争情况，有针对性地调整品类或者制定更有目标性的竞争策略。对于还未进入这些行业的商家，建议商家根据行业品牌特性，以及自身实力来选择经营的行业和品牌。

（文 | 草乔）

小城之光——三四线城市卖家生存调查

三四线城市是个什么定义？

按维基百科的说法：三线城市是指比较发达的有战略意义或经济总量较大的中小城市。四线城市是指除去一、二、三级城市外，相对综合能力较强的城市。

交通偏远，经济发展单一，城市建设相对落后，是三四线城市的共同点。常规经济没有跑赢大城市，在没有经纬线的网络上，它们还会不会是一样的三四线？

路途遥远，山高水长，货源、人力、物流都未必赶得上网购时代的快速商业反应链，三四线城市好像天生自带一段怯。在这样的局面中，有多少在万万家店铺中杀出重围，脱颖而出的奇才？又有多少克服重重困难，苦心经营，成长的同时寻求突破的践行者？

我们试图挖掘三四线城市卖家的个性和共性，展现他们经营店铺的独到思路和优劣势。基于中国社会科学院的研究成果，我们对 2011 年 1—6 月有成交店铺进行数据分析，来描绘一副三四线城市卖家的群像。

小城市卖家的特征

一直以来，东部沿海城市尤其是长三角、珠三角的卖家倍受关注。这些地区的卖家数量多，竞争实力和创新能力普遍高于行业平均水平。其实，在另外一个广阔的舞台——三四线城市，也活跃着为数众多的卖家。本文将重点关注他们的生存和发展状况。

总体来看，三四线城市卖家的特征有以下几点。

第一，分布广泛、区域集中。卖家广泛分布在全国各地，从吐鲁番到大兴安岭、从舟山群岛到西双版纳、从海南岛到内蒙古，都活跃着卖家的身影。但是，在数百个三四线城市中，大部分卖家集中在前 50 个城市，有的行业甚至更为集中。比如 61.4%的化妆品卖家、70.4%的土特产卖家集中在各自行业前 50 个城市，而在茶叶行业，仅前 10 个城市就集中了 68.1%的卖家。

第二，实力悬殊、分化明显。即使不算一二线城市，仅在三四线城市中作对比，大部分卖家的经营水平、竞争实力等与位居前列的卖家相比存在明显差距。比如女装行业，前十个城市的交易额之和，相当于其他所有城市交易额之和。特色手工艺品行业，前 10 个城市的交易额之和是其他所有城市交易额之和的 2.3 倍。

第三，特定行业亮点闪现。尽管一二线城市卖家享有多样的利好条件，三四线城市卖家的特定行业仍然拥有众多独具优势之处。概括而言，三四线城市卖家的优势主要源自两大方面：其一是靠近货源地，比如泉州的安溪是乌龙茶的主产区，这里的卖家单个网店的平均交易额是一线城市同行的 1.4 倍，类似的还有东莞卖家靠近虎门服装产业集群、嘉兴卖家靠近海宁皮革产业集群；其二是地处贸易中心，比如金华义乌是全球最大的小商品集散地，这里的卖家完成的交易量是所有二线城市交易量之和的 1.1 倍。

三四线城市卖家可能比较关心的话题是“自己的市场空间在哪儿”。从宏观来看，未来几年整个网络零售市场充满了商机。在 2005～2010 年这 5 年里，网络零售市场的年均增速超过 100%，在良好的经济环境和旺盛的网购消费需求促进下，网络零售有望继续保持良好的增长势头。因此，三四线城市卖家大可不必担心自己的市场空间，关键在于寻找适合自己的行业和发展模式。其中，特别值得三四线卖家关注的要点是货源优势、消费需求和物流便捷性。

因此，以下将选取三大类行业作重点分析：

1. 地方特有商品，如土特产、茶叶和特色手工艺品；
2. 大众消费品，如女装、化妆品和家居用品；
3. 虚拟物品，如手机充值和网游点卡。

地方特有商品：本地专有，别处不供

在数据研究中，我们可以看到地方特有产品的网店分布呈现非常多元化的趋势。它们并不集中在一些发达地区，而且有近一半的成交额来自三四线城市。由此可见，小城市的网店极具背靠特有货源地的优势，然而相同的资源地也使它们的产品同质化严重，竞争相当激烈。

土特产：分布地域辽阔

全国主营土特产的网店，有45.4%来自三四线城市。这些网店完成的交易额占46.7%，交易笔数占45.5%。从经营水平来看，三四线城市单个土特产网店平均交易额为54257元，略高于一二线城市；笔单价为78.5元，略低于一二线城市。从地理分布来看，土特产网店广泛分布在不同的城市。这得益于中国地域辽阔，东南西北不同的城市都有各具特色的土特产。

茶叶：网店集中度较高

全国主营茶叶的网店，有47.8%来自三四线城市。这些网店完成的交易额占46.3%，交易笔数占53.8%。从经营水平来看，三四线城市单个茶叶网店平均交易额明显高于一线城市，略低于二线城市；笔单价为184.0元，分别比一线、二线城市茶叶网店高31.1%和14.6%。

在三四线城市中，茶叶网店的集中度比较高，68.1%网店分布在排名前十的城市中。其中，44.7%集中在福建泉州。泉州市下辖的安溪县是我国著名的乌龙茶主产区，被誉为“中国乌龙茶（名茶）之乡”，乌龙茶产量占全国总产量的近二分之一，铁观音、黄金桂等名茶即发源于此。显然，这里的茶叶网店具有得天独厚的优势。

特色手工艺品：分布较密集

全国主营特色手工艺品的网店，有48.9%来自三四线城市。这些网店完成的交易额占53.3%，交易笔数占60.0%。从经营水平来看，三四线城市单个特色手工艺品网店平均交易额为88316元，高于一线城市，略低于二线城市；笔单价为172.8元，比一线城市高44.7%、比二线城市低31.6%。与茶叶

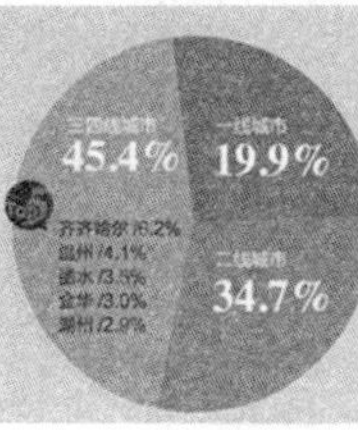

	交易额占比	单店平均交易额（元）	交易笔数占比	笔单价（元）
	17.4%	50255	16.2%	86.7
	35.9%	53660	38.3%	80.9
	46.7%	54257	45.5%	78.5

数据时间段为 2011 年 1~6 月

图 1-8　不同级别城市土特产网店数据对比(2011.1～2011.6)

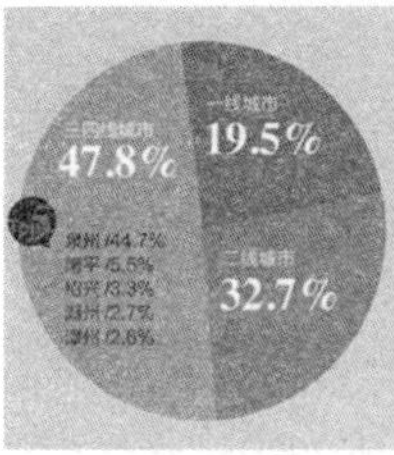

	交易额占比	单店平均交易额（元）	交易笔数占比	笔单价（元）
	13.2%	99700	10.5%	140.3
	40.5%	134210	35.8%	160.6
	46.3%	130455	53.8%	184.0

数据时间段为 2011 年 1~6 月

图 1-9　不同级别城市茶叶网店数据对比(2011.1～2011.6)

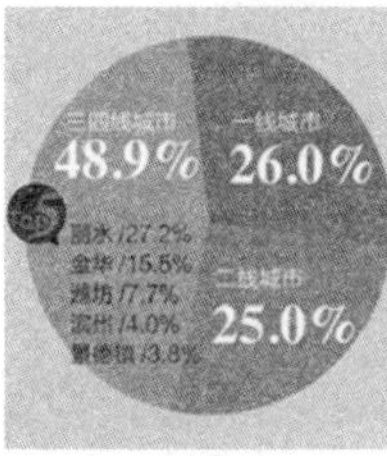

	交易额占比	单店平均交易额（元）	交易笔数占比	笔单价（元）
	21.4%	74718	21.1%	119.4
	25.3%	96201	18.9%	227.3
	53.3%	88316	60.0%	172.8

数据时间段为 2011 年 1~6 月

图 1-10　不同级别城市特色手工艺品网店数据对比(2011.1～2011.6)

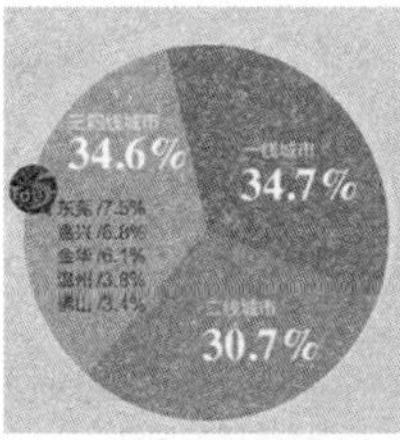

	交易额占比	单店平均交易额（元）	交易笔数占比	笔单价（元）
	42.8%	247748	46.5%	114.4
	31.8%	159256	30.2%	130.1
	25.4%	129884	23.2%	138.5

数据时间段为 2011 年 1~6 月

图 1-11　不同级别城市女装网店数据对比(2011.1～2011.6)

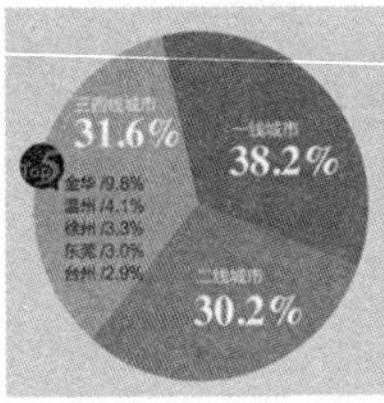

交易额占比	单店平均交易额（元）	交易笔数占比	笔单价（元）
44.9%	299021	41.3%	127.5
32.1%	241674	32.0%	119.5
23.1%	207425	26.7%	105.1

数据时间段为 2011 年 1~6 月

图 1-12　不同级别城市化妆品网店数据对比（2011.1～2011.6）

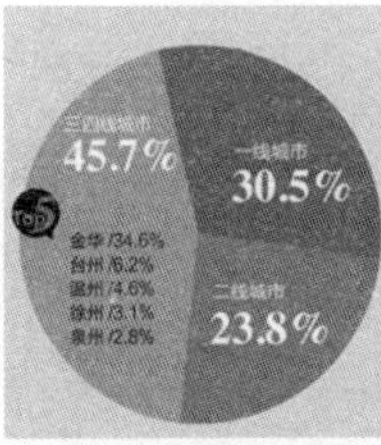

交易额占比	单店平均交易额（元）	交易笔数占比	笔单价（元）
30.4%	62384	28.2%	61.3
23.9%	56907	21.3%	61.4
45.8%	48629	50.5%	55.0

数据时间段为 2011 年 1~6 月

图 1-13　不同级别城市家居用品网店数据对比（2011.1～2011.6）

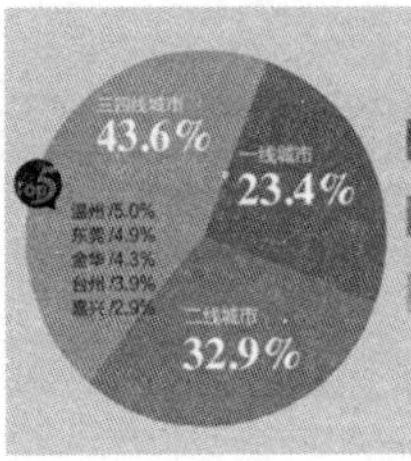

交易额占比	单店平均交易额（元）	交易笔数占比	笔单价（元）
24.4%	164105	16.1%	92.4
51.1%	379908	57.3%	86.1
24.5%	108647	26.7%	76.7

数据时间段为 2011 年 1~6 月

图 1-14　不同级别城市手机充值网店数据对比（2011.1～2011.6）

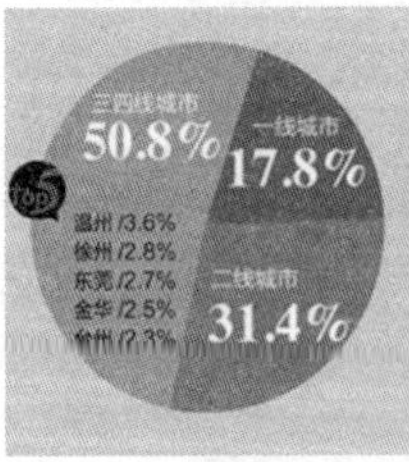

交易额占比	单店平均交易额（元）	交易笔数占比	笔单价（元）
18.8%	597588	13.4%	193.4
34.3%	578705	36.8%	151.6
46.9%	512476	49.8%	140.1

数据时间段为 2011 年 1~6 月

图 1-15　不同级别城市网游点卡网店数据对比（2011.1～2011.6）

网店类似，在三四线城市中，特色手工艺品网店的集中度也比较高，71.1%网店分布在排名前十的城市中。

大众消费品：不求有货源，但求有噱头

所谓大众消费品指的是消费者常规购买的几大类目，包含女装、化妆品及家居用品等。通过以下的数据报告，我们可以看到，大众消费品类目中三四城市的卖家在数量上与大城市不相上下，但是在经营能力上存在显著差距。其中有几个非常有意思的现象：

1. 三四线城市女装网店的笔单价比一二线城市的都高，为 138.5 元；

2. 全国主营家居用品的网店，有 45.7%来自三四线城市；

3. 全国主营化妆品的网店，有 31.6%来自三四线城市，但是其经营能力比一线城市相去甚远。

女装：笔单价高，分布广

全国主营女装的网店，有 34.6%来自三四线城市。这些网店完成的交易额占 25.4%，交易笔数占 23.2%。从经营水平来看，三四线城市女装网店与一二线城市的同行相比存在较大差距。2011 年上半年，三四线城市单个女装网店平均交易额为 129884 元，仅占一线城市 52.4%，与二线城市相比也低 22.6%。不过值得关注的是，三四线城市女装网店的笔单价比一二线城市的都高，为 138.5 元。

从地理分布来看，女装网店广泛分布在不同的三四线城市。东莞的虎门是著名的服装生产基地，已经形成了颇具规模的服装产业集群，有“中国女装名城”之称。嘉兴的海宁是重要的女式皮衣、皮草生产基地。相应的，嘉兴女装网店的笔单价比平均水平高 30.1%。

化妆品:发力不明显

全国主营化妆品的网店,有 31.6%来自三四线城市。这些网店完成的交易额占 23.1%,交易笔数占 26.7%。从经营水平来看,2011 年上半年,三四线城市单个化妆品网店平均交易额为 207425 元,比一线城市和二线城市分别低 44.2%和 16.5%; 笔单价为 105.1 元, 比一线城市和二线城市分别低 21.2%和 13.7%。

家居用品:分布集中

全国主营家居用品的网店,有 45.7%来自三四线城市。这些网店完成的交易额占 45.8%,交易笔数占 50.5%。从经营水平来看,2011 年上半年,三四线城市单个家居网店平均交易额为 48629 元, 比一线城市和二线城市分别低 28.2%和 17.0%; 笔单价为 55.0 元, 比一二线城市分别低 11.4%和 11.5%。

在三四线城市中,家居网店的集中度比较高,60.4%网店分布在排名前十的城市中,其中 34.6%集中在金华。金华的义乌是全球最大的小商品集散中心,提供成千上万种家居用品,因此集聚了超过三分之一的网店。

虚拟物品:谁都可以有

网络打通了物理上的距离, 这点在虚拟物品的卖家数据中尤能得到体现。三四线城市网店在手机充值和网游点卡这类虚拟物品的数量上,与大城市卖家数量非常接近。其中主营网游点卡的网店, 有 50.8%来自三四线城市。由此可见,小城市虚拟物品的市场需求并没有因为山高水远被限制,像手机充值和网游点卡这样的虚拟物品,不需要物流配送,对于三四线城市的卖家而言,可以避免因为物流不畅而面临的困难,是值得关注的领域之一。

但是，卖家们有必要注意的是，这类商品同质化严重，难以在产品层面形成差异化优势，从长远发展来看，卖家形成独特竞争优势的难度较大。

手机充值

全国主营手机充值的网店，有43.6%来自三四线城市。这些网店完成的交易额占24.5%，交易笔数占26.7%。从经营水平来看，2011年上半年，三四线城市单个手机充值网店平均交易额为108647元，比一线城市低51.0%，与二线城市相比差距更大，仅占其28.6%；笔单价为76.7元，比一线、二线城市分别低20.6%和12.3%。

网游点卡

全国主营网游点卡的网店，有50.8%来自三四线城市。这些网店完成的交易额占46.9%，交易笔数占49.8%。从经营水平来看，2011年上半年，三四线城市单个网游点卡网店平均交易额为512476元，比一线城市和二线城市分别低16.6%和12.9%；笔单价为140.1元，比一线、二线城市分别低38.0%和8.2%。

说明：以上分析参考中国社科院等的研究成果，所分析的数据来自数据魔方专业版，选取的时间段是2011年1~6月，选取店铺为有成交的店铺。

致那些游走在“围城”边的年轻人

城外的人想冲进去，城里的人想逃出来。

一二线大城市有显而易见的好，但是人力成本高昂，场地租金高涨让卖家们难以轻装上阵。而三四线城市的卖家，无论是否依赖货源地，想要扩大规模，更好地完善物流运输等周边配套设施问题，总是心内的一个苦结。

去一二线城市开网店，享受即时讯息、成熟市场和物流设施的便利，是三四线城市卖家跃跃欲试的念想；但从中经历起伏，败走而回的也不在少数。走出去还是留下来，进退之间，何去何从？答案还是个问号。

去大城市：很近也很远

大城市，是很多卖家想象中的天堂。充足的货源、便捷的交通、快捷的物流，大城市似乎就是机遇的代名词、开旺铺的重要筹码。但真的进去了，也许会感受到理想和现实间的落差。我们遇见过许多身处小城市的年轻人，是前进还是坚守？这是个问题。

大头，广西南宁化妆品卖家，货源走的是美容院线。他觉得在南宁做网店，什么都可以忍，就是物流实在太让人郁闷了。发货既慢又贵，这样招致了大量买家的抱怨，长期下去，服务分也要被拖垮了。“一定要往外走”，大头很坚定。

周敬，东莞虎门服装市场拿货，渐渐积累到了四钻的信誉。最近，他也感觉到再继续低买高卖，无论是成本控制还是产品款式都没有优势，于是开始盘算着去广州、深圳找一些代工厂做贴牌，这样起码卖的是自己的产品。眼下，周敬穿梭于广深两地找办公场地，被两地的高房租吓到了。搬到大城市的性价比，确实比意料的还低。搬不搬？周敬还在犹豫。

朵依，老家在东北的四线小城锦州北镇，这几年都是在天津开网店。为了方便拿货，朵依干脆把家都搬到了天津的服装市场旁边。朵依是老板，也是美工和客服，也曾想招人，但每人每月起码 3000 元的工资，一个月销售额两万多，扣去人工工资、房租和成本等费用，弄得不好还会亏掉。几年下来，没赚到什么钱，房租还不停地涨。最近，朵依狠了狠心，身心疲惫地逃离了天津。

像我们每个人一样，潜意识里认为受制于环境无法大展拳脚的时候，我们理所当然地认为应该走出去，远离环境桎梏。尤其是对于网店卖家而言，北上广深杭是电商环境比较成熟甚至优越的城市。但他们真的准备迈出那一步的时候，却发现理想中的便利、卓越，附加的可能是自己根本无法承受的成本。

现在，朵依已经回到家乡继续开网店，成本是真的省了下来，那里一年的房租只相当于大城市一个月的开销。人工也便宜，会轻松很多。当然，朵依之前担心的麻烦事还是存在，比如货源和物流的不给力。“离开天津时有一种悲凉的感觉，我记得特别清楚，在车站候车室，我拉着个行李箱。心里不住地想，我就这样回去了，真的就这样回去了……”

回小城市：梦想依旧继续

小城市，我们往往在其中看到困境。但很多践行者证明，困境中同样可以蜕变出机遇。因为网购环境不成熟，所以市场更有潜力；因为经济条件不十分发达，所以有更优惠的成本；因为很多人簇拥着往外走，坚守反而把握住了先机。

江苏江阴，一个四线城市。迪锐克斯创始人吴庆花了四年的时间让父亲的江阴小厂扭亏为盈，用“赛车座椅＋淘宝”的模式让传统企业老树开新花。热播的《爱情公寓》中，迪锐克斯的产品也被植入到剧中，与曾小贤一起出镜。几年前，在北京创业的吴庆被父亲叫回老家时，心里老大的不情愿。回家后的他，必须正视“销售渠道太少”这个现状，而他决定另辟蹊径上网卖货后，不仅拓展了销售渠道，而且缩短了小城市和大城市的距离。

近年来，“网商内迁”也成为了业内讨论的一种现象。在义乌的一些金冠大卖家，考虑到物流和客服的成本，有些已经开始着手内迁——在河南、陕西等地设置办事处，客服、打包、仓库、发货都可以在当地进行，这在人力、办公租金成本上肯定是一个节约，而且随着内陆一些三四线城市网购市场的增长，发货、推广可以贴地进行。

而一直被电商研究机构广泛关注的淘宝村——江苏睢宁沙集镇，最开始也是由回乡创业的大学生孙寒网上卖家具开始兴起的。在那之前，当地的主要产业是废塑料回收加工，老人留守，年轻人大多外出打工。随着几位带头人通过网络卖家具卖得有声有色，很多年轻人都放弃了在外漂泊的生活，选择回乡创业，而且整个城镇出现了产业集群现象：拉动了家具加工制造、物流配送等服务的发展，形成了一个产业群，整个电商创业环境甚至优于很多二三线城市。

越来越多的人在三四线城市找到了自己的大卖家筑梦条件：离家近，人力成本低，产业链完善，物流便利。制造业往往兴旺于三四线城市，只要打通电商通路，擅长以己之利补己之弱，三四线城市的网商之梦绝不是画饼充饥。

我们在关注什么

这是一个略显急进，且强者更易受到瞩目的时代。大城市广阔的市场和得天独厚的资源吸引了很多卖家，“围攻大城市”似乎成为了网店卖家中的一种现象。同样，关注这个行业群体的我们，也给了背景光鲜、发展顺利的一二线城市卖家更多的关注。

这些来自三四线城市的卖家，有人向往走出去，因为他们觉得“舞台大了，心才能更大”，因为他们认为自己的现在和将来都是受限制的，是环境过于弱势造成的；有人走出去后又缩回头来，因为经历过才知道，原来每一个优势的背后，还有自己无法解决的症结。当然，也有一些卖家对于未来虽然无法把握，但非常懂得做好当下。有山靠山，有货卖货，也许他们的讯息量滞后、他们的推广营销节奏跟不上平台的变化，但欣慰的是总有一批买家会透过网络这个神奇的大染缸找到他们，用鼠标点击订单维持着这些卖家的创业梦。

如果说，一二线城市的卖家是靶心，因为被关注，他们的喜怒哀乐、优势困境都摆在面前，我们曾经给予他们许多的掌声和同情。那么三四线城市的卖家更像是山间的野百合，你猜对了，我们想说的就是野百合也有春天。

最重要的是，和一二线城市卖家们曾经经历过的相仿，三四线城市卖家也正在经历急剧的改变。随着三四线城市网购市场的井喷，这个隐藏的、低调的梦想国度，有更多潜力等待被激发、被展现，以及被注视。

（文 | 盛振中　朱峰　吴慧敏）

第二章　读懂你的消费者

消费者逆袭——大淘宝网购用户行为特征鉴定

当传闻中的2012电商寒冬年走到尽头的时候，那些提前预测的崩盘并没有出现，人们反而看到了网民的狂欢与消费者的逆袭。这一年，迎接了年初的淡然、年末的疯狂，消费者与电商在同时经历了一次快速的成长，形成了新的理解、新的消费习惯。电子商务行业在这一年被更多的消费者与企业接受，正如马云所说的，互联网环境下电子商务的本质，绝不是以前很多人理解的“虚拟经济”，而是实实在在的新经济。当下千万级的网商以及互联网环境下的每个消费者，是新经济时代第一批移民，他们将引导中国经济的转型。

有需求，才有网购经济增长点。如果对新经济时代的首批移民进行再分类，网购用户无疑是最大的功臣。2013年1月中旬，支付宝发布了2012年度全民对账单，很多网友晒出了自己这一年来的网购支出，直呼“想剁手”。

在玩味消费个体的趣味数据之余，整体的网购消费趋势又呈现出哪些特点呢？我们透过2012全年淘宝网和天猫商城的大淘宝消费数据，为大家勾勒出一幅网购用户众生相。

领土之争：中西部侵蚀东部市场份额

星星之火可以燎原，十年淘宝，在地理版图上呈不断燎原之势。究其所以然，星火源头很重要，消费人群接受新鲜事物的主客观环境决定了做电子商务是讲究身家背景的，尤其是地理环境的背景。若论消费者出身，在确保北上广深四大电商经济特区用户继续骁勇善购的前提下，中西部城市的网购用户在2012年颇有后来居上之势，全面拉动了电子商务行业的发展。

从成交情况来看，中部地区同比增幅109%，排名第一；西部地区以两个点之差紧随其后，同比增长107%。市场占比中，中西部地区逐渐侵蚀东部地区份额，2012年中西部地区市场份额增长三个百分点，而这三个点全部从东部地区分割。

东部市场在网购市场发展过程中逐步走向成熟，用户同比增长保持30%以上，并逐渐向四六级城市渗透。

中西部城市在经历了前期的培育阶段后，随着硬件、网络、物流等配套设备的完善，在近两年进入了快速发展阶段，消费者的购买能力得到进一步释放。2012年西部地区全年成交超过2000亿元，中部地区也达到1885亿元人民币。

2012年中西部地区年度黑马由宁夏回族自治区夺得，当地消费者的购买力同比增长接近两倍。根据统计，2012年，宁夏回族自治区的消费者仅在女装一类商品上就消费了6500万元，全年消费总额接近3亿元人民币，合计人均年消费145元。

由此可见,“中国的彩陶之乡”的人民不仅精通陶艺,对于服饰类商品的钟爱也愈发显现。通过网购的形式,一方面提供了全国各地丰富的商品类型,避免商品跨区域销售的价格限制;另一方面,从触网的阶段来看,服饰行业属于最适合网购商品类型,也便于初涉网络人群的购物体验。

欲望升级:笔单价平均增幅超过20%

大多数人群,最初接触网上购物是因为廉价,简单些表达就是便宜货多。相对于线下实体店面,网上商品更为实惠。这种实惠,随之带来的是鉴别的高风险。但近年来,随着B2C市场崛起,消费者挑选商品开始从单一的价格维度,延伸到了品牌维度。这种方式的转换,一方面是消费者网购成熟度的提升,另一方面也是培育网商市场的结果。品牌带给消费者的第一印象是较好的产品质量和服务。也许它的价格略高,但相对可靠,有效节省了商品挑选与鉴别的成本。

2012年,以网购畅销商品为例,服装、鞋包、美容商品每笔消费的单价均有明显上涨,平均涨幅超过20%,其中内衣/家居服饰类商品笔单价的涨幅达到31%,女装也有22%的上升。以女鞋为例,2011年笔单价约为165元,2012年消费笔单价升至207元,除物价上涨因素外,消费者对于商品的价格敏感度也在逐步放松。从B2C的品牌商品来看,商品的笔单价同比增长24%。数据呈现的结果有利证实了网购市场的消费力增幅跑赢了2012年中国GDP的增幅。

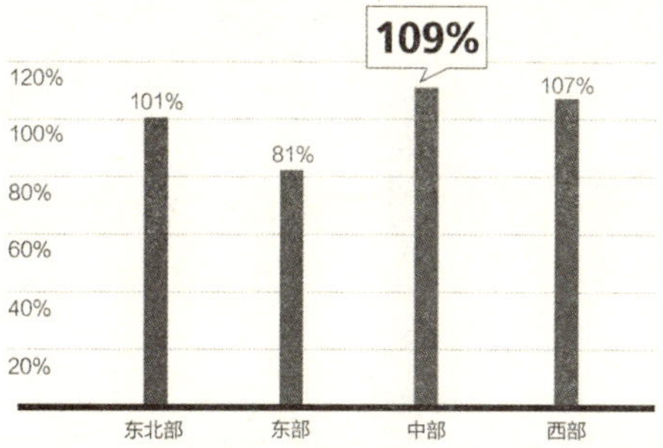

图 2-1　2012 年各区域成交同比增长情况

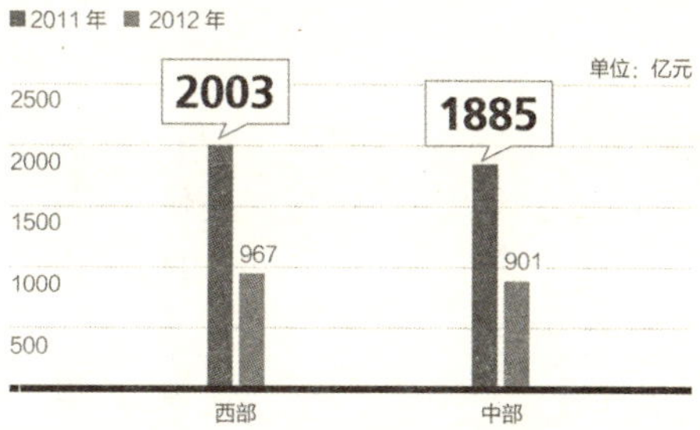

图 2-2　中西部年度成交情况

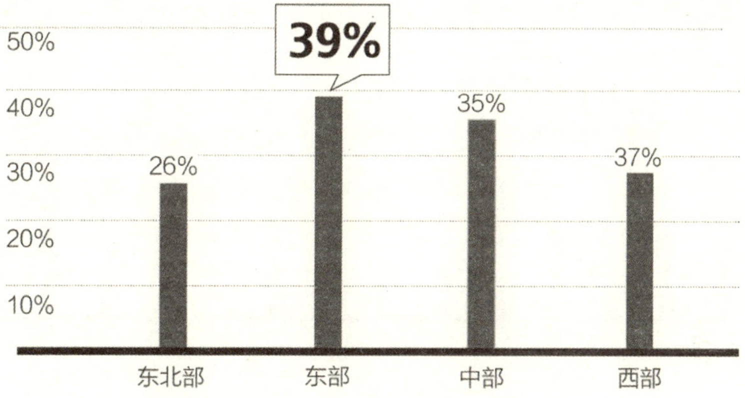

图 2-3　2012 年各区域用户同比增长情况

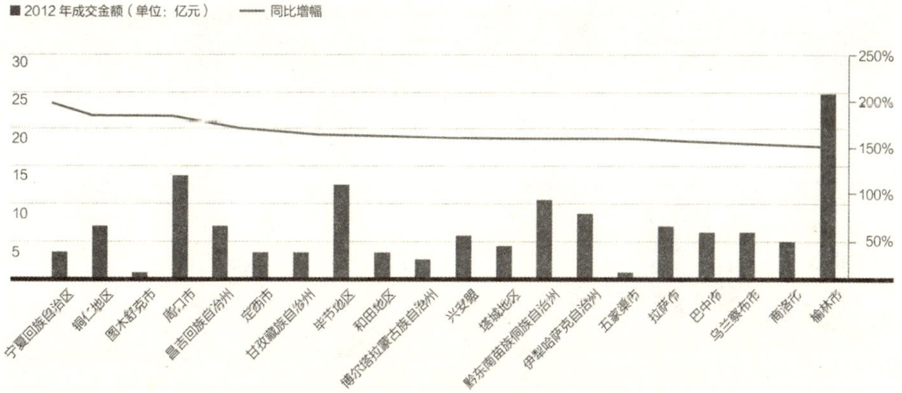

图 2-4　中西部地区 2012 年度增幅 Top20 城市

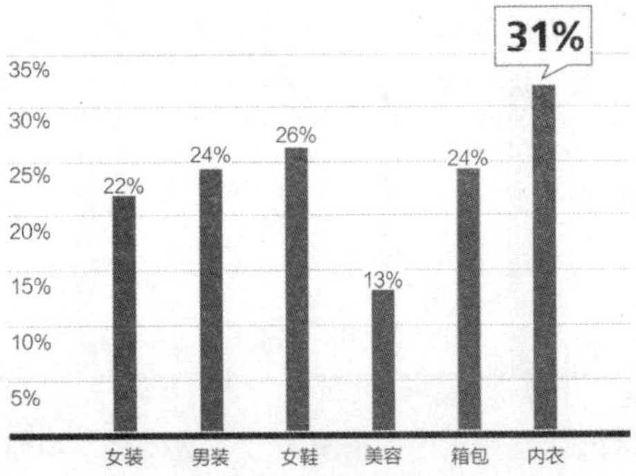

图 2–5　2012 年网购畅销商品笔单价同比增长情况

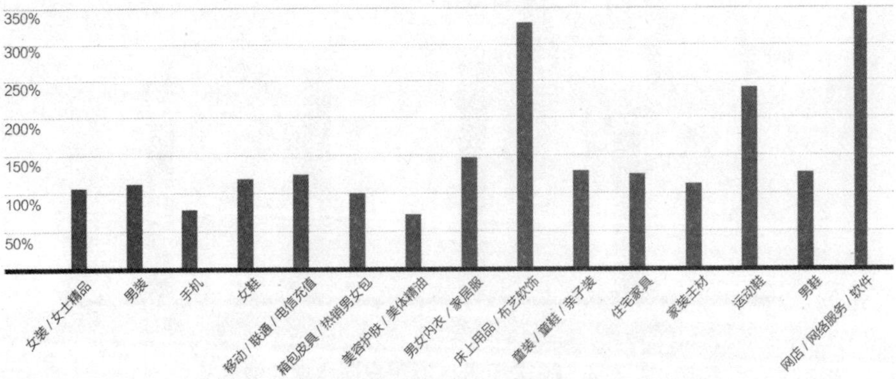

图 2–6　中西部地区 2012 年度增幅 Top15 行业

图 2–7　曾经的网购路径

图 2–8　现在的网购路径

购物路径:从单平台到多渠道

如果简单地将消费者网购过程分为"产生需求、选择商品、进行购买、评价与分享"四个阶段的话,传统的购物路径多数完成在一个平台,但近两年,尤其是 2012 年消费者的购物路径呈现多渠道的趋势。

这种趋势主要得益于社交网络的迅速普及与电商交易模式的多元化。

在需求产生、商品选择过程中,消费者可以通过微博、朋友圈、微信、导购网站等多种渠道完成消费前期决策。在购买过程中,也不仅仅通过线上形式,越来越多的电商有了线上与线下市场的高效互动。评价与分享的过程,更是完全跳出了单一平台的局限,呈现更为广泛的网络传播效应。

购物路径的演变,为网络购物市场提供了新的创业空间,也为原有的网商拓展了更多的营销渠道。消费者在购物与分享的过程中,不仅完成了一次单纯的购物活动,更在全网络的分享过程中完成了个人影响力的建立。

年度最榜单:2012 年消费增幅 Top3 行业

2012 年,淘宝网平台畅销的 30 个行业中,消费者购买同比增幅最大的三个行业:网店 / 网络服务 / 软件、床上用品 / 布艺软饰、运动鞋,分别增长 345%、323% 与 237%。很有意思的是,这三个行业分别代表了工作事业、生活睡眠、运动健身三个方面的硬需求。

不得不说,卖家在扮演另一个身份"网购买家"的时候,贡献了超高的消费热情。网店服务类商品的主要消费对象为网店卖家,可以看出在刚刚过去的一年中,卖家在对网店管理方面的学习需求得到了爆发式的增长。

作为互联网媒介的组成部分，电子商务与线下传统经营模式的最大差异就在于成本的节约。不仅仅是水电煤的成本，人力成本与管理成本也是其重要的组成部分。利用软件、线上集成服务的形式有效控制线上交易的经营成本，从某种程度上展现了卖家整体的网络化经营思路的成长。

运动鞋、床上用品行业，在2012年成功挤进了消费同比增幅的前三位。这两个行业从侧面反映了线下市场存在暴利的可能。运动鞋与非运动类男鞋、女鞋相比，增幅最为明显。身体是革命的本钱，“健身热”拉动了运动类商品的整体消费。2012年，淘宝平台运动类相关商品的整体销售额达到503亿元，同比增长92%。鉴于近年来日益恶劣的天气状况，有理由相信运动类相关的商品还会持续在网络畅销。

备注：东北部、东部、西部、中部行业划分标准依据国家统计局2011年6月《东西中部和东北地区划分方法》。

（文 | 晴檬）

潜力仍存——城市网购力分级报告

随着电子商务的飞速发展，网络购物已经成为了许多消费者日常生活中密不可分的一部分，但不同城市间的电子商务发展水平参差不齐。营销学中常说的“一个中国，两个世界”这种现象在电子商务行业中尤为突出。

这种现象可以从两个角度进行理解。首先，传统的将城市划分为一线、二线等城市分级方法不适用于网络购物场景，电子商务对一线、二线等城市分级尚没有统一的标准。其次，因为城市之间消费能力的差距，网购市场城市分级也有很多研究领域依然值得深挖：一线城市网购是否达到饱和、城市与城市的网购发展水平差距有多大、哪些城市还可以深入挖掘……

对各个城市网购力进行一次分级研究，有利于了解中国城市网购发展过程，能更清晰地掌握中国城市的网购力发展水平，更好地挖掘更具潜力的市场，更有效地分配市场资源。

影响网络购物的因素以及代表指标包括：

经济发展状况，即国内生产总值；

人口状况，即非农业人口数；

消费状况，即社会消费品零售总额；

收入水平，即城镇家庭人均消费性支出；

互联网渗透情况，即互联网网民数量。

覆盖国内大部分城市

为了更准确地划分中国城市网购力的级别，在充分考虑了区域性的文化差异、个别地区网购力的特殊性和区域的不可拆分性后，我们筛选出了行政级别在“县城及以上”的所有城市，并对地级市及以上的城市市辖区作了单独的拆分，获得样本共计 2300 个(不包含港澳台和海南省部分岛屿)。

本次研究只针对国内港澳台地区之外的县级市及以上的城市进行了网购力分级，即放弃了 1643 个县级城市，最终纳入分析范围的城市共计有 657 个。同时将 1643 个县城的网购力级别统一划分为六线城市。

例如：杭州市下辖西湖区、江干区、滨江区、萧山区、上城区、下城区、拱墅区、余杭区、富阳市、临安市、建德市、桐庐县和淳安县等行政区域。根据本次筛选规则，最终确立的城市分别为是杭州市区、富阳市、临安市、建德市、桐庐县和淳安县。杭州属于副省级城市，富阳市、临安市、建德市属于县级市，这几个城市可以被纳为分析样本；桐庐县和淳安县属于“县”，统一划入网购力六线城市，在此次报告中不做分析。

东西地域差距大

对全国2300个城市的网购力设立统一的分级标准后，将657个县级市及以上的城市分成五级，1643个县城都作为六级城市。

在此次调查中，北京、上海、广州和深圳四大城市被归为一线，其中上海超越北京成为全国最优，而深圳在一线城市中属于网购环境相对较弱的地区，尽管2011年它的网购成交额超过了广州。

在24个二线城市中，来自江苏、浙江和广东三省的城市就有9个，其他城市大多也都来自中东部地区。西部地区中，仅重庆、成都和西安位列二线城市，包头、昆明、南宁等17个城市属于三线，其余都是四五六线级别。

相对中东部来说，西部地区的网购环境要稍显弱势。中东部地区人口密集，知识水平相对较高，网络硬件配套设施也发展较早，网民数量较多，为网购的发展提供了先天的优良环境。中东部地区也是我国经济发展水平和消费水平较高的地区，从而使得具有便捷和高性价比等多重特性的电子商务，能得到足够的发展土壤。目前，大部分电子商务的营销主场都集中在中东部地区，再加上物流等诸多因素，才导致了东西部网购环境不均衡的情况。

各线城市均有网购潜力可挖掘

电子商务业界近年有“网购发展趋于饱和，将迎来拐点”这一说法，此次研究结果显示，各线城市其实均有网购潜力可挖掘：2012年淘宝网以及各级别城市的成交用户数和新增购买用户数均保持增长态势，网购市场并未出现饱和或负增长情况。

数据显示，在2011年一线网购城市中有近四成的网民进行过网购，而二线则接近三成，五线城市中淘宝网购买用户的占比高于四线城市。这说明，即便在一二线城市，网购发展仍有很大空间。

从各级别城市的增长速度来说，全网及各级别城市的成交用户数和新增购买用户数均保持增长态势，其中，五六线城市新增用户增速较其他级别城市明显加快。在2012年上半年，五六线城市的新增网购用户数同比翻番，尤其是六线城市，增幅达150.6%。相较之下，本身网购已发展较好的一二线城市，增幅则相对较小。由此导致一二三线城市购买用户和新增购买用户在全网的占比下降，而五六线城市的占比增大，四线城市保持稳定。

近几年，低级别城市的新用户增长非常快，尤其是2012年上半年，比2011年翻了一番。可见，虽然五六线城市的整体网购环境并不算非常好，但随着电商的渗透，其对网购的信任度正在逐渐增加。

低层级城市注重生活用品

一线城市的用户在满足自我生理、安全和社交需要之后，已经开始追求尊重和自我实现需要了。因此，一线城市的用户更倾向于购买3C数码、美容护理、玩乐/收藏和珠宝/配饰等行业的产品。同样3C数码行业相对而言在一线城市的发展也是最好的。

二三四五线城市的用户在服饰鞋包行业中的花费是最高的，而服饰鞋包行业相对而言在四线城市的发展是最好的。

表 2-1　不同级别城市各数据对比

城市级别	网购力得分区间	平均网购力得分	城市个数	非农业人口%	GDP%	社会消费品零售总额%	社会消费品零售总额%	互联网网民%	代表城市	城市个数	全网成交%
一线城市	(55-100]	78.36	4	7.13	12.65	10.70	10.70	9.69	北京 上海 广州 深圳	4	25.0
二线城市	(25-55]	34.71	24	17.86	21.00	19.31	19.31	23.02	重庆市 天津市 武汉市 南京市	24	27.2
三线城市	(12-25]	15.92	92	19.36	19.35	15.87	15.87	23.21	包头市 合肥市 惠州市 常州市	92	17.6
四线城市	(8-12]	10.07	156	14.23	8.80	7.36	7.36	14.18	淮南市 蚌埠市 新余市 三亚市	156	8.1
五线城市	(0-8]	1.29	381	17.65	21.31	13.90	13.90	13.51	六盘水市 武威市 商洛市 崇左市	381	11.6
六线城市			1643	23.77	16.89	32.87	32.87	16.38	苍南县 双流县 博罗县	1643	10.5
总汇			2300	100.00	100.00	100.00	100.00	100.00			100.00

表 2-2　中国城市行政分级情况

城市级别	数量
直辖市	4
副省级城市	15
一般地级市	255
县级市	383
县	1643
Total	2300

图 2-9　各级城市全网成交分布

表 2-3　月均首次购买用户数平均值(2012.1～2012.6)

	一线	二线	三线	四线	五线	六线
2012 年同比	20.7%	15.2%	21.7%	39.9%	106.6%	150.6%

表 2-4　月均购买用户数平均值(2012.1～2012.6)

	一线	二线	三线	四线	五线	六线
2012 年同比	30.4%	39.1%	40.9%	41.5%	46.6%	57.2%

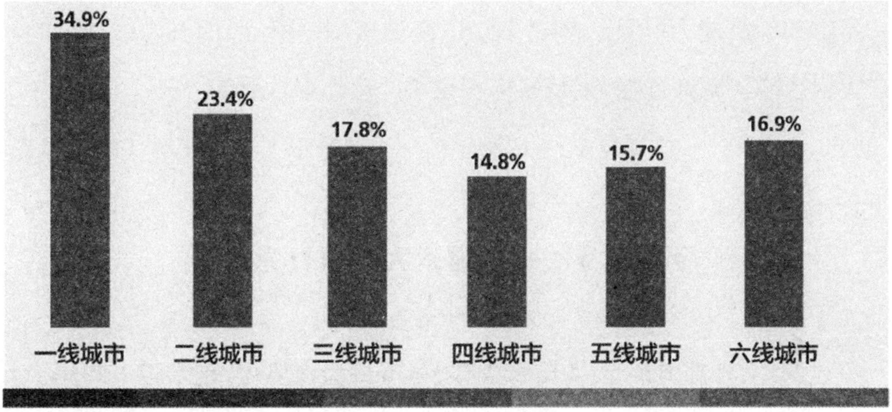

图 2-10　各级城市网民中淘宝网购买用户占比

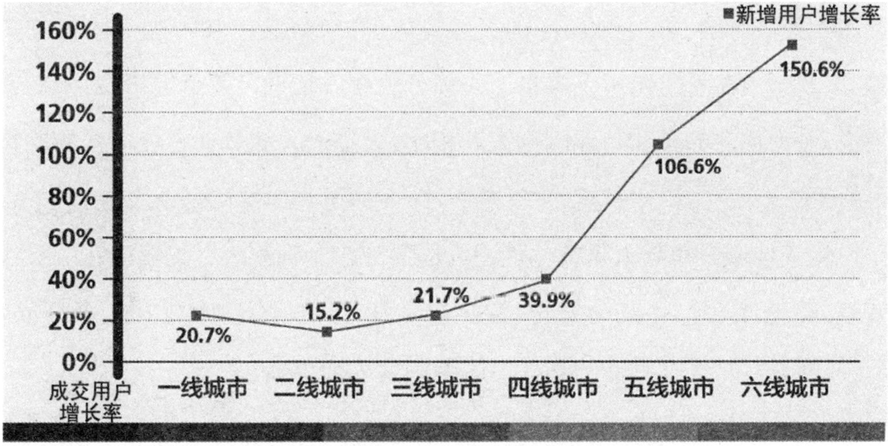

图 2-11　各级别城市淘宝网购买用户增长速度

四五六线城市的用户受品牌商渠道影响，很难买到知名品牌，但已经有足够的经济能力。所以，相对一二三线城市用户而言，四五六线城市的用户更愿意购买服饰鞋包、家装家饰和运动/户外等行业的产品。

（文|红枫）

金主现身——天猫达人购物行为分析

这两年，外部B2C市场日渐成熟，竞争日趋白热化，越来越多的用户开始重视商品质量、服务质量、情感以及消费体验……不断升级的市场环境要求商家从跑马圈地阶段开始向精耕细作阶段过渡，用户数量不再是唯一诉求，用户质量的提高更需提上日程。识别不同类型的用户，为不同的用户实行不同的运营方式，培养核心用户成为了必需功课。

在这样的背景下，天猫建立了自己的会员体系——天猫达人，并且根据近365天每个会员的经验值（购买经验值、登录经验值和附加经验值的总和）以及这365天的购买天数将达人划分为T1、T2、T3三个层级。对于商家来说，最为关注的是和其他网购人群相比，天猫达人究竟拥有什么样的购物习惯呢？

达人地域分布与天猫整体消费人群的分布差别不大，均集中在二三线城市，略偏江、浙、鲁几个省份。数据显示在Top10省份中，江苏、浙江、山东、河南、福建、湖北几省的达人占比略高于天猫整体。

省份、城市：优先默认收货地址，其次注册IP地址，下同。

天猫整体：近一年(2011～7至2012～6)天猫购买UV，共计6900万，下同。

达人：至2012年6月30日的天猫激活会员，共计2776万人，下同。

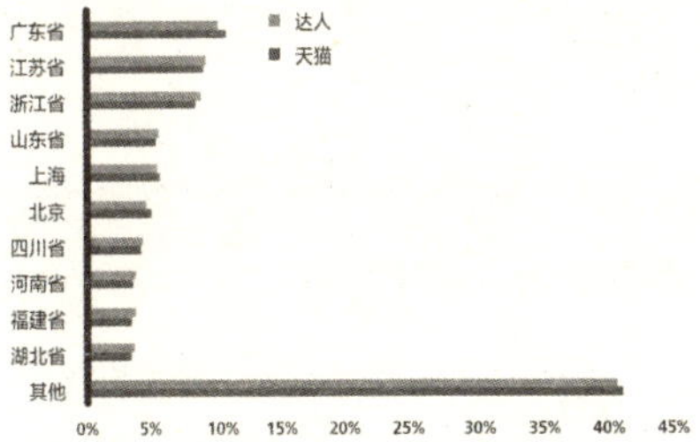

图 2–12　天猫达人分布 Top10 省份
（达人与天猫整体占比相同，均为 59%）

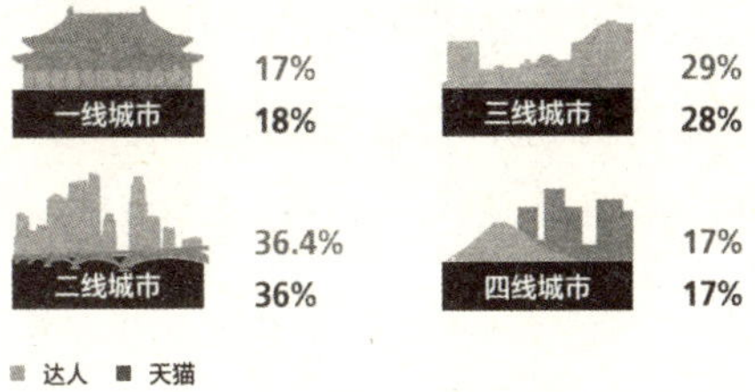

图 2–13　达人与天猫整体地域分布

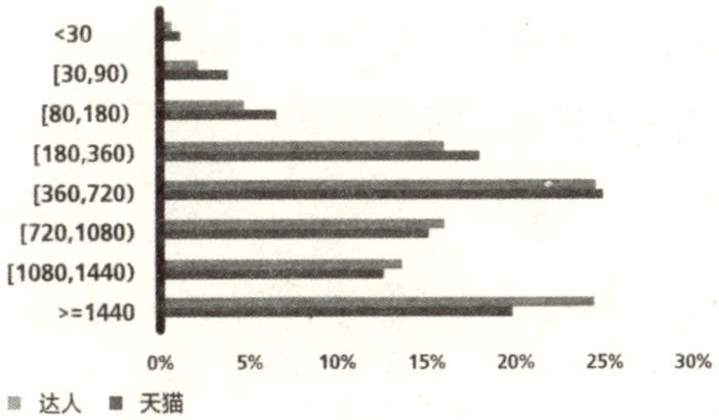

图 2–14　入淘时长对比

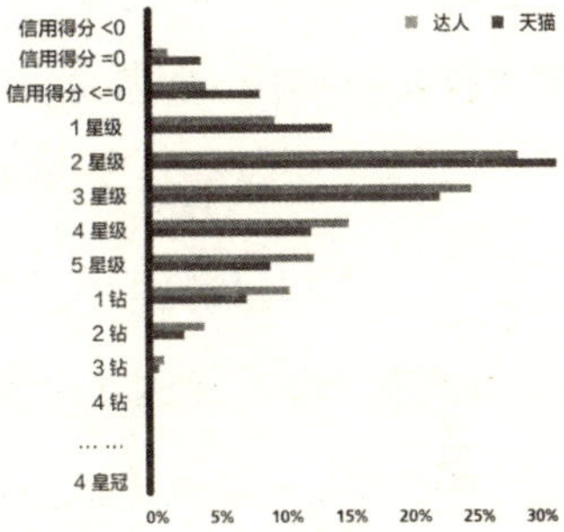

图 2–15　大淘宝星级分布对比

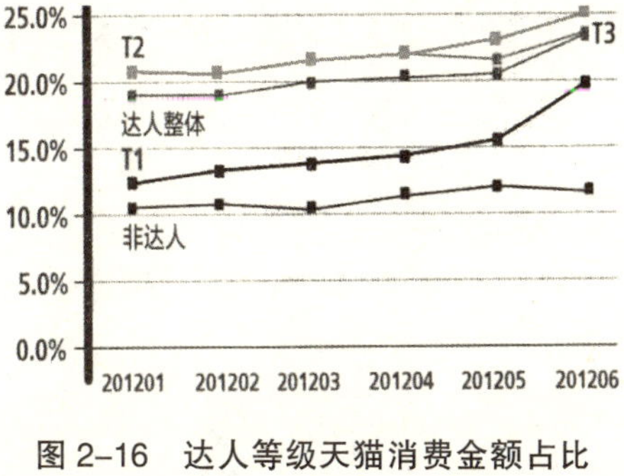

图 2–16　达人等级天猫消费金额占比

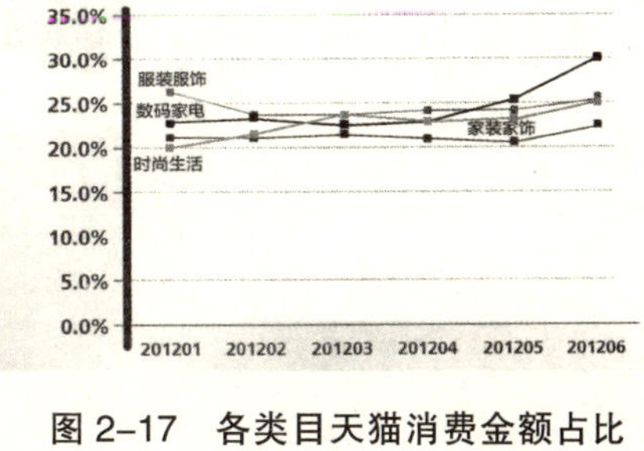

图 2–17　各类目天猫消费金额占比

从入淘时间来看，入淘1年以上的天猫达人占比77%，高于入淘1年以上的用户在天猫整体用户中的占比（71%）。

相对于整体，达人更加集中在18至30岁（占比75%，天猫整体用户中此年龄段占比64%），而且与天猫整体用户相比，达人略偏男性。

天猫达人在大淘宝中也属于活跃群体，消费等级3星级以上的达人占比61%，明显高于3星级以上用户在天猫全体用户中的占比（48%）。

可见，达人的综合形象是：天猫达人是一批更集中在二三线城市、更年轻、更成熟的、联系信息更全面的活跃用户。

天猫达人占天猫总用户的35%，却贡献了61%的成交金额。他们给天猫卖家带来高转化率、高成交的同时，也为天猫平台会员群体注入了活力。

T2和T3层级的达人在客单价和人均购买笔数上均超过天猫总体，尤其是T3用户拥有超强的购买力，无论是在客单价还是消费笔数上都拔得头筹。平均来看，天猫达人月度客单价比非达人月度客单价高45%，并且随达人等级升高，月度客单价迅速增长。

T2、T3层级的达人从浏览到购买各环节的转化率均高于天猫整体，其中T3层级最为明显。

从整体来看，达人天猫消费在上半年呈平稳增长，但活动密集的六月份，达人在天猫的消费占比明显提升，尤其在暑促力度大的数码电器类目表现更明显。因此，可以推送一些优先参与活动的特权或者优惠券来刺激达人们的消费。

（文 | 怀萍）

细节特写之买家需求报告

众所周知，网络销售使得线上购物的消费者往往看不到实物，无法全方位了解一件产品的具体信息,导致很多买家有时候虽然很喜欢产品样式,但是又因担心产品的质量和做工等问题而犹豫不决,难以作出正确的购买决策。如何帮助买家精、快、准地挑选到他们需要的商品,有一个东西不可忽视:细节特写服务①。

2010 年开始淘宝集市新推出的细节特写服务认证,主要是为了能让买家在很快的时间内看到商品的细节,更好地帮助买家做出是否购买的判断,从而减少买家购物时对商品品质没把握的不佳购物体验。那么从买家的角度来看,在实际网络销售的过程中,买家对细节特写服务的认知情况到底如何,他们的使用现状又如何,细节特写服务还存在什么问题或者不足,以及应该如何完善?带着这些疑问,我们对女装、男装、女鞋、箱包和内衣 5 个类目近 7000 名纯买家用户进行了问卷调查。通过反馈,了解到细节特写服务认证对买家的购物决策能产生重要的影响,同时也提出了对优化该服务的一些对策及建议。

选商品少不了细节特写

从调研数据可知，接近八成的被调查消费者都关注到了细节特写服

---

①细节特写服务就是指卖家店铺出售的宝贝主图在实物拍摄的基础上,再提供商品本身的面料、做工、款式、洗唛、商标等清晰的细节图片,达到近距离观察的细腻真实效果,让买家对商品本身的品质有零距离的触摸感。

务，完全不了解的人数仅仅占 1.19％。伴随着淘宝网对服饰行业中女装等类目细节特写服务的全面推广，越来越多的消费者开始关注细节特写服务。其中，买家了解细节特写服务的主要途径是宝贝主图的放大镜功能（占 80.78％），即在商品主图下有并列的 5 张图片分别展示商品的正面、背面、侧面、内里等细节。买家将鼠标移在某张图片上，那么此图片就会出现在主图上，用户通过放大镜充分了解商品的细节，以对商品有更直观的感受。其次，用户也可以通过宝贝图片下面的细节实拍图标（占 40.35％），以及宝贝主图下面特色服务的细节实拍标示（37.21％）来获得商品信息。由此可见，放大镜功能可以大大提高买家对细节特写服务的触达机会和关注度，从而让更多的人关注到店铺细节特写服务这一环节。

调查数据显示，买家在挑选宝贝的过程中，约有 78.50％的用户会以细节实拍作为搜索的筛选条件（30.74％的用户“会”，48.76％的用户“偶尔会”），仅仅约占两成（20.49％）的用户不会考虑将其作为筛选宝贝的条件。可见，细节特写服务是绝大多数买家在选购宝贝时会参考的一个重要因素，在同样的宝贝中，支持细节特写服务的宝贝展现优势肯定是大于没有细节特写的宝贝的，如果卖家能够加入细节特写服务认证，则会有利于提高店铺的流量。通过进一步分析不同类目用户群体对细节实拍搜索筛选项的使用情况，发现“女装”、“箱包”、“内衣”买家比“男装”、“女鞋”买家更倾向于使用细节实拍搜索筛选项，“女装”、“箱包”、“内衣” 三个类目经常使用细节实拍搜索筛选项的比例均超过三分之一。

从调研数据可知，超过 82.00%的线上购物消费者认为，细节特写服务认证可以为购买过程提供较大的参考价值（其中，认为参考价值非常大的占比 33.26%，认为参考价值较大的占比 49.42%），仅有不到 2.00％的用户认为细节特写服务对购买的帮助程度较小。由此可见，细节特写服务的优势还是

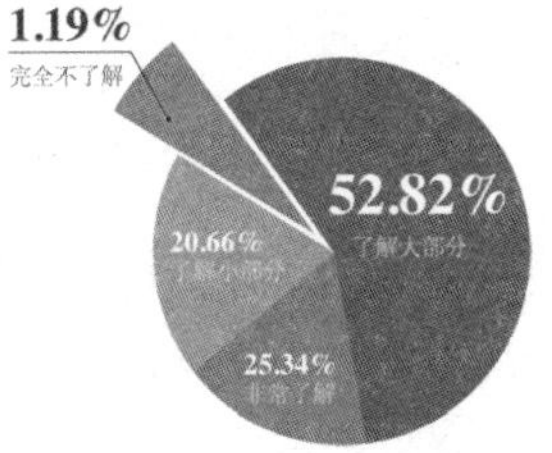

图 2-18　买家对细节特写服务的认知程度

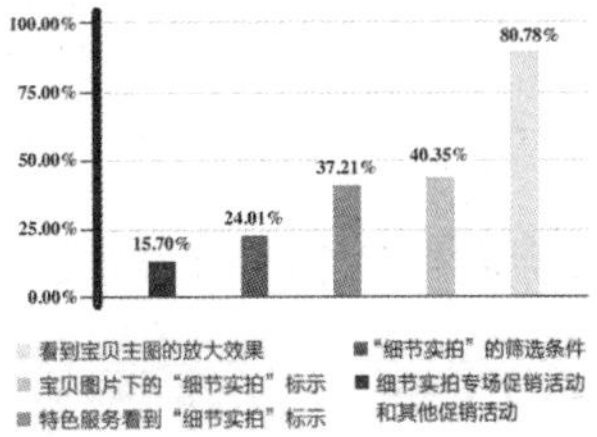

图 2-19　用户认知细节特写服务的渠道

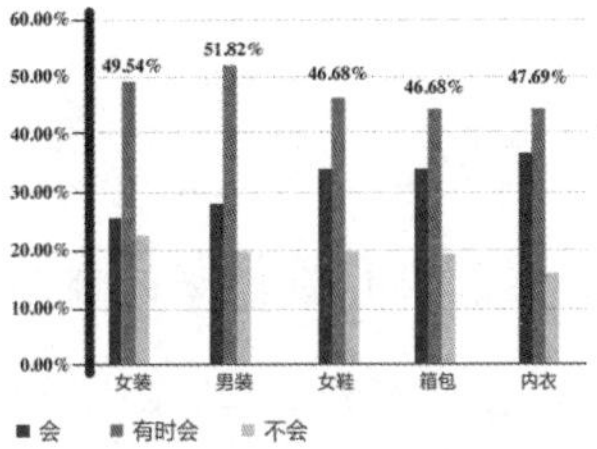

图 2-20　分类目用户群体是否会以细节实拍作为筛选项

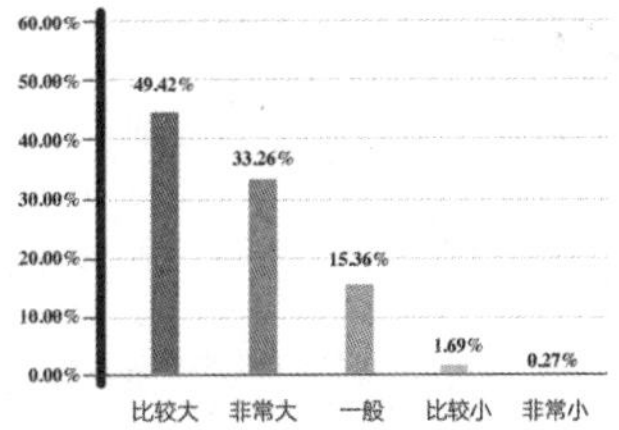

图 2-21　细节特写服务认证对用户购买决策的影响

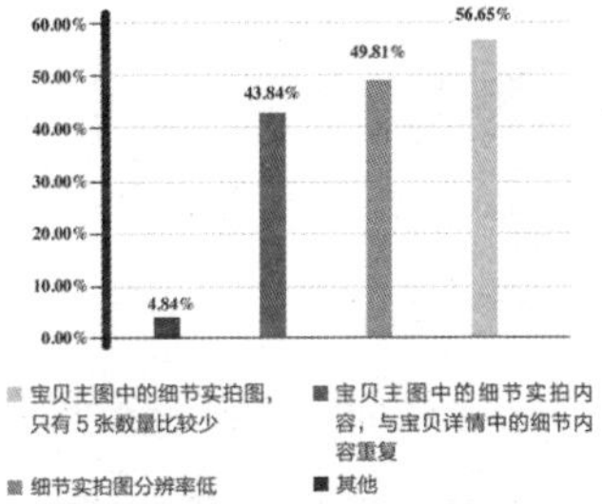

图 2-22　现有细节特写服务存在的不足之处

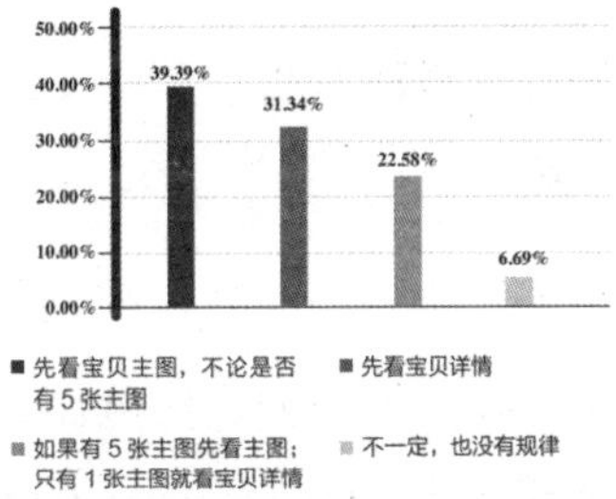

图 2-23　用户浏览宝贝页面的习惯

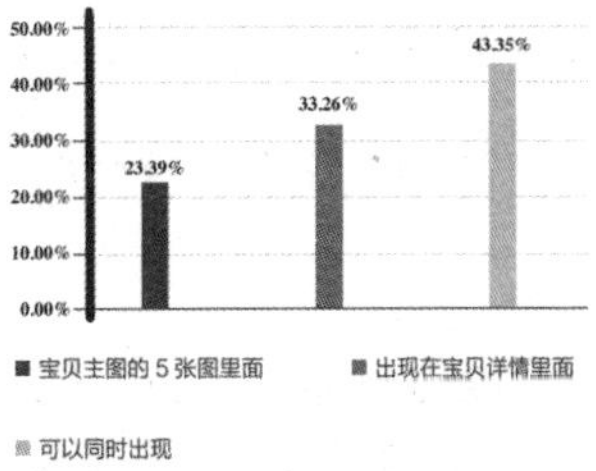

图 2-24　用户希望细节图出现什么位置

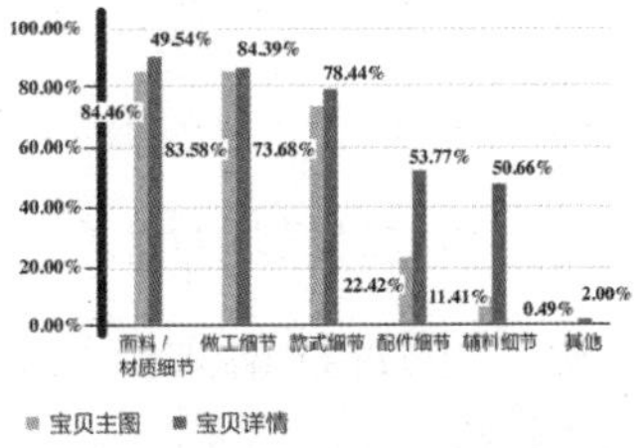

图 2-25　用户希望在宝贝主图和宝贝详情中分别看到什么内容

得到了绝大多数买家的认可。由于网络购物是消费者在一个虚拟情境下的购物行为,对于消费者而言一个致命的缺点就是看不到实物,从而使得他们心存疑虑,难以作出快而准的购买决策。然而,细节特写服务就是给消费者提供一个全方位了解产品信息的途径,帮助买家判断一件产品的质量,从而消除网络购物的弊端。

买家的烦恼

细节特写服务,无论是对于买家还是卖家都具有看得见的优势,但是在卖家尽心尽力地将一件产品全方位生动展现给买家时,也给买家带来了不少的烦恼。通过调查发现,买家认为现有细节特写服务主要还存在以下不足之处:

第一,分辨率太低。约占 56.65%的买家认为宝贝主图中细节实拍图分辨率低。网络销售,买家看不到实物,所以用放大镜做细节实拍图能起到一个很关键的作用,那些转换率高的店铺,往往都是细节图片很多,图片拍摄得真实细腻,力争把最真实的图片呈现给买家。然而,目前很多卖家提供的细节特写图并不清晰,这就在无形之中削弱了细节特写服务的功能。有卖家指出,细节实拍图出现分辨率低的原因之一是:卖家在使用相机时为了图片能更清晰会选择虚化背景突出细节,但如果将实拍细节图用于放大镜功能,则可能会出现被虚化的背景放大后变得很模糊的情况,所以建议大家拍摄细节实物图的时候尽量不要虚化背景。

第二,图片数量太少。调查数据显示,接近五成的用户认为,宝贝主图中的细节实拍图数量太少。大多数买家往往会选择具有细节特写服务认证的商品,这是希望可以更全面地看到服装本身的特质,希望细节实拍图能从各方面来反映产品的信息，五张细节实拍图往往给人意犹未尽的感觉。当然，并不是细节图数量越多越好，过多的图片往往也会造成相反的效果，因此要把握好适量这个度。

第三，内容重复。约占 43.84％的用户指出，宝贝主图中的细节实拍内容与宝贝详情中的细节图内容重复。为了尽可能详尽地向买家介绍产品信息，很多卖家将相同的细节特写内容放置在主图中和宝贝详情中，造成了宝贝页面过长，相关信息重复累赘。这样一方面可能导致买家打开网页的速度过慢，或者在很多地区由于网络原因部分图片根本无法显示，导致买家另寻宝贝；另一方面页面中重点信息不突出，也会耽误买家的时间和精力。

除了以上不足之处以外，买家还提出了现有宝贝主图中的细节实拍内容有 PS 的痕迹、图片与实物之间的色差严重、抄袭他人图片、模特非实拍、无法反映面料的厚薄等问题。

买家诉求分析

细节特写服务具有看得见的优势，很多服饰类目卖家率先推广细节特写服务，目前家居类目、母婴类目卖家也开始纷纷响应，细节特写服务在淘宝所有类目中全面推广势在必行。在推行的过程中，该服务还存在很多不足之处，那么规范和完善细节特写服务也是大势所趋。

诉求一：买家的浏览习惯

买家打开页面浏览宝贝时，选择“先看宝贝主图，无论主图是否有 5 张图片”的人数占比最高，约为 39.39％，“如果有 5 张主图（其中包括细节图），先看宝贝主图；只有 1 张主图就先看宝贝详情”排名第二。综合这两条选项，可以理解为如果卖家宝贝有 5 张主图，那么约 70.00％的用户习惯先浏览宝贝主图。其次，约 22.58%的用户习惯“先浏览宝贝详情”，同时还有6.69%的用户选择“不一定，没有规律”。调查还显示，超过八成的用户“会仔细浏览宝贝主图”，仅仅有 1.11%的买家选择“不会仔细浏览宝贝主图”，还有 14.52%的用户“有时候会仔细浏览宝贝主图”。这说明大多数买家浏览宝贝还是习惯从主图开始，而且绝大多数用户网购时对主图的依赖程度非常高。因此，选择将宝贝的细节实拍相关内容放在主图位置，以吸引用户购买是卖家必不可少的运营手段。

一般来说，宝贝实拍的细节图出现的位置主要有三种选择，分别是“宝贝主图中的五张图片中”、“宝贝详情图”和“同时出现”。调查数据显示，买家选择细节图出现在“宝贝详情”中的人数占比最高，约为 43.35%，主要原因有放在宝贝详情的细节图数量更多、图片更清晰以及能够和模特图、尺寸等信息一起浏览等。

结合前述买家的浏览习惯和对细节图出现位置的偏好，卖家可以在宝贝主图和宝贝详情中都放置宝贝细节实拍的图片。由于买家一般会习惯性先浏览主图，因此卖家可以将一些具有重要信息的细节图放在主图这样醒目的位置中，那么用户鼠标滑过便能一目了然看到宝贝的整体外观和重要细节信息；同时，也可以将一些其他的细节性内容放在宝贝详情中，以弥补宝贝主图信息内容的不足。

诉求二：买家的内容偏好

调查显示，买家在宝贝主图中倾向于看到宝贝的“面料 / 材质细节”（84.69%）、“做工细节”（83.58%）和“款式细节”（73.68%），他们也希望在宝贝主图看到“配件细节”和“辅料细节”，但比例都不超过 25.00%。同时，买家在宝贝详情图中最想看到的 3 类细节图是“面料 / 材质细节”、“做工细节”和“款式细节”，比例分别是 86.46%，84.39%和 78.44%，而选择“配件细节”

和“辅料细节”的人数占比也均超过 50.00%。由此可见，买家对宝贝主图和宝贝详情图中想看到的信息或者内容还是有着明显区别的，卖家可以结合买家的浏览习惯和内容偏好，来设置相关细节图，尽量避免图片信息的重复冗余。

网络销售因为种类丰富的商品、安全便捷的支付方式以及良好的购物氛围吸引了众多买家，但是不可否认的是，网络销售也同时牺牲了我们的触觉。不能近距离亲身查看和触摸商品实物，使得我们只能依靠图片辨别商品的好坏。然而，细节特写恰恰可以弥补网络销售的这一不足，使买家获得近距离观察的购物体验，对商品本身的品质有零距离的触摸感。好品质不怕放大镜，我们期待看到细节特写服务为电子商务行业进一步规范化发展所带来的巨大影响。

（文 | 凯旋 夜来）

第三章 抓紧电商大趋势

无线淘宝，正在发生的未来

没有人会怀疑这是一个移动时代，更不容质疑的是被移动网络连接的消费者正试图改变着商业世界：扫下二维码立刻确认购买支付；等公车这样的碎片时间终于可以用来“逛街”；“双十一”当 PC 端流量拥堵，移动端却是一路绿灯……智能手机正在成为人类双手的延伸，颠覆我们传统的生活方式。

或许你还不知道，每 3 个在淘宝购物的用户中，就有 1 人在手机端登录，每天有 218 万人在手机淘宝上查物流，有 75.8 万人在收藏商品和店铺，有 118 万人使用购物车，每个购物车平均装载的宝贝数量超过 6 件。

看到这些商机，原本厮杀于 PC 端的平台商、商家、第三方服务商们不约而同前来“烘焙”移动电商这块令人垂涎欲滴的大蛋糕。其实早在两年前，移动电商就已经开始蠢蠢欲动，御泥坊、麦包包等冲在前线，在自建 App 狂热潮中勇猛地做了最先吃螃蟹的人。不过时过境迁，苦于后期运营和客户端升级成本过高，这些 App 已少有人维护；而另一边的手机淘宝，虽然还仅能显示 6 个推广位，但已经能获取高出 PC 端多倍的 ROI（投资回报率），无论是卖家、服务商，还是导购、软件开发商，也过得更为滋润。

虽说目前各路平台商、卖家、服务商对无线端的争夺还只停留在跑马圈地的布局阶段，暂且相安无事，但这里无疑将成为又一个战场，而我们也终于可以谈一谈这波正在发生的未来了。

是时候布局移动端了

在移动互联网急速发展的大趋势下，移动电子商务也开始兴起，并成为一股风潮。

国内的移动电子商务在 3G 时代开始蓬勃发展，2G 时代在 WAP 页面上卖货的模式在三、四线城市依然可行，通过 HTML5 页面（WAP 升级版）或 App 进行购物的智能手机用户也与日俱增。高中低端市场齐头并进，这很大程度上得益于人口红利。

工信部的数据显示，2012 年上半年，手机上网用户规模已达到 3.88 亿人。同时艾瑞的数据显示，2011 年中国移动电子商务的用户规模为 0.92 亿人，2012 年中国移动电商用户规模将达到 1.46 亿人。用户规模还会随着国内 3G 用户的增加而增加。

电子商务的人口红利已经接近结束，移动电子商务的人口红利却刚刚开始。

大移动的业务模式

移动电子商务的范畴很大，在这个领域内的企业、项目也很多，各色人等都可以在移动电子商务上找到自己的位置，也可以从中获利。这个领域中，抢先领跑并略有斩获者有之，按部就班布局者有之，寻觅新玩法者有之，见缝插针者有之……说一句“群雄并起”并不为过，就让我们先来扫描一下群雄面相吧：

致力于打造移动电子商务平台的淘宝、天猫、QQ 网购；

B2C 的代表选手——京东、苏宁易购、Amazon.cn、一号店、凡客；

推出品牌 App 的网货品牌们——麦包包、御泥坊；

致力于移动电子商务 App 制作、移动电子商务推广服务的耶客；

将导购业务搬上移动互联网的美丽说、蘑菇街、什么值得买、盒子比价。

以上这些选手的主要工作其实还是在互联网上，但它们也在移动互联网领域进行了相应的布局。接下来这些选手则是自身业务特点适合在移动互联网提供 O2O 服务，例如为线下餐饮、酒店引导客源的大众点评、团 800、今夜酒店特价等。

当然还有只在移动电子商务领域展开行动的公司：

针对移动设备优化过的移动电子商务导购服务——果库；

细分三、四线城市打工群体市场，只有 WAP 页面的买卖宝；

在长途客车站、火车站打了不少广告（效果如何就不知道了）的闪购网。

那些想基于 LBS 打造闲置物品 C2C 市场的 App——百步淘、一呼等。

见缝插针的百度地图（推送团购信息）、街旁（提供身边的优惠券）、切客（可以订购快餐）……

最独特的是那些意欲打通线上、线下，造型很酷的产品，比如传说中的一淘火眼。

以上这些琳琅满目、各色各样的公司和产品，其实大致可以分为两大类：一是移动端购物以及围绕这一目的而服务的项目（包括广告联盟）；二是为线下零售、服务业向消费者推送商品和优惠的产品。

以人为主的生态圈

艾瑞咨询11月最新发布的数据显示，2012年Q3中国移动购物市场交易规模为156.4亿元，同比增长高达401.3%。而在交易规模占比中，淘宝无线以75.2%的绝对优势位居首位。这与淘宝在PC端占得的优势类似，因此手机淘宝也成为卖家在抢占移动购物市场时的首选平台。

图3–1　2012年第三季度中国移动购物企业交易规模市场占比

因此，我们可以看到，移动端的业务相比PC端更为多样化；另一方面，因为手机或平板等移动设备天生拥有的SNS社交属性，使得移动端的业务模式更偏向于消费者。换句话说就是“以人为中心重建移动生活”，这也是一淘无线事业部几位高层在头脑风暴后确立的大方向。

据介绍，目前大淘宝无线客户端的布局如下：淘宝、天猫、一淘、聚划算、支付宝等各子公司属于大淘宝系；淘宝旅行、淘宝彩票等对应二级类目的客户端为泛淘宝系；再往外就是有爱、湖畔、淘伴等带有导购或SNS功能的App，以及一淘火眼、一淘逛街等创新型App。从功能上前者都偏购物零售层面，后两者则偏社交互动上，其实这两个大方向与之前我们介绍的移动电商大环境的业务模式类似，无非就是卖货和玩乐两种，而正是这两部分组成了以消费者为中心的移动购物生活圈。

或许在涉足移动端时，卖家会思索自建App还是利用手机淘宝占取市场，其实反向折射到PC端上，这与几年前业界讨论过的做电商是入驻淘宝还是自建B2C是一个道理。入驻淘宝似乎是更明智的选择，一方面，与其在外厮杀，不如在温室里成长。另一方面，更重要的一点是，现在的手机淘宝就如几年前的淘宝大环境，那个时候的关键词多少钱？现在多少钱？无疑初创期的流量性价比是最高的。

因此，要玩转移动电商，还是先在无线淘宝练练兵吧。

备注：截至2012年底，阿里旗下已有各类客户端30多款，5个子公司官网客户端为一级客户端，其余均隶属于这五大子公司，主要集中在购物、社交、功能性三类，由各个平台独立开发。其中手机淘宝安装量最大，每2部智能手机中就有1台安装了手机淘宝客户端，未来目标是在智能机领域安装率达到七、八成左右。

客户端推广主次顺序：手机淘宝⇨支付宝⇨天猫、聚划算、淘宝旅行、彩票等淘系客户端

无线淘宝，卖家后院

从PC端到手机端，卖家其实会产生一些不适应的感觉。因为平台基础设施（营销推广工具、数据分析工具等）尚未完备，成交转化率低于PC

端，开放给卖家的权限也较为有限。卖家做日常运营之余，其实最关注的是：淘宝无线如何帮助自己适应从PC端到移动端的转变？针对卖家群体，手机淘宝未来的基础设施建设和运营规划如何运转？

内部流量商业化运作

不像在PC端，卖家们已经玩转了各种淘内外引流工具。在手机淘宝，卖家更多是靠天吃饭，并没有太多流量可以争夺。一方面是因为手机淘宝的流量转化率偏低，同样的流量，PC端和手机端的转化率相差5～6倍，在这种情况下，即使做内部流量分配也是徒劳。另一方面，各项引流产品建设尚未完全准备好，不过，从2012年年底开始，手机淘宝准备把更多流量资源开放给卖家。从卖家端来看，主要会从以下几方面推进。

首先是直通车的单独竞价系统将会启动，这将改变目前手机淘宝直通车关键词跟PC端捆绑的现状。单独竞价除了更灵活之外，费用也会更便宜。“相当于淘宝网两年前的水平，PC端需要0.7～0.8元左右的，手机端也就花0.1～0.2元。”一淘联盟发展部资深经理重山解释说这跟手机端的转化率有关。

此外，还会尝试投放手机端钻展。2012年12月开始，手机淘宝会拿出少量较好的钻展位置给卖家尝试投放，但由于受限于手机呈现篇幅小的弊端，这种方式并不适合大量铺开。

第二个改变是淘宝客机制的完善。2012年5月，淘宝客的新版本上线。新版本的淘宝客对佣金制定进行了修改，将无线端与PC端打通，实现跨平台结算，同时延长结算时间为15天。如此一来，淘宝客收入大为提升，引流动力更足。

另外值得一提的是收藏这个动作。手机购物的碎片化特性决定，用户不可能一次就完成购物，可能在手机上收藏然后去PC端成交，因此这种收藏价值很高。从2013年开始，手机淘宝逐渐重推收藏模式。

手机淘宝客佣金变化：

1. 跨平台淘宝客结算打通

以前无线淘宝客和互联网淘宝客是完全分开的两个体系，用户如果在无线淘客应用里浏览商品、收藏商品、将商品加入购物车，然后再到淘宝手机客户端、手机网站或互联网淘宝站下单成交，这个过程是不会给这个无线淘客结算佣金的；现在则完全打通，用户只要在登录状态下通过无线应用浏览过某个商品，这个用户以后无论在淘宝网的哪个订单入口下单都会有淘客佣金。

2. 延长淘宝客渠道展示商品到用户下单之间的结算时间为15天。

以前无线淘宝客的渠道跟踪机制是只有用户浏览后立即下单才会有佣金，如果用户浏览收藏商品或将商品加入购物车，第二天再购买，就不会有佣金了。这个是不符合用户购物的行为特征的，因为很多用户在关注某个商品后，通常会考虑几天再完成最终交易。新版的无线淘宝客解决了这个问题，用户在某个渠道浏览过某个商品，一旦用户在后续的15天内完成交易，都会给这个渠道结算佣金。

移动SNS探索

虽然淘宝SNS化的尝试一直不温不火，但移动端用户随时随地创造并分享内容的特点却方便了卖家在移动SNS领域获取更多碎片化流量。除了将PC端成熟的流量获取工具在无线端改头换面，手机淘宝也在SNS领域进行着布局和尝试。

一款名为“推推”的小清新产品于2012年12月推出正式版，其业务模型集合了目前市场上口碑较好的三种SNS模式。第一种是分享和推荐，用户可以上传商品图片和分享购物心得，这种模式类似于美丽说和蘑菇街的达人分享；第二种是用户提问和用户解答，相当于知乎在购物问答领域的应用；第三种是闲置物品转让，其灵感来源于很多买家购物后会因为尺码、颜色、款式不适合的原因转让，而这些服饰又不算是二手，买家们往往会在评论中添加转让信息。目前除了淘宝的二手市场，并没有更多场所提供给卖家转让服务。2012 年，推推的日均用户访问量已达数万，2013 年有望达到 500～1000 万的访问量。

事实上，在现阶段，手机淘宝的商家如果做付费推广，投入产出比非常低。明年，除内部流量分配之外，淘宝无线商业联盟部也会推出更多产品帮助卖家打包去外网做推广，实现全网营销，淘宝成交。

制定运营工具

一些 PC 端导流显著的商家仍然面临着一个问题，即流量到手机端后会被浪费掉，因为手机的拍买转化率低。所以手机淘宝主要做的事情，是帮助有流量的卖家提升流量的使用效率以及变现能力。一淘无线事业部资深运营劝天介绍说，2013 年，手机淘宝在帮助卖家做两类工作：优化展示、提供营销及数据分析类工具，主要还是手机端基础设施的完善。

6 个商品展示位，可以再切分出更细的维度去展示，提高买家点击的精准性。叶子类目、价格区间、活动主题、商品标签、折扣程度等，都是手机淘宝正在考虑的维度，目前正在找不同的卖家测试。

现阶段，手机订单和 PC 订单的区分还是靠人肉分拣。商家做了营销活动之后，非常想对在手机端下单的客户做重点维护，“一键导出我的手机订单”这个功能就很重要。其次，还会重点关注卖家应该在什么地方做信息重组，首页、宝贝详情页，还是活动页面？哪个是突破点？如果卖家店铺一天有 1 万 PV，应该集中在哪个地方？劝天所在团队最近正在跟量子统计团队对接，有望在 2013 年 Q1 之前让卖家使用到手机端的量子数据分析工具。此外，下单支付的流程优化、手机旺铺等功能，也都会逐步增加。

由于手机淘宝的排序规则不同于PC端，手机端导购对商家的影响也很大。WAP平台有个产品叫“有爱”，该产品打破了PC端类目或者产品搜索习惯，主要是给商品打上标签，方便手机用户按标搜索。这是2013年整个Wap很重要的一个方向。

“我们希望做到让卖家的流量变现能力提高2～3倍，让卖家在无线端的生存环境变好些。”显然，从PC端向移动端的迁移，远不是屏幕切换那么简单，手机淘宝还需要完善一整套从搜索、详情页到活动推广位甚至类目运营上的个性化开发。

未来，移动生态圈

作为可能诞生下一波千亿元市值公司的O2O领域，任何类型的互联网公司都不想缺席。线上线下一旦联动，会产生巨大的爆发力。2011年中国O2O市场规模为562.3亿元，预计2012年的增长率为75.5%。“如果不做O2O，线下市场说不定什么时候会把我们颠覆掉。对集团而言，这个过程不能不参与，至少得看着吧。”一淘网无线事业部资深总监昆阳说得颇为巧妙。无疑，O2O是电商的未来形态之一，而最擅长Online交易的阿里巴巴已经开始在移动端排兵布阵。

阿里的移动布局，首先是把传统业务迁移到移动互联网，推出各个交易平台的客户端。不过在未来，一淘更有可能成为阿里的移动端利器。其“做流量入口”的定位，决定了它可以和其他服务展开合作。而一淘无线在2013年重推的两个产品，目的也都是希望抢占线下用户的入口。最终，阿里控制了流量，不仅可以用流量反哺电商，还能联合其他产品做闭环O2O。

图3–2　手机淘宝相关数据

表3–1　几大互联网公司O2O领域布局（来源：数据解读电商）

公司	信息的获取 筛选与决策	到达线下	消费与结算	后台系统
阿里巴巴	淘宝本地生活 丁丁网 一淘网 团购	淘宝地图 一淘地图	支付宝	
腾讯	本地化服务网站 QQ美食	Soso地图	财付通	微信 通卡
百度	百度身边 爱乐活	百度地图 百度路况		
大众点评	大众点评网	移动端		

基于地理位置的野心

如果把手机淘宝这个主客户端当成一艘旗舰，其他产品线可能是一支小船队。基本展示肯定要通过主客户端，但如果想要实现获取优惠及消费等具体功能，用户还是要使用具体的App。举例说，未来主客户端可以买电影票，但涉及领取优惠券或者选座位这类环节时，就需要跳出来去电影的App。最后实现的路径应该是，主客户端给小App导流量，后者再反馈有效数据给前者。

在任意一个O2O的消费场景中，基本包括信息获取、筛选决策、到达线下消费与结算、点评分享。昆阳带领的团队，现在主要做两个App产品：一淘地图（暂定名）和一淘逛街。二者都是用户获取信息和做决策的入口。

叠加信息的个性地图

地图本身已经没什么可玩的了，百度和大众点评都在做。传统的图商会告诉用户地理位置、标志建筑物，但很少能告诉用户一个具体的位置点有什么公司或者商家优惠信息。大众点评移动端虽进了一步，但本质还是个地图，只是会告诉用户某个位置点有什么饭店，以及这些饭店的菜单、就餐价位和环境等信息。

“我们做地图，可以发挥的地方就是用户的POI（兴趣位置点）信息。一淘擅长挖掘数据，在一个位置有没有团购、信用卡折扣或者优惠信息，不管信息来自百度还是大众点评，只要拿得到，我都会去用。类比百度和其他图商，阿里集团内部的信息，是别人拿不到的。”昆阳打了个比方，七格格办公场所在杭州古荡，仓库在下沙，这类位置信息也可以叠加。一淘的长处就在于，拥有其他互联网公司没有的电商数据。

一淘无线的优势虽然来自于它本身所掌握的电商数据，但重点却在做一些连接线下吃喝玩乐的应用，布局的紧迫感更多来源于其他虎视眈眈的互联网公司。微博想做O2O已经两年多了，虽然微美食、微领地都没能行得通，但给淘宝卖家引流的作用不可小觑。大众点评本地生活类团购做得很好，还有丁丁地图、布丁优惠……“地图是一类应用入口，如果未来百度把这个占掉，距离买东西也就只剩一步之遥了，入口在哪里很重要。”虽然每家打法不同，但昆阳认为无线的发展趋势大大加速了O2O市场的电子化，阿里必须参战。由于阿里云之前在地图方面有一定的积累，收购了一些图商公司，阿里打造个性地图问题不大。

打造商户微博

假设一个日常生活场景。你想要购物，打开一淘逛街这个应用，然后基于你的地理位置，会匹配出周围的实体店铺。在这些店铺中，有一些是你在线上旺旺联系过的那些“亲”，也有的是纯粹的实体店，可以看到基础的店铺资料和优惠信息。如果你依据信息进去了某家实体店，完成消费动作并点评分享。这就是一个完整的O2O闭环路径。

一淘逛街希望建立的，是商家和用户的关注关系。这里的商家主要指实体店，它们中的部分可能也有线上店。在前期，为迅速扩充应用用户数据，一淘逛街调用的大部分是淘宝商家的实体店地址。逐渐地，纯实体商家也开始通过这个应用发布店铺的电子海报和优惠信息。而对于消费者而言，诸如家居家电类产品、母婴亲子类产品，去实体店体验是非常必要的。更何况，告知优惠信息这个功能，对于习惯线下购买的用户来说非常有用。

一淘逛街的下个版本，会多一个“关注”的垂直频道，等于是多了一个基于地理位置的商户微博。消费者如果对某家实体店感兴趣，点击关注之后，该店铺的上新、折扣优惠等信息，用户都可以看到。店铺端，则会增加“被提到”功能，该功能可以更精准地服务新老客户。后期，除了商户自己发布，还会增加达人的分享信息，“甚至可能把在新浪的整个关系搬过来，只要通过淘宝的账号绑定新浪账号,在新浪有关注关系的人,在逛街应用里的所有动作都能直接看到”。

据此看来,明年一淘无线要做的主要是占领用户时间。一淘逛街更像是一个市场推广工具,非常适合有实体店的淘宝店主,以及尝试实体店体验线上成交的卖家。

摄像头入口

2012 年“双十一”刚过,微博上开始疯传一条信息:用“一淘火眼”找到未收录的条码商品,第一时间拍照上传,我们就给提交者发放 100 个集分宝,价值 1 元人民币,让大家把花的钱赚点回来!

通过摄像头扫条码和二维码,上传商品图片,收获积分。这个线下挖宝游戏引发了一阵扫码热,该项目的负责人解风直言,一淘火眼正是一淘无线用来布局摄像头入口的重要工具,扫码只是火眼非常基础的一个功能。未来,只要摄像头能捕捉到的东西火眼都可能发力。比如,商品可以比价,电影海报可以扫出优惠信息,餐饮店可以是优惠券或活动,还有药品的使用说明书,书籍的评论等都可以接进来,“即使是对着人脸或者风景拍摄上传,也许还是可以得到优惠”。

微信让大家开始扫二维码,使用电子会员卡。而火眼,不仅加剧培养用户的扫码习惯,还能快速扩充现有的商品库。目前,该应用每天有 1 万多用户上传信息,每天有 2 万个商品上传,到 11 月底已经积累了 8～10 万条信息。

从用户端看,如果想获取信息,一般会通过手动输入、语音输入、摄像头输入三种方式。火眼希望成为用户通过摄像头获取信息时的首选产品,捕捉用户关注但肉眼看不到的信息,从而打通线上和线下。在解风看来,火眼是一个典型的反向 O2O 产品。在接下来的运营规划中,重点是跟商家达成合作推广,把线上商家带到线下。同时,淘宝卖家在线下并没有太多实体店和应用场景,他们可以通过火眼这个桥梁跟线下消费者发生联系,从而诱导线下流量变为线上流量。

线下体验线上消费已经是很多实体商家的心病,火眼无疑会加剧这种矛盾。但这里衍生出了另外一种思路:消费者在A实体店铺体验完成的商品在B线上店铺达成交易,可以把成交返利给A。在这个链条中,A等同于淘宝客服,作为流量入口然后获得返利;而相反的,火眼也可以帮助B做线下推广,通过二维码和海报的形式,让其优惠活动和信息能覆盖到线下的消费者。

纵观阿里巴巴的O2O布局,在支付宝、团购(聚划算和美团)、一淘网(地图、逛街、火眼)以及本地服务平台(淘宝本地和丁丁网)四条战线上都有建树。以地图服务为基础,在移动端打造以地理位置为核心的社交以及O2O服务,把控信息入口,然后逐步融合支付、CRM、地图等功能环节,形成综合性的O2O服务平台。

(文 | 熊二 吴慧敏 杨玲莹)

向西力——中西部电商发展契机

"西迁"、"向纵深腾挪"、"用空间换时间"这些词汇和词组不断被提及,当东部遭遇越来越多生产要素成本上升的压力时,其竞争优势不断被冲击,于是乎,卖家向成本更低廉的中西部腾挪的意愿就变得愈加强烈。这样的西移看似离电商很远,但在整个西迁的过程中,无论是产业基础、配套设施、人才结构,还是物流交通都在完善中,而这些产业环境的变化就像蝴蝶效应一般辐射到电商圈,激活了当地原有的商业优势,为中西部电商的下一轮发展提供了源动力。

找寻契机的窝

从深圳到成都一路向西，2000多公里的路程，经历连续跳楼事件后的富士康完成了浩荡的万人转移。这仅是产业转移投射在一家企业身上的微观景象。英特尔、惠普、戴尔以及全球第二大笔记本电脑代工厂台湾仁宝等企业巨头已经纷纷悄然西迁。

一场产业调整与再分配的序幕被揭开。这种转移透露出的是中国经济发展的最大特点：区域发展不平衡。东部沿海地区与中西部地区形成了鲜明的第一、第二、第三发展梯队。毫无疑问，地域间竞争优势与比较优势的变化，必然会引发一轮产业的空间转移。

注定的转移

产业迁移其实早有先例可循，它就像轨道运动一般，总是从发达地区向相对不发达地区转移。百年来，我们看到的是产业从最初的欧美地区向日、韩、台湾等地区迁徙，再到中国珠三角、长三角地区，现在又开始向中国中西部地区转移，这是产业梯度转移的市场规律表现。如果研究一下产业迁移的路径，就不难发现促使这种空间转移的因素不外乎成本、资源以及市场。

相较东部沿海地区，中西部地区资源丰富、劳动力充足，而且人力成本较低。香港工业总会的一项调查显示，珠三角约8万家港企中，37.3%正计划将全部或部分生产能力迁离珠三角，更有63%以上的企业准备迁离广东，向生产成本更低的中西部转移。这一方面可以使产品更加靠近原料产地，另一方面也可以借助廉价的劳动力以及仓储租金成本来减少整体的生产成本，而且近年来的金融危机使得外贸需求疲软，向中西部迁移能够更加接近内地庞大的消费市场。

当然，对于中西部地区来说，这样的转移能够激活当地原本的优势。这并不难理解，向中西部迁移的排头兵基本是行业龙头企业，例如富士康、英特尔等，它们拥有一套相对成熟的生产链，随着生产内迁，制造环节甚至是研发环节都会转移到中西部地区，现代化的生产、管理等理念将会渗透到这些区域，从而提高整体生产力水平。

这样的产业西移看似离电商很远，其实不然。在整个西迁的过程中，产业基础、配套设施，以及物流交通都在完善中，而这些产业环境的变化就像蝴蝶效应一般最终将会辐射到电商圈。而且，电商自诞生那天起就背负着减少生产与消费终端距离的使命，它的发展很大程度上依赖着生产地，正如依靠产地优势发展起来的广州箱包电商。因此，可以相信的是，随着产业西移，电商同样也会向西发力。

看得见的转变

对于大部分人来说，一提起中西部电商，条件反射般跳出来的关键词可以用一个字总结——“缺”。缺人才、缺氛围、缺资源、缺格局……似乎这里就是“三无”驻扎地，中西部电商步伐缓慢地跟在后面，眼见着差距渐渐拉大。然而，这并不是中西部电商故事的全部，我们被常态遮住了双眼，往往忽略了潜在变化所带来的新一轮发展。

巴菲特曾说过：“在商业世界，我努力寻找无法被攻破的护城河所保护的经济城堡。”其大意是说，一家公司只有具备足够的竞争优势，才能抵御竞争对手对自己盈利空间的蚕食，这就是他有名的护城河理念。事实上，企业的护城河有好多种，简单来说包括低成本、广阔的市场需求、技术、高门槛等，决定这些关键指标的背后要素，说到底是资源、政策与市场。这个护城河理念不仅可以用于分析企业的竞争力，还适用于国家、城市发展的身上，我们可以借此来看清中西部电商的发展契机,其表现出的区域竞争力,以及这种竞争力能否可持续存在。

中西部地区在资源方面有着得天独厚的优势，这也使得这些地方拥有着丰厚的产品基础。这里有较多的农特产品,也正因此,第一波电商发力通常围绕特产展开,例如武汉的周黑鸭、新疆的大枣、四川的牛肉干、内蒙的奶酪等。就像上文所提到的,伴随产业转移,制造业实力增强,不少 IT 企业落地中西部地区,例如英特尔、诺基亚、甲骨文等,也为这些地区带去了科技资源。

站在政策层面,中西部拥有着令人艳羡的政府支持,各地无论是在租金、税收,还是配套政策方面都给予电商不同程度的支持。在产业转移的大势下,国家层面对产业与物流链条进行了深层整合。随着武广高铁、昌九城际铁路的通车和杭南长高铁即将运营,未来几年,武汉、长沙之间将形成“一个半小时同城圈”。而从 2009 年开始开工的四川“7 + 2”铁路项目,也将形成以成都为中心的 6 个交通圈。在高铁的汇聚效应下,这些区域完全可以通过集聚成为新的经济增长点,而电商自然也搭乘上了这班列车。

当然,消费者的需求同样也是中西部电商发展的一个支点。不可否认,线下零售业的不发达是电子商务井喷的核心原因之一。二三线城市逐渐苏醒的消费力同样可以折射到中西部地区。虽然从淘宝网监测的数据依然显示华东地区买家数量和买家增长数量在各地区中仍保持首位,但其增速却低于总体水平。相比之下,中西部地区买家增速非常突出,远超平均水平。这为电商发展提供了广阔的市场需求。

可以说,无论从资源、政策,还是市场角度来看,中西部电商发展的护城河已然成型,接下来需要考虑的是,如何将这些转变落地为电商发展的机遇和动力。

转角遇见的机遇

为了更清晰地展现中西部电商的形态，我们挑选了成都、武汉、长沙这三个最具代表性的城市作为切片，分别从生产、物流、人才三方面来还原被遮蔽掉的机遇。

无论是传统企业转型上网，还是个人开网店，“卖什么”往往是首要问题。这关系到货源，而货源通常与各地的产业基础密切相关，比如：在流通业发达的城市，批发市场一般是首要货源；在制造业发达的城市，工厂在供货方面扮演着极其重要的角色。因此，货源问题更深层次是产业基础问题。正如上文所说，伴随着生产内迁，中西部地区的产业基础将会越来越坚实。

而且，无论是物流服务商还是电子商务企业都将武汉、成都、长沙这三个城市作为物流战略布局的重点。以武汉为例，物流服务商“四通一达”和京东商城、当当网等纷纷进驻，日益完善的物流网络对电子商务的发展发挥着重要的支撑作用。2011 年，成都网络零售包裹数相比 2009 年增长了 315.6%，明显高于全国平均增速。类似的，长沙、武汉的网络零售包裹数分别增长 183.8%、181.7%，保持高速增长势头。

除此之外，人才也是这三地下一波发展的契机。调研显示，电子商务人才的最大来源是大学生和传统商业。成都、武汉和长沙都拥有众多大中专院校，同时在传统的零售、制造等方面拥有良好的人才基础。而且，近两年人才回流在电商圈也开始出现了苗头，虽然目前的回流主要靠政府手段吸引，但可以相信，未来 3～5 年，这个趋势将会更加明显。

当采购成本、人力成本挤压着东部电商的利润空间时，低成本的诱惑叠加在产业转移所引发的产业基础、物流布局、人才成长的蝴蝶效应中，中西部电商发展的趋势变得不可逆转，这也与中国电商发展的必然规律吻合。

自会找到的出路

中国电商仍在急行中，产业西移更是撬动了中西部电商发展的阀门。当东部人口红利逐渐褪去，留下的是高昂的成本，在越来越多生产要素成本上升的压力下，制造业内迁是现状也是大势。

这背后不能忽略的是政府的扶持和推动。近年来，中西部各地政府为电商提供了税收优惠的政策，提供电商租金等方面的优惠，甚至直接的经费扶持，并且在他们的帮助下，各种网商园区被兴建起来。2012 年初，以百分之一女装店为代表的第一批大卖家入驻汉正街都市工业园，租金全免。除此之外，政府也开始着手促进人才回流计划，走在最前面的长沙将在明年初出台相关政策，给予优秀人才相应的补贴奖金等。

这股产业西移带来的发展潜力其实早就被商业嗅觉极其敏锐的资本投资者所察觉。2011 年 4 月，坐落成都的外贸 B2C 米兰网获得红杉资本千万美元的投资，同样获得资本青睐的还有 2011 年 2 月上线的酒店达人，这个旅行类 App 上线第一周即登上 App Store 旅游类应用排行榜第一的宝座。从披露的数据来看，光成都移动互联网项目，经纬创投一家就投了 5 个，清科投资、联想投资也有不下两个项目的斩获。云月投资（Lunar Capital）的创始合伙人苏丹瑞甚至表示，未来十年，中国会形成继北京、上海、深圳之后的第四个 VC/PE 中心——成都。

资本的关注首先得益于产业转移带来的产业集群以及高端人才的涌入，例如随着英特尔、甲骨文、华为、诺基亚等 IT 巨头的集体落地，成都出现了 IT 产业的集群，一批高端人才也跟随着进入，使得成都拥有了不错的人力资源，加之其能辐射整个西部，因此获得了资本的认可。另外，近年来，成都、武汉等地的移动互联网探索热潮也牵引着资本的心，例如中西部土生土长的酒店达人这样的LBS项目自然也就进入了资本投资的日程表中。归根结底，资本看重的无外乎人（团队）、市场、产品（商业模式），当这些因素被产业西移激活后，资本的青睐便是水到渠成的事。

纵观百年历程，商业总有一种自我调整的能力，它会按照成本最优的搭配方式来选择未来的出路。伴随着产业西移的进程，中西部电商发展的契机越来越明显，无论是政府的扶持，传统企业集体上线，还是物流、人才、产业基础的完善，都让这个区域的发展趋势不可逆转。而且，我们必须承认，中西部在电商方面的灵感和野心绝非等闲。

（文｜子睿　小龟）

跨境电商正当其时

据ComScore和Euromonitor估计，全球跨境电子商务市场规模为440亿美元，占2012年电商总体规模的14%。与此同时，有人估计中国跨境电商有近百亿美元的市场规模。

目前，中国最大的跨境电商B2C平台是阿里巴巴速卖通，其成交额年增长超过400%，日均买家PV流量3800多万。这体现了国内小微企业们跨境电商意识的觉醒和对跨境电商平台的信心。

品牌商：切入全球市场

四方，是珠宝品牌佐卡伊的创始人。她说，国内的线上珠宝市场已日趋饱和，无论从品牌还是销量上想获得大幅突破都十分困难，这时，切入全球市场，成为一个不错的选择。2012年，佐伊卡入驻速卖通平台，开始了它全球化战略的重要一步。

"平均客单价可以上涨20%，而且全新的市场，也可以在消费者心中重新塑造品牌概念。"四方这么解释入驻速卖通的初衷。

作为面向国际B2C业务的跨境电商平台，速卖通成立于2010年4月，目前已经覆盖220多个国家和地区的海外买家。

对四方而言，入驻速卖通是有过疑虑的。"我们产品昂贵，物流是个问题。"据四方介绍，面向国际市场，受制于地理限制，很多地方需要两周才能到货，如果退换货，周期就在一个月左右，而且长距离配送一旦出现纰漏将是个大问题。

抱着尝试的态度，四方开始了在速卖通上的生意。几单生意下来，消除了四方对物流的顾虑，因为速卖通有"货代"人员上门收货，只需一个电话就能搞定，方便快捷。而因为是贵重物品所以会在配送中有特殊处理，并且可购买保险，两年下来，货品未出现纰漏。

令四方最满意的，是速卖通的反馈系统。她介绍，在速卖通上，每个品牌商家会有一个小二对接，小二定期给商家开展免费的培训，无论课程还是时间都安排得十分合理。

当然，国际客户跟国内客户有很多不同之处。首先，客户的需求是不同的，在国内热销的产品不一定适合国外；其次，国外客户更喜欢私人定制产品，常常会提出对款式和细节的修改；再者，国外客户对产品的美化要求高，常常喜欢款式绚丽的产品。

而这一系列的要求却对四方来说是个新契机。因为，国外客户对价格并不特别在意，这让四方的产品能有更好的定价；同时，国外客户提出的款式要求和美化度要求正好可以弥补本身产品多样性的不足，修改后的产品拿到国内市场常有意外收获。

目前，四方在速卖通上的月销售额稳定在两三万美金。她说，为了保证品牌的价值不能过分追求销量，一定要是一个稳步增长的趋势。她说："在一个有实力的平台上精耕细作才有机会快速发展。"

代工厂：寻找大客户

在入驻速卖通前，邓洪初经营着一家代工厂，设计能力一般，更谈不上品牌。

2010 年，国内的线上市场异常火爆，邓洪初觉得机会不错，打算尝试。但是，他仔细观察后发现，自己经营的手机壳产品在线上的客单价并不高，而且国内市场竞争过于白热化。在这样的机缘下，他选择将产品放到速卖通上。"做国际客户的生意，或许有出路。"

一开始，邓洪初没有想到品牌建设，但通过速卖通上组织的培训以及同行间的交流，他觉得不做品牌一定不行。于是，邓洪初开始了独立品牌之路。

可能做惯了大批量的买卖，一开始，邓洪初对小批量生产尤其短期内不断推陈出新感到不适应。他认为市场中同类产品的款式变化多样，但价格都压得很低，如果按这种打法，完全不行。于是，邓洪初将自己的产品定位为，以特殊材质制作的高端手机壳产品。

"如果我当初在国内销售肯定不行。"据邓洪初介绍，因为国内的市场价格战太过厉害，他的产品根本没有生存空间。而面向国际市场，这批高端的手机壳产品反倒出现了生机，这不光是因为欧美客户不在乎价格，而是他们对产品品质的需求更高。这就给了邓洪初一个机会，他以真皮为主打的产品得到许多大客户的青睐，很多客户甚至直接从他手上批发，这为他日后的发展奠定了基础。

不过，类似邓洪初这样的高客单价、主打品牌的产品要想热卖并非难事。邓洪初希望速卖通能有专门扶持品牌商的流量入口。而在这个问题上，速卖通上开设了“Brand Showcase”为高端品牌服务，其效果类似“天猫原创”。

草根创业：撬开新市场的大门

2012 年，在速卖通上从事汽配产品生意的娄珂销售额已超过九位数。而四年前，他只是某外贸公司的基层业务员。

时光回到 2008 年，尚是“学徒”的娄珂因为工作需要常常浏览阿里巴巴国际网站。2009 年的一天，尚在测试阶段的速卖通引起了他的注意。

节省线下跑展会的时间，利用速卖通便能跟全球各地的商家做业务，而且不必谈订单，不分大单小单，有货就能卖，娄珂觉得机不可失。2009 年，娄珂辞职了，从此走上了在速卖通上的创业之路。

在娄珂看来，速卖通经历了三个发展阶段。第一个阶段，速卖通上集中了很多大 B 客户，以甩尾货、二次贩卖线下热销品为主，而买家人群多为国外的小 B 商家，以批发商品为主。第二个阶段，速卖通上集中了不少小 B 商家，以海外代购、小额批发为主，而买家人群中个人用户开始增加。第三个阶段，速卖通上开始聚拢大量的 C 店商家，而买家人群也变成以个人用户为主。

这样的变化在娄珂看来有利有弊。

好处是，随着入驻商家的“草根化”，速卖通能解决更多人的就业问题，同时扩大了产品品类，让整个市场类目更加丰富。

弊端是，小商户增多或许会引发价格战和仿款，商户间的竞争越来越激烈。

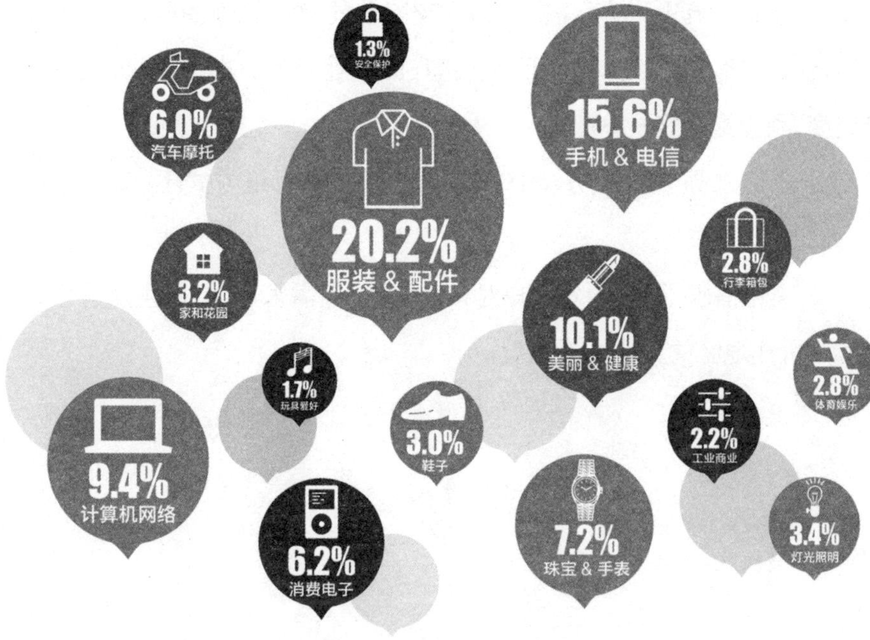

图 3–3　AliExpress.com 平台上的各行业成交量占比

针对这个问题，速卖通的管理者如此解释，任何事物都有一个变化发展的过程。速卖通的原则就是给所有人一个公平的竞争机会，但是，绝不鼓励单纯的低价竞争，会在推广上更注重产品优质、服务精致的商家。目前，搜索排名在不断优化，其权倾比重绝不是价格低廉。

娄珂坦言，跟亚马逊和 eBay 比速卖通起步晚，这其中的玩法是有明显差异的。

首先，eBay、亚马逊等以品牌商为主，而速卖通更具性价比优势，品类更加丰富（注：因为国际物流的相关规定，液体、电池、食品生鲜不能做）。

其次，速卖通的产品在价格上拥有绝对的竞争优势。

最后，速卖通的目标市场更倾向于电子商务尚处于起步阶段的新兴市场。

区别于国内 B2C 的玩法，速卖通有三点需要注意。

1. 仓储物流更讲究，需要打造一支专业的物流管理团队，比如跟踪订单、打包、质检、选物流商等。可以尝试在国外建仓库，这样可以大大提高物流速度，利于提升客户体验。

2. 不断加强客户服务。相对国内，国际客户思维方式不同，更注重服务，如无理由退货等。

3. 文化需求不同。国外客户对审美、款式等需求不同，做生意前可先了解客户所在地区的文化生活情况。

（文 | 张浩洋）

第二篇

各行各业各不同

第四章 服装狂销的秘密

女装下一站:多样化导购

据淘宝女装部门数据统计,2013年淘宝女装累计卖家数已超过百万家,当月有成交卖家数也超过50万家;在线商品数1亿多件;同时,官方的女装会员数也超过1亿。2012年,淘宝对女装卖家的引导,主要在宝贝图片拍摄的质量上,开放细节图和实拍图的标准;放宽营销限制,底部成交的占比逐步提升,让更多的卖家获得客户和成交量。

从连续三年的Top100卖家来看,头部卖家的更替率比较明显,且Top卖家的风格也在变化。从买家用户数据来看,淘宝买家在向年轻化转变。对此,2013年淘宝女装将注重对细分市场进行重点突破,对人群进行划分,并按照特征匹配商品,完成独立微市场的构建。同时,淘宝女装亦在图片方面重点发力,加强图片质量管控。

头部卖家更替明显

从历年数据看,2010 年 Top100 卖家成交占比为 10%;2011 年 Top100 成交占比为 9%,其中 Top100 更新率为 39%;2012 年,Top100 成交占比为 7%,其中 Top100 更新率为 43%。

此外,Top5000 卖家的成交占比从 2010 年的 47%下降到了 2012 年的 40%。同样,Top5000 各区间内的卖家成交占比大盘的比例也在逐渐降低。3 年内 Top100 卖家的更新率为 60%,头部卖家更替现象明显,且腰部卖家已逐步发展起来。Top卖家的变化情况是马太效应(Matthew Effect)①的典型数据反映,淘宝目前的马太效应还是比较严重的,这几年在逐步改进,只有让更多的中间部分卖家成长起来,这才是一个健康的市场。

在卖家风格上,通勤类的店铺在上升,甜美店铺下滑,原创和街头的变化不是很大。通勤类客单价持续上升,原创客单价下跌,其背后原因也许和定价的不断下调有关。

通过数据分析可得出,少女类(小于 25 岁)用户的消费金额在逐年上升,人数占比也在持续增长,2012 年已经超过了轻熟女(25～35 岁)的用户数量。而熟女(35 岁以上)的金额与人数相对平稳。

分地域导购

中国地域辽阔,不同地区的消费者对服饰的需求不同,这主要是由环

①马太效应:指强者愈强、弱者愈弱的现象,广泛应用于社会心理学、教育、金融以及科学等众多领域。

境气候等原因造成的，最明显的表现就是羽绒服的消费需求北方比南方大，而东部沿海及南方地区对泳装的需求则比北方和中西部地区大。因此，2013 年淘宝女装会重点针对地域的不同来进行女装服饰的导购。

先来看一组 2012 年 10 月份的重点品类 Top5 城市的排行：

羽绒服：哈尔滨、乌鲁木齐、北京、杭州、西安。

针织衫：杭州、北京、成都、哈尔滨、广州。

毛衣：广州、北京、杭州、西安、成都。

风衣：乌鲁木齐、成都、杭州、哈尔滨、西安。

连衣裙：西安、广州、成都、杭州、海口。

可以看出，羽绒服、针织衫、毛衣、风衣、连衣裙、T 恤等二级类目产品在各个地区的销售情况都不相同。羽绒服销量最高的是哈尔滨，针织衫最高的是杭州，毛衣和 T 恤在广州销售得比较好。而同样在 10 月，杭州地区销量占比最多的是针织衫，最小的是 T 恤。

再以羽绒服为例。2012 年 10 月至 2013 年 1 月，全国不同地区对羽绒服的需求时间是不一样的，北方地区 10 月开始就有购买需求，而南方直到十二月份才迎来销售旺季。因此，气温和地域是影响不同品类销售时间的主要因素。

实现地域性导购，需要足够的数据支持，同时也需要卖家和第三方的信息开放和工具支持。官方会加强信息匹配和效果监控，女装计划在频道页增设地区的搜索功能，气温、地区、时间和品类四个维度的数据信息相匹配，以推荐给买家更精准的信息让消费者在自身地区所在地搜索到适合当季的产品。而卖家需要做的就是根据这些数据有针对性地投放资源和开展营销活动，也可以将自身用户按地区分类。

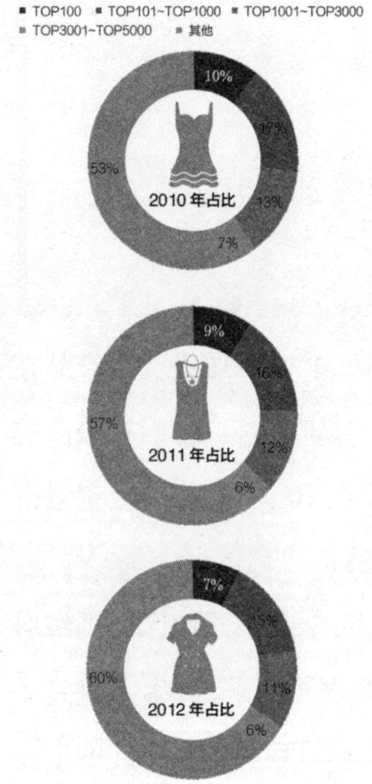

图 4-1 淘宝妇女装 2010 年～2012 年 Top 卖家占比情况

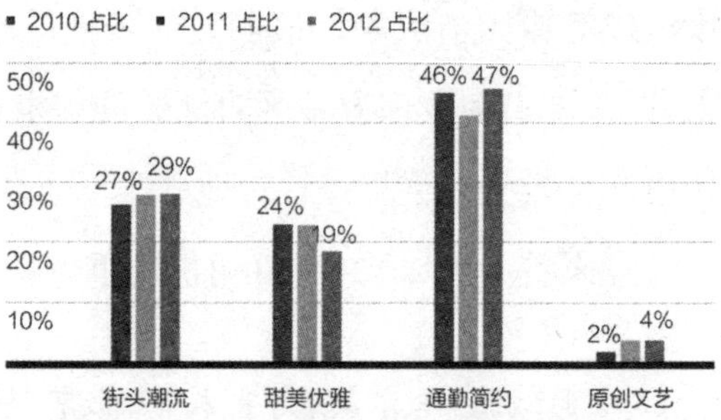

图 4-2 Top100 卖家风格类型变化

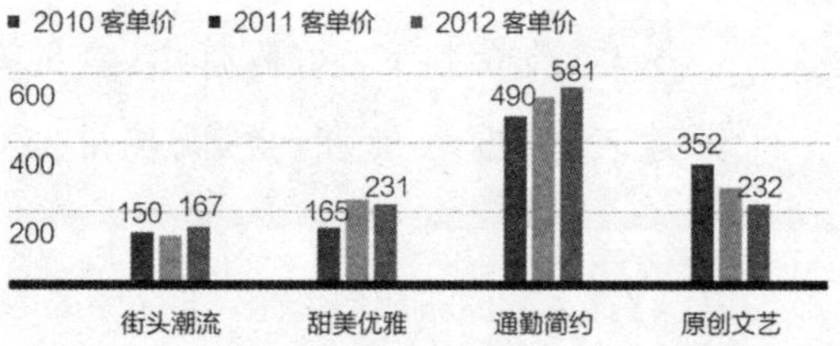

图 4-3 各类型店铺的客单价变化(单位:元)

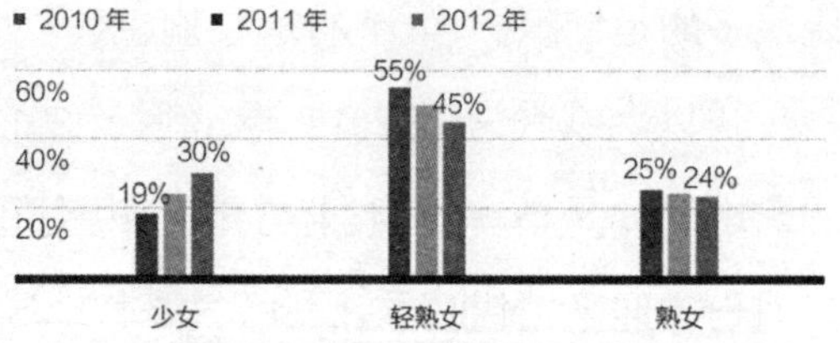

图 4-4 2010 年～2012 年各年龄段买家消费占比

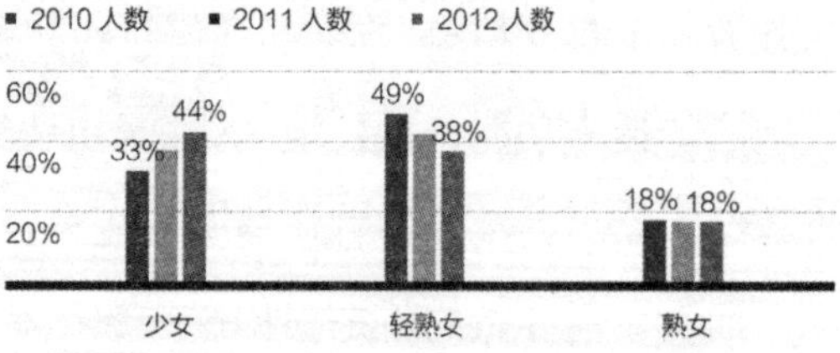

图 4-5 2010 年～2012 年买家年龄构成

图片知识产权保护

在图片处理上，2013年的重点是处理重复图片、对图片的知识产权进行保护，以及加强图片导购功能。

细分来看，在处理重复图片上，会从发布端开始掌控，限制发布图片的数量，对宝贝进行体检，出现重图的会有提示，严重者扣分处罚。要求对重图打散，进行搜索排序等。知识产权保护主要体现在对自有图片权利人的保护上。

权利人的资质条件为：具有企业资质、是模特大图、拍摄花絮照、拥有模特合同、有模特形象与身份证明。满足以上条件的商家都可进行相关申报。重点对已开店的权利人进行保护，所有图片可合法进行自营和分销授权使用。2012年权利人图片数量已经达到540万，权利人图片的比例为20%。在保护图片上，也希望卖家能够自治，规范自身和分销渠道的图片使用，及时进行店铺和单品认证。

只有将图片规范了，才能更好地开展图片导购功能，让消费者对宝贝有更直观的感受，改善网络购物无法试穿、看不到实物的弊端。

除了以上各重点项目外，淘宝集市女装部门在2013年还重点推出女装Design平台，加强与设计师产品和店铺合作，开展开放导购，加强卖家成长支持等项目。

（文｜玉帆　玛君）

男装品牌，爆发临界点

但凡说起线上男装行业的竞争生态，人们似乎已经达成了一个共识：

这个行业具有严重的“传统品牌依赖症”。2012年，男装行业的状况更是令人悲观，因为前几年陆续积累了声望和口碑的网络原创品牌们，几乎齐刷刷地被传统品牌挤出了Top20的行业第一阵营。但如果仔细端详男装网络品牌群体的发展变迁，也许你会惊讶地发现，这其实是一条“女装淘品牌”的复制之路。男装淘品牌并非那么不堪一击，而是尚未积累到火候。

2013年第一季度，天猫女装Top10的商家中有7家是淘系网络品牌。而令男装行业振奋的是，天猫男装Top10的商家中淘品牌也占了3席，而且都是近年崛起的新面孔，成绩大大好于2012年同期。另一厢，忙于线上品牌收割的传统品牌，也意识到自身品牌潜在的老化危机，正在酝酿打造纯电商品牌来连接断层的年轻消费群。

从2010年开始，伴随互联网营销时代而来的个性化消费需求，时尚的多元化、细分品牌的长尾效应，终于缓慢覆盖到了线上的男装市场。无论是网络原创品牌还是传统品牌，都已经洞悉到了这一变革的前奏。主导未来男装品牌市场变局的临界点正在到来。

消费者:明明白白我的心

70后说:“工作好多年才知道网购，但还是习惯性选传统品牌啊。网络品牌的质量没保证吧，我们这年龄着装要考虑社交功能的，不能太随便，而且版型什么的习惯了也就不换了。当然了，买传统品牌也有无奈，有些款式确实太古板了，我们大叔的外表下，也有颗潮流的心呐。”

80后说:“毕业工作后选择快时尚牌子居多，特别是H&M和优衣库，买了很多年。传统品牌可选的不多，商务类的设计太老太严肃，休闲类的也觉得变土了。曾关注过网络品牌，但是很少发现自己喜欢的，要么风格特点太明显了，觉得自己驾驭不了，要么就是东西感觉太差了，虽然便宜，但是不会买。最近看到一些有设计感而且不画蛇添足的网络品牌，考虑到性价比，也许会尝试一下。”

90 后说：“从初中就开始网购了，之前不懂什么品牌，只要价格不贵，买得很随性。平时买衣服，偶尔会去线下店，但大部分选择网购，偏好一些运动品牌，质量好，价格偏中上。马上毕业进入社会了，也要看点品牌货了，但传统品牌的风格太不适合了，再加上价格高，所以还是选择一些网络品牌，价格适中，有的质量也不差，既不会让自己掉档次，也有自己的穿衣风格。”

在男装整体大盘增长的态势下，从 2012 年第一季度到 2013 年第一季度，跟踪的消费者数据有以下变化：男性客户购买比例增加，说明男性用户决策购买的比例稳步上升。

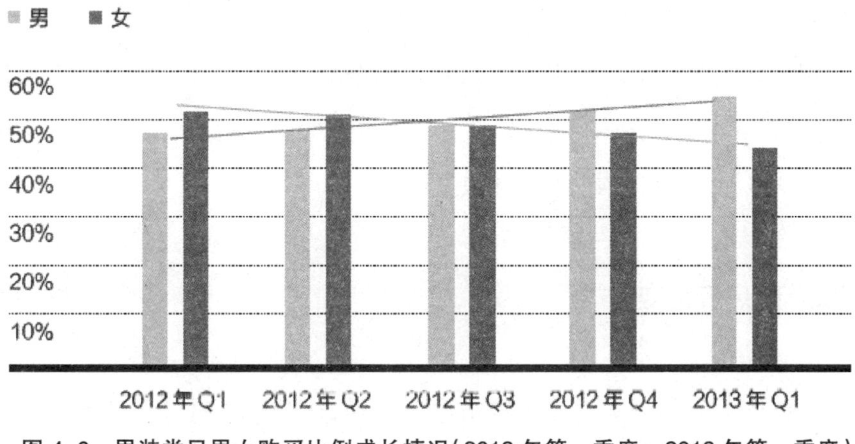

图 4–6 男装类目男女购买比例成长情况（2012 年第一季度～2013 年第一季度）

男装整体类目期间购买 1 次比例呈下降趋势，说明整体复购率提升，这体现出卖家对老客户营销工作开展较好，也体现出买家对熟知店铺下单次数增加，可见品牌打造的重要性。

图 4-7　男装类目购买 1 次比例(2012 年第一季度～2013 年第一季度)

由主流消费群体的购买习惯所牵引出的，男装类目的另一特征是品牌因素对成交影响明显。从 2012 年的淘宝热销品牌排行来看，前十位均出自线下品牌。2012 年相较 2011 年，天猫男装中线下品牌的数量及成交额占比大幅增加。

相比女装类目中连衣裙子类目明显的垄断地位，男装行业各子类目分配更平均，这也符合男人买衣服“没有什么特殊的类目偏好”的特点。从这个结果可以推测，男装的类目伸缩性更强。

男装市场，风云再变

传统线下男装巨头雅戈尔宣布进入天猫，这个原本对电子商务市场有所犹豫的巨头，通过寻找 TP(电子商务代运营)的方式，正式进入竞争激烈的线上男装市场。观察近两年淘宝男装的整体走势，天猫男装的成长迅猛。2012 年淘宝男装整体成交额环比增长 70.2%，天猫男装类目成交额环比增长 121%，增长率明显高于大盘。但在跟传统品牌的正面竞争中，男装网络品牌暂落下风，整体表现如下：

部分早期淘品牌出现增长乏力甚至明显下滑的情况

根据易观跟踪数据显示，传统品牌在销售额、订单数、客单价方面，都已经遥遥领先于部分淘品牌。传统品牌进入天猫体系主要有两种销售方式：一种是销库存，另外一种是引入线上专供。传统线下品牌由于积淀长、供应链强大、认知度高等原因，可以快速地与淘品牌短兵相接，全品类竞争。所以，那些曾经靠大而全模式走红的淘品牌，渐渐锋芒不再。

选取两个早期知名淘品牌与线下品牌巨头的相关数据进行对比。

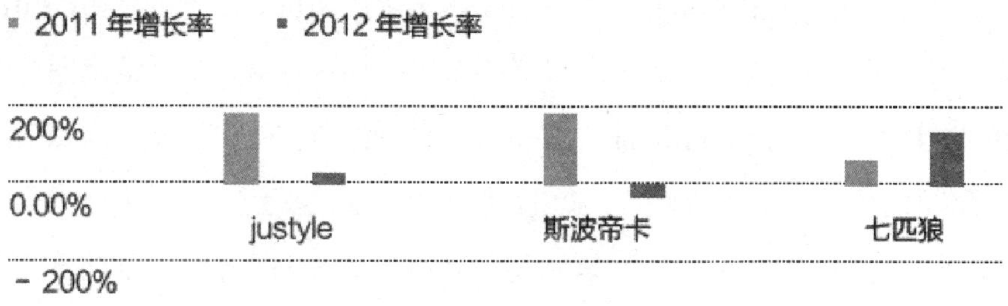

图 4-8　淘品牌与传统品牌增长比率对比

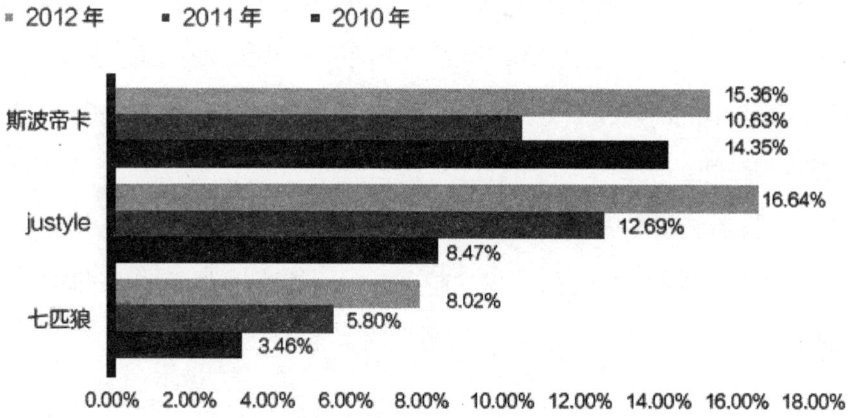

图 4-9　部分品牌“双十一”销售额全年占比

另外监测到，相较传统品牌，淘品牌对促销打折类的活动比较依赖。从2012年“双十一”销售额占比来看，淘品牌的比例是比较高的。

独特定位的淘系品牌快速涌现

在部分淘品牌没落的同时，男装市场还是涌现出了靠差异化、个性化崛起的新兴品牌。如战地吉普和AK男装抓住了近几年高端户外市场崛起的机遇，取得了相当不错的成绩。类似的还有主打风格调性的Viishow、蚁族等。

淘品牌赢来革命点

淘宝男装在所有低端市场都存在供大于求的情况，所谓的低价品引流策略将会慢慢地失效。做品牌，从高端走向中端相对容易，从低端走向中高端相对较难。过去，部分淘品牌靠打爆款抢占淘宝搜索流量入口，靠低价抢占了份额，但是品牌留存较少。随着淘宝对爆款态度的转变，这种优势会越来越小，而且传统巨头也可以复制淘品牌的策略，只需要推出更低价的产品，更大的广告投放，只要是巨头决定这么做，基本上胜算就很大。

过去，部分淘品牌靠先知先觉建立了竞争壁垒，但在传统巨头的猛烈攻势下，胜算不大。不过在2013年第一季度我们也欣喜地发现，季度过千万元成交额的淘品牌数量大增，在淘宝指数的搜索热词上也看到了越来越多的新锐淘品牌。

可见，男装新品牌定位准确，集中化、差异化是发展方向，从侧面包抄、单点突破的机会还很多。只有抓住越来越少的战略机遇，利用好集中优势，才能在这场新老交替的战役中赢取最后的赛点。

新势力：潮牌四小龙

2013年第一季度，天猫女装Top10的商家中有7家是淘系网络品牌。

而令男装行业振奋的是，天猫男装 Top10 的商家中淘品牌也占了 3 席，而且都是近年崛起的新面孔，成绩大大好于 2012 年同期。业界甚至出现了一个名号——潮牌四小龙，正是四家淘系男装网络品牌花笙记、Viishow、Allin 和 Lilbetter 的合称。

比起女装淘品牌的翘楚前辈们，这四家品牌在销售额、客户数以及品牌力上还远远不及。它们实在很年轻，基本起步发力于 2011 年；但它们有调性，有一定的溢价力，而且正在摒弃淘系男装类目负累多年的低价竞争怪圈。

从 2010 年开始，伴随互联网营销时代而来的个性化消费需求，时尚的多元化、细分品牌的长尾效应就结结实实地体现在了线上的女装市场。而被视为理性、重品牌的男性消费者，对男装品牌的多元化诉求显然来得迟了些。但以潮牌四小龙为代表的风格品牌的走红则预示着，男装网络品牌新势力正在崛起。

拒绝爆款，产品差异性突围

在大家埋头拼杀价格战的时候，一些卖家前期靠自己累积的“淘宝知识”占了些便宜。但随着天猫平台运营策略的升级，走低价爆款的品牌，不再适应平台规则的玩法正面临危机。比如天猫开始倡导时尚品质多元化，并在展示路径增加了专辑导购。这直接造成了一个结果，2013 年春节过后，还在遵循过去套路的淘品牌，流量获取快速下降。

那么，现阶段的男装淘品牌如何才能脱颖而出呢？Viishow、Allin 和 Lilbetter 给出了一样的答案：除了视觉上的调性包装以外，必须要做出产品的差异化。

1986 年出生的金云杰，是 Allin 男装的创始人。2007 年 11 月，金云杰开始活跃在淘宝集市上。因为广州有便利的服装货源，金云杰从市场拿货回来卖，虽然要拼点眼光，但主要还是价格搏杀。“以前我也不想卖低价产品，但没办法，集市环境就那样。”这是许许多多男装卖家起步阶段的写照，只是跟大部分无力或者无心转型、一条低价不归路走到黑的卖家不同，金云杰选择在 2012 年 8 月调转船头，注册品牌，入驻天猫，进行视觉再定位，重组供应链。这四个动作几乎需要金云杰抛弃所有之前积累的销售惯性、运营打法、货源链条。但值得庆幸的是，一年不到，他就尝到了差异化的甜头，2013 年 4 月的类目排名其位列第八十四。

上天猫之前，金云杰用了很长时间摸索“视觉上看起来有品牌感”这件事。在网络品牌的构建过程中，任何对视觉的重视都不为过，七格格等女装淘品牌成功的起点正在于拥有使消费者产生记忆的出位视觉。“白领＋潮”，这是金云杰对 Allin 的风格定位，而他本人则充当了风格把控师，拍摄、页面呈现、搭配、款式选择等，他都需要一审。“每个人的眼光不一样，我喜欢这个风格的衣服，可以把他们生产出来卖给眼光差不多的人。”

而最伤筋动骨的莫过于供应链的改造。以前都是从市场上淘版，2012 年开始招聘专门的打版师和设计师。“广东附近有很多做线下的品牌，两年前开始跟他们学，面料有哪些特性，做一件衣服需要哪些流程。”2012 年，店铺出售商品的 70％是金云杰自已找工厂做的，到 2013 年这个数字达到了 100％。但这在卖家的供应链升级中不过是第一步，前期金云杰遭遇的最大问题就是质量把控不了，100 款衣服中，有 10 款质量好，但也总有几款质量非常不好。“去年货品的质量确实很差，磨合过程中工厂也已经换了一批。”现在留下 3 家合作工厂，均为 100 人左右规模，合同约定只能做 Allin 的货。

同样在供应链环节交了很多学费的还有 Lilbetter 的李俊。他入驻天猫比 Allin 早，是在 2011 年 3 月，但前面一年时间举足不前不说，还一头栽进了自主生产的恶性循环，赔了 150 万元。创业时对市场一片茫然，甚至连网购环节都不熟悉的李俊，拉了两位同学一起，立志做男装潮牌，坚决不卖货。

接下来遇到的问题可想而知，开工厂，所有商品都自己生产，自己准备面料和辅料，自己设计，管理工厂员工，控制工期，最后还要做质检入仓。

“第一年我们遇到很多问题，经常是商品上架前两天货才赶出来，但货可能会出状况，尺码不对或有色差，又或者做工很差需要返工。由于我们全部都是自己打版，有时候会出现最后的大货跟我们的样衣差别很大的问题。最惨的是，如果到不了货、你一直做预售的话，客户会很烦，而且会引发高退货率。”从面料到最后大货商品的每一件整烫，每个环节都可能出问题。而供应链从不稳定到逐步稳定，也是这些年轻品牌商的必经之路。

2013 年 1 月，李俊关闭了他们的工厂。一来管理工厂的难度超乎想象，二来男装不同品类的产业集群散落在全国各地，跟多个货源地工厂合作显然是更优选择。品牌商为了把控整个生产链条选择自己开设工厂，这在淘品牌中不是个例，裂帛和绿盒子都曾经自建工厂。自建工厂虽然在一定阶段内支持了品牌产能、提高了灵活性，但最后都以“公司盈利，工厂亏损”的难解命题而放弃。让李俊放弃的理由也同样现实，“春夏季我们要做 30～40 万件的货，不可能都靠自己做”。

自建工厂的经历让李俊团队拥有着对供应链环节的绝对敬畏，而且给 Lilbetter 留下了一个宝贵的核心资产：一支包含设计师、打版师、样衣工、跟单助理的 10 人生产团队，并保留了自己的版房。李俊不无激动地说，“即使放眼整个淘宝男装卖家群体，我们这个团队也是非常齐全的。他们是公司最宝贵的资产，品牌要做差异化，他们才是原动力。”

拨开品牌调性迷雾

让李俊团队引以为傲的是“我们的货别人没有”。这也凸显了男装类目的竞争态势，多数卖家还是习惯抄来抄去。有些商家跟同一家工厂订货，大家卖的货都一样，也了解彼此的成本，大不了我先比你便宜几块钱冲冲量。

男装处于这个低端竞争模式已经很久了，所以当有卖家想要避开这种方式，款式上创新，减少模仿，视觉上形成自己的调性，不做爆款就很容易脱颖而出。

李俊随手拿起了办公桌上一张密密麻麻的辅料贴纸，上面有十多种 Lilbetter 品牌的 VI 设计贴，它们被用来赠予买家日常使用。对于品牌传播来说，这是个很贴心的小技巧。在店铺的商品里也经常能看到这种精心设计的小细节，比如在一件纯白底色的口袋 T 恤上，口袋侧边会有一个不经意的撞色印字装饰。如果说 Lilbetter 正是靠这类细节营造着自己的品牌调性的话，四小龙中体量最大的 Viishow 则是以更鲜明的视觉占领了消费者意识。

2011 年 5 月，做过线下女装品牌实业并浸淫互联网十年的陈志新，带着收购来的西班牙三线小品牌 Viishow 来到天猫。他找了一个学计算机出身的潮男小邓做风格定位师，成为天猫第一家主打街拍风格的男装店铺。很快，这个品牌名及其独特的视觉呈现在男装类目中火了，但让陈志新无法苟同的是，似乎人们认为靠视觉、靠调性、靠街拍就能做出个品牌。

“现在很多淘品牌，太早谈品牌调性。其实真正做品牌的没几个，大部分都是在抄袭。Viishow 的视觉确实有冲击感，他们以为这就是我们成功的秘诀，所以拼命升级视觉。其实不是，是我们火了才带动了大家关注视觉这块，跟我们视觉相像的有几百家，但能活下来，靠的是整体。”随着销售体量越来越大，已经有很多卖家在抄 Viishow 的款。但在陈志新看来，抄袭风格没有用，男装卖家升级不是靠风格转型，而是供应链、品牌包装、互联网运营的共同作用。

同样被冠以“调性强烈”的中国风男装品牌花笙记，也一再招来模仿者。但如果把聚焦点仅放在视觉上，忽视背后的供应链实力，只能是治标不治本的做法。“很多店铺一看就是广东市场拿的货，改都没改就上了。去年冬天的羽绒服爆款,都是一家晋江工厂做的,99 元包邮,你跟我谈什么品牌调性。”Viishow 的服装生产主要由陈志新的弟弟把控,后者做了十年代加工。“但即使是他,都没办法帮我把品质做到 100%好。一些所谓的淘品牌为什么会死?它们根本就不懂什么叫衣服,衣服做到最后还是要看品质的。”跟 2012 年相比,陈志新 2013 年的主要任务就是实现产品质量升级,同一款短裤,2012 年成本只要 40 元,2013 年他宁愿加到 65 元去做。对于品牌根基太浅的网络品牌,重要的就是保持客户的粘性,除了要有吸引消费者进来的视觉感,品质升级是后续最重要的命题。

表 4-1 五大新锐网络原创品牌指标变化(2012 年 4 月 VS 2013 年 4 月)

数据来源:易观国际

品牌	时间	品牌排名	品牌转化	客单价(元)	搜索点击数	收藏人数	复购率
Viishow	201304	49	2.91%	122	275829	81126	12.56%
	201204	87	2.41%	136	110639	34251	无
花笙记	201304	104	1.39%	449	136475	10720	11.98%
	201204	179	1.64%	339	59318	3818	无
Allin	201304	84	2.98%	160	24732	3350	8.92%
	201204	无	1.83%	112	1046	358	无
Lilbetter	201304	98	2.32%	148	152754	41344	9.58%
	201204	212	1.91%	152	63787	11380	无
Amh	201304	68	3.03%	127	244497	45646	14.62%
	201204	无	2.17%	124	2377	321	无

竞争依旧是蓝海

以潮牌四小龙为代表的网络原创品牌,正在试图跳脱低价爆款的低端竞争圈。纵观整个线上男装市场,类目竞争很激烈,但真正往品牌方向走的依旧是少数,大部分人还是在卖货。可以说,男装网络品牌市场正处于一个乱世出英雄的群雄割据阶段,还是一片蓝海,可进入度很高,目前还没有哪一个品牌说自己统治了某一个细分市场。未来三年,到处都是机会。成熟的女装网络品牌也纷纷入场,裂帛和韩都衣舍已经做了非池中和 AMH 两个男装子品牌,前者小众风格已自成一派,后者在推出半年多之后类目排名就已经稳定在 Top100 以内。

事实上，网络品牌的成熟离不开平台土壤。潮牌之所以在 2013 年崭露头角也是基于天猫平台运营思路的改变：品牌化品质化升级。李俊举例说，在天猫首页搜索 T 恤，搜索结果既不是按照销量排序，也不是按人气排序，明显感觉到搜索排序中品牌介入的分值在增大。“我做了一些研究，发现每个品类会在某个价格区间内得到最优展现，定价低于 60 元的 T 恤是很难被展现的。”让有一定溢价能力的品牌得到更多展现，让更具品牌感和品质感的产品得到更多展现，天猫的运营思路和潮牌们的思路不谋而合，因为它们的消费者对价格的敏感度确实不高。李俊曾尝试把一件衣服分别定价为 109元和 128 元，发现销量的差别其实不大。

而对于这些新锐品牌，还有消费端的利好消息——当下年龄介于 20～30 岁的男性消费者，基本从淘宝创立之初就开始接触网购，对网络品牌的接受度显然更高。“以后的品牌概念会趋于年轻化、市场化、专属化。”陈志新认为，大家需要找准自己品牌的专属领域深耕，不需要左顾右盼。而李俊则更有信心，“未来三年一定会出现几个跟女装淘品牌一样成功的男装网络品牌，hilbetter 很可能就是其中一个”。归根结底，市场、消费者及平台方共同贡献了一个非常好的机遇，男装网络品牌要做的是，从意识上割舍掉爆款情结，寻找到产品和服务的差异化。男装小众品牌时代正在到来。

富二代线上品牌困局

纵观整个男装网购市场，大家耳熟能详的都是线下知名品牌，例如七匹狼、九牧王、杰克琼斯等，这些品牌上线之后很快就得到了网购消费者的认可。其实传统品牌进入线上市场，也是有阶段可循的。传统品牌一在线上开店，马上就会有销量，这就是线下影响力在线上收割的果实。伴随着传统品牌进军电商步伐的加快，线上市场成为了新的渠道和品牌建设的新平台，而对于尚处在电商起步阶段的传统男装品牌来说，它们成熟的风格已经满足不了当今年轻主力消费人群的需求，倘若再不连接消费者，线上的市场会出现断层。“七匹狼有可能开发一个针对电商的品牌，以达到错开商品结构、梳理价格管理体系、减少自身品牌价格无序竞争的效果。”男装品牌七匹狼董事长周少雄也曾这样表态。另外，网络上滋生的预售模式也让消费者有了更多的选择，这就进一步促使传统的男装品牌在利用线上线下实现渠道有效互补的同时，不得不去打造适合网络生存的子品牌，加快自身品牌培养，从而布局品牌电商的未来。

子品牌的初体验

其实传统男装品牌触碰子品牌早有先例，九牧王在三年前就开始探索。2009 年 9 月，靠西裤起家的九牧王正式进军电子商务领域，先后在淘宝网、京东商城、当当网开设旗舰店。这一年，九牧王第一次参加了“双十一”，单日销售额达到了近百万元，这更加坚定了它做电商的信心。而为了让线上线下的产品有明显区分，以免造成价格冲突，新款的产品不会上线，线上的产品主要以库存加电商特供款为主，折扣不会特别低。“网络特供款也是按照九牧王的品质标准去做的，由电商部门根据需求缺口来下单，我们也会依据一些线上潜在客户的数据挖掘，去分析产品需求。”九牧王电商负责人陈志聪说。

作为一个有着 25 年历史的老品牌，九牧王一直定位为 30 岁以上男性消费者的商务男装。可是，他们也注意到现在的年轻人喜欢杰克琼斯这种品牌。“可能年轻人觉得自己和我们这种传统的老品牌有点年龄上的差距，新兴起来的品牌大部分以时尚休闲为主，传统时尚品牌比较少，再加上九牧王的客单价比较高，春夏在300元左右，秋冬在450元以上。”

为了有效衔接年轻消费人群，与主品牌形成差异，2010年夏季，九牧王的第一个纯线上子品牌旗舰店“格利派蒙”在天猫开业。格利派蒙的客户群为25～35岁的都市男性，强调时尚和流行，主打年轻商务风。“（格利派蒙）特别适合大学毕业刚入职的这部分人群，因为九牧王对于他们来说，偏正式，显然不是他们的风格。”男性对品牌惯有一定的依赖性，再加上商务风格款式变化较少，决定了男装的上新不需要太频繁，所以格利派蒙旗舰店的商品SKU（单品）一年保持在300个左右。

因为生长在九牧王下，格利派蒙拥有九牧王同步的供应链、资金和开发研发团队，衣服裤子的做工与九牧王一致，但平均客单价比九牧王要低二百元左右。公司三十多个人的电商部门同时掌管这两个品牌，且都与同一家第三方公司一起配合运营，这减少了部门在人员上的成本要求和人力扩张带来的问题。“我们还是会按自己的工艺标准去做，所以生产成本高、品质好。一些土生土长的网络品牌销售价比我们的成本价还低，但之后这个问题应该能慢慢解决，因为有越来越多的子品牌会进入这个市场。”作为一个子品牌，虽然也在淘宝和天猫上做分销，并尝试其它渠道，比起九牧王，格利派蒙的销量并没有那么大。但不存在库存压力，旗舰店里主卖的产品还是西裤和衬衫，占比在60～70%之间，另外就是T恤和牛仔裤。

只是，因为传统品牌的固有思维，九牧王在对格利派蒙的资源投入上还是持保守、谨慎的态度，不会刻意把这个品牌扩大化。“比如我们也曾经考虑请代言人来加强品牌印象，后来没有实施。”在运作了三年之后，格利派蒙可以说尝到了子品牌的甜头，但在男装类目排名一直在Top100～200之间。单从商品上看，格利派蒙还是延续了九牧王的商务风格，即使版型上比九牧王更加修身，但还是只打了个年龄差，品牌风格并不突显，定位的不够精准阻碍了品牌印象的深化。同时，格利派蒙虽然有九牧王坚实的传统基因做铺垫，但与在网络上土生土长起来的品牌相比，他们的供应链还不能做到快速反应和灵活变动，网上的经营模式与九牧王也无明显差异，刻有线下烙印，这是九牧王在探索子品牌运营中亟待解决的问题之一。

子品牌的再孵化

经过多年来的子品牌运营尝试，传统男装品牌越发敏锐地察觉到，需要进行品牌重塑和创新来竞争线上市场，这时就需要一个调性更加鲜明的子品牌来充实传统品牌的网络战场。2012 年的“双十一”，进入电商不到一年的太子龙当天销售额达到了 1200 万元，这个业绩让太子龙意识到了线上消费市场的重要性。2013 年，太子龙更是联合其他公司准备开展 B2C 官方商城建设，加快了进入电商的步伐。

太子龙电商总监曾民的思路亦很清晰：“电商作为新渠道、新媒体、新市场，传统男装品牌意识到，这不仅仅是消化库存的下水道，必须改变玩法了。”从 2013 年年初开始，太子龙就在积极地准备做一个子品牌——蓝标，蓝标在人群及定位上与太子龙有明显差异。与九牧王的格利派蒙不同的是，蓝标并没有延续主品牌的风格。太子龙针对的是 60、70 后的成熟人群，而蓝标的目标人群却是 80 后的都市男士，蓝标专门打造适合工作和日常穿着、时尚得体、高性价比的男装。从 2013 年秋冬开始，蓝标陆续推出了修身剪裁的军旅风系列，以及带点苏格兰民俗情结的新乌托邦系列。

“男装其实应该更加关注消费行为的问题，男性比较注重品质，80、90 后在成长，等走到工作岗位上，他们就会开始重视个人形象，去寻找适合自己的工作场景的服装，其中相当一部分人有小文艺情结。”显然，太子龙正在做线上的转型，如果做一个非常年轻化的品牌，在太子龙和这个品牌之间会形成一个断层，不利于整个品牌的建设。曾民介绍说，太子龙的很大一部分消费者是年轻熟女，年龄在28～35岁之间，她们的老公是太子龙的购买人群。所以子品牌的目标受众年龄层就要下沉5到10岁，这样才能做好年龄上的衔接。

众所周知，传统的男装品牌针对的都是成熟人群，线下多年的供应链以及零售的积淀，使得品牌不可能在线下打造一个年轻化的实体店；另一方面，线下品牌两极化情况严重，休闲的品牌太休闲，商务的品牌太商务，而商务休闲的传统男装品牌又价格太高、风格偏老成，消费者的购买选择其实很少。“以线上的思维看，我们这些传统品牌是老了，但我做了两年男装之后，觉得这并不是一个老化的过程，其实客户群一直存在，只是这些客户群不是线上的主流消费人群。”

而在线上，消费者的这些需求得到了释放，他们可以快速找到要买的商品，自然也就促成了网络品牌的成长。在品牌成立早期，传统品牌考虑更多的是如何做大，而不是消费者需求，总的来说就是以产品为中心；现在，消费者的个性化需求越来越多，光靠产品已经不行了，传统品牌必须要从中国消费者的消费行为入手，抓住主力消费人群。线下，传统品牌的供应链是非常严谨的，而在线上，传统品牌的品牌印象并没有特别稳固，所以强化线上品牌的品牌形象，就需要与消费者进行紧密的互动。“传统男装品牌去做子品牌，会加大男装行业的竞争。传统品牌在线上发展一定时间后，会进入品牌扩张阶段，就是说传统品牌在原先基础上，将继续做品牌的扩张，切割更多的细分市场。”

子品牌之痛

随着传统品牌不断上线，网络品牌们贴身肉搏，纷纷抢占属于各自的领地。可以明显看出，现阶段传统男装品牌的发展停留在品牌重塑和品牌创新上，想在子品牌运作中找出一条可行的思路还面临着很大的挑战。

首先，传统品牌带着长期发展积累下来的传统基因，固有的传统体制决定了品牌上线后应变的缓慢。“我们是传统品牌，所以很多事情还没办法像互联网公司那么灵活，还是受体制的影响，很多想法不能付诸行动。”陈志聪说。一直以来，传统品牌的营销思维就是坚持以产品为中心，在打造品牌初期，往往也会先通过明星代言、品牌运动、投放广告等来提升品牌力，后引出产品。“传统企业是既得利益者，有着利益惯性，不可能一下子刹住车。制约传统品牌发展的是机制问题，是线上线下冲突的问题。传统品牌想做电商，但没想清楚，所以束缚了它的发展。包括线上也存在很多问题，是整个大潮在逼着传统品牌走。”曾民认为，传统品牌很难改变这种运作模式。

其次，子品牌依附在强大的主品牌下，虽然有光环笼罩，但一个全新的品牌，在线上等于是零根基，没有深刻的品牌印象，没有固定消费人群，就相当于没有顾客。主品牌本身的品牌影响力或许可以去支撑新品牌的新消费者，从而带来一定的销量和反响，但这并不属于子品牌。“人群在哪里，品牌就去哪里，为什么品牌做不好？第一是体制问题，第二是没有找到适合自己的消费者。”所以，曾民也在规划让自己的电商部门独立成一个子公司，这样才能摆脱机制困境。

传统品牌虽然在品牌基础、供应链等方面赚足势头，但是淘品牌在传统品牌还未涉足网络时，就已经建立起了先发优势，对了解网购消费者、网络营销、磨合线上灵活的供应链等更具实力。未来，在背着库存负累的基础上，传统品牌孵化子品牌还有一段很长的路要走，机遇尚有，挑战留存。

未来路径

人们曾经一度以为男装淘品牌会死光光。事实上，是死了一片，但也看到了有希望的幸存者。

男装网络品牌由于自身基础比较薄弱，未来的路径和传统品牌是不同的。如果说，现阶段传统品牌处于品牌影响力辐射线上和品牌重塑阶段的话，网络品牌尚处于最关键的生存阶段。首要考虑的问题是活下来之后，怎么样活得更好？

在2013年，大家终于达成一个共识：只做低价爆款是不够的，必须强化品牌。原先的缺憾就必须要补了，供应链弱、人群粘度小、品牌调性不那么强，这些问题都要试图解决。我们看到了很多品牌在形象和调性上的努力，但消费者基数还不够大，还不足够支撑品牌的发展。而所谓品牌调性，并非等同于“强烈的风格”。比如有些女装品牌的男装子品牌，足够小众但对男装的把握还不到位，目前还是要靠母品牌导流量。强烈的风格只是表象，小众只能在短期内引发关注，掌握消费者的喜好才是本质。

品牌与非品牌的标准是客户群稳固与否，既要有基数，又要有粘度。也许有人说，还是有些靠低价爆款竞争的淘品牌活了下来，而且人群基数也积累得足够大。但这些品牌其实很危险，有用户但没有粘度，平台政策方向一转，很容易就挂了。只有风格但没有坚实客户群的商家，其实还不是品牌，充其量是一个品牌雏形。

网络原创品牌大多是在淘宝上出生的，也就是说，它的品牌基因来源于平台，对平台的阶段性依赖较强。为什么传统企业进来之后，淘品牌的日子就会难过很多？因为它不能快速弥补原先的基础不足和短板。假如在做大客户群的同时提升客户粘度、提升美誉度就会好很多，而且，纯提升服务是不够的，时尚是感性的东西，还是要产品和服务的差异化。

恶补短板后就到了核心环节——供应链的升级整合。如何做品牌调性、主张态度、获取流量和转化，是网络品牌们所擅长的，但他们在商品管理企划、定价策略、产品动销率等环节还有很多东西需要沉淀，必须让自己成为更具有传统基因的品牌。未来的品牌一定是混血企业，有传统的积淀，也要有电商的特质。

最后是品牌扩张阶段，比如女装淘品牌之间的并购和收购，是很被人看好的，但不要轻易去到线下。淘品牌的成功离不开平台土壤，假如淘宝这个平台完全不玩了，你会发现，很多淘品牌没有去处。京东当当现阶段还是属于靠品牌影响力辐射才得以发展的平台。网络品牌大多是平台化生存，对男装来说，目前还没有扎实的淘品牌。

短期内，网络品牌撼动传统男装基本是不可能的，成熟的休闲商务市场，网络品牌就不要碰了，但在年轻化男装市场，现在略有根基的网络品牌，只要不出大错，两三年内还是可以到达一个新阶段。

关于男装的未来，有三个机会点：一是细分市场，走原创的路子，比如非池中，比如花笙记；二是盯准 18～24 岁这个年龄段去定位，这个年纪的人在淘宝几乎是没有衣服穿，中性风格也许是条路子；三是做高端品牌，但要靠牛 B 的设计和品牌运作能力。一个花笙记、一个非池中不可怕，如果有一千个呢？瞬间将传统品牌碎掉。还是那句话，未来除了奢侈品，在消费品牌方面，特别是服饰行业，很难有过几十亿上百亿的大品牌出现，所有店铺都是小而美。

（文｜邢淼　曾民　金光　孙瑶　吴慧敏）

童装，不好玩的潜力市场

继结婚热、母婴潮后，童装销量呈现出一片大好形势。自然，童装成为了卖家们觊觎的又一个大热市场。在 2012 年，一大批淘宝大咖们纷纷投身童装市场，如韩都衣舍在2012年11月上线童装自有品牌MiniZaru，GXG上线的童装品牌lovemore，还有在2012年面市的太平鸟童装。

童装面向人群的特殊性决定了其面料、做工的门槛相对较高，这不禁令人思索，童装市场到底有多大，水有多深？什么实力的商家适合进军童装市场？具体该如何操盘一家线上童装店呢？

一大、二少、三低

近几年，我国童装市场保持稳步增长，童装市场特征集中表现为空间大、品牌少、产业化品质低。

空间大。中国童装市场空间大，加上80后逐渐升级为父母，这批80后父母习惯网络消费，童装电子商务发展迅速。消费需求大，14岁以下人数超过2.2亿，其中3～12岁的童装占据整个市场零售额的80%以上。市场前景好，规模约800亿元，年增速超20%，预计2013全年销售总额将达1383亿元。目前已步入童装发展的成熟阶段。

相对过去的父母，现在的年轻父母更重视生活品质，而这体现在精神和物质双方面。尤其在网络与传媒影响深远的今天，由内而外的光鲜亮丽是父母给孩子买衣服时关注的焦点。买家个体更愿意花钱，客单价呈递增趋势。

品牌少。国内国际品牌各占中国品牌童装市场的50%，国际品牌主要集中在一线城市，国内市场只有30%有品牌，70%呈无品牌状态，年销售超过1亿元的只有10余个品牌。

产业化品质低。我国童装产业链日趋完善，拥有价格优势，但品牌竞争力弱，市场信息缺失，设计能力差，品质低，无垄断品牌，中高端品牌少。如盘点佛山、织里、石狮这线下三大童装基地所生产的童装也会发现他们仍以中低端为主。

线上童装问题重重。淘宝童装发展迅猛，每年以超过100%的速度增长，远高于线下增速。童装类目下，淘品牌发展较快，线下传统企业童装品牌逐步关注并进入线上。但童装类目的发展晚于男女装，商城和集市皇冠的卖家普遍偏少，行业整体水平偏下。具体表现如下：

首先，设计与市场脱节，抄袭成风，童装设计师面临难题。童装设计既要款式时尚、色泽艳丽，又要安全舒适、经脏耐磨，还要考虑儿童的心理、生理特征。童装设计师们一方面不得不对自身提出更高的要求，另一方面自身又不了解市场需求。由于这种不需设计师的童装生产集群化的态势短时间内强不可撼，因而使得童装设计师们只能在有限的品牌童装公司寻求发展。

其次，国内童装是成人衣服的缩板，缺乏儿童特色。国内童装起步较晚，缺乏对各成长阶段儿童自身生理特点的研究，人们潜意识中把童装作为成人衣服的缩板，只重数量不重品牌。而品牌化的焦点是重建"品牌童装设计观"，品牌童装设计不仅是款式和花色的外观设计，更重要的是遵循儿童心理特征、满足儿童生理需求的功能设计。

然后是缺乏品牌运作能力。国内企业在营销方面大都停留在批发阶段，没有考虑售后服务；而国际品牌都采用直营店面和加盟连锁的方式发展，以保证售后服务，进一步打造品牌基础。

童装店该如何操盘?

毋庸置疑，童装是只潜力股。但进入童装的门槛高，企业该如何发展电子商务，抢占线上市场呢？

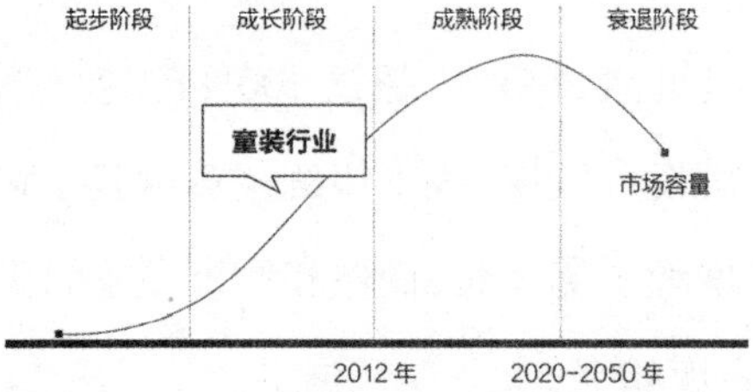

图 4–10 中国童装行业发展走势

表 4–2 童装品牌分类

国外成熟品牌	阿玛尼、范思哲、耐克、阿迪达斯、迪斯尼、Gap
国内知名品牌	“巴拉巴拉”、红黄蓝、娃哈哈、小数点童装、小猪班纳、派克兰蒂、杉杉 Firslcids、博士蛙、贝蕾尔、巴布豆、嗒嘀嗒
淘品牌	绿盒子、笛莎、贝贝怡、Petibily、艾娜骑士、伊顿纪德

表 4–3 中国童装三大生产基地

生产基地	产业链布局	市场	档次（UV）
佛山	“中国童装名镇” 产业链完整 产业集群	国内外市场	中档为主
织里	“中国童装名镇” 产业链完整 产业集群	二级批发市场， 覆盖长三角	中低端
石狮	加工生产的核心 产业链 OEM	外销为主	中低端

表 4–4 不同成长阶段儿童的服饰需求

年龄层	儿童特点	服饰要求
婴幼儿 0~3 岁	发育快，无自理能力	不妨碍活动和发育，便于穿脱和洗涤
小童装 4~6 岁	有一定生活自理能力及思维活动和主见	舒适和便于活动，注重对心理发育的影响
中童 7~12 岁	运动量提高，活动内容也大为增加	宽松耐磨便于活动，色泽生动活泼，经济实惠
大童 13~16 岁	1038	369

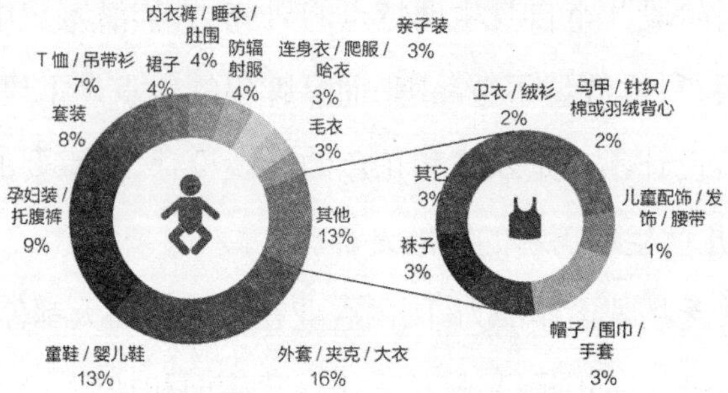

图 4–11 童装品类占比分布图

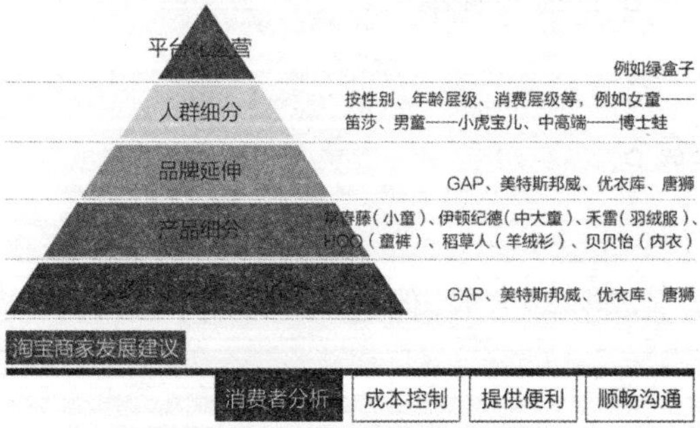

图 4–12 淘宝童装类目分层

把控品质

从数据统计出的“影响消费者购买需求的12大因素”中，产品品质（质量、安全）是用户优先考虑因素，占20.16%；其次是款式，占19.75%；价格排名是第四大考虑因素，仅占9.05%。此外，入围的因素还有品牌、档次、颜色、尺寸、产地、耐脏性、孩子认可度、周围人认可度等。因此，对于童装店铺来说，无疑应当首抓品质。

精准细分定位

具体操作如下三块。

第一，细分品类。童装市场依然有很多空白，如毛衣、连衣裙、裤子、舞蹈服、棉衣等。

第二，细分需求。一方面是细分每个年龄阶段的儿童特点和服饰需求，精准定位目标群体。可以将目标群体分为婴幼儿0～3岁、小童装4～6岁、中童7～12岁，大童13～16岁四个年龄阶段。另一方面，和其他产品不同，童装的购买者和使用者不统一，需同时关注父母和孩子的需求。需要注意的是，在不同年龄段占主导的角色不同：据调查，0～7岁之间，父母在孩子置装问题上起决定作用；7岁以后，孩子的意见则占主导。

第三，店铺层次细分。对自身作SWOT分析，确定店铺所处层次。具体来说，要做到对整个童装市场有足够的把握，规划店铺产品策略，明确每款宝贝价值；童装套装、搭配效果明显，可以通过搭配推荐提高客单价；差异化竞争，如大童、学院风。未来通过品牌、文化塑造提升产品附加值，逐渐拔高店铺层次。

合理定价商品

据统计，近50%的消费者每年购买1000元以上的童装，用户希望购买性价比较高的中高档童装，低端市场空间正在缩小，奢侈品市场则更有潜力。因此，合理定价商品是十分重要的。

主推款建议采取两种定价策略：第一种，高价策略，这将加快新产品资金投入的回收速度，树立优质高档品牌，获得短期高额利润，但高价策略只适用于有突出特点的产品；第二种，低价策略，这将使新产品迅速被消费者接受，从而渗入市场，提高市场占有率，抑制潜在的市场竞争。

关联销售的定价策略主要针对低价活动款（付邮试用、秒杀）。一般，关联活动款为商品价值 1.5 倍左右的单品。

一般活动款则又分为关联单品与搭配套餐两种。其中，关联单品价格应大于活动款价格。而搭配套餐建议以“活动款 + 单品 - 10 元”的价格出售。

童装相比女装和男装来讲，女装和男装首先关注的是款式，在款式合适的情况下去关注衣服的质量，而童装最先关注的则是衣服的面料与质量。

优化宝贝详情页

童装是一个复购率相对很高的类目。详情页面就相当于店铺的一个导购，在这里要尽量把买家能问到的问题一一体现出来，这样不仅可以促进买家的购买，还可以减少客服的工作量。

由于淘宝执行统一童装尺码标准，要取消身高阶段自定义属性，而有些品牌有自己独一无二的尺码，对于这种情况的卖家，应先附上淘宝统一尺码和吊牌尺码的对应表。在尺码搭配上，应该增加试穿的环节，提供详细尺码，并能给出合理的搭配建议。

保持商品的量感。所谓的量感，是指陈列的商品数要充足，给买家以丰满、丰富的印象。量感可以使买家产生有充分挑选余地的心理感受，进而激发购买欲望。同时应注意重点陈列，要使全店的宝贝全部引人注目是不可能的，要把卖得好的宝贝重点陈列，同时附带一些次要的，要使买家在注意到爆款宝贝后，附带关注大批次要宝贝。

突出宝贝的特点。宝贝的功能和特点是买家关注并产生兴趣的集中点，将宝贝独有的优良性能、质量、款式、造型等突出出来，可以有效地刺激买家的购买欲望。比如，把款式新颖的宝贝摆放在最能吸引买家视线的位置，这样就可以起到促进消费者购买的作用。

对于季节性强的宝贝，应随着季节的变化而不断地调整店铺的主题和色调，尽量减少店铺与自然环境的反差。这样不仅可以促进季节宝贝的销售，而且使买家产生因与自然环境和谐一致而愉悦顺畅的心理感受。对于卖点很强的节日，可以将宝贝布置在主题环境和背景中，比如说在圣诞节，就可以将宝贝和圣诞小摆件放在一起。

注意背景和道具等细节。小童和大童的服装大部分色泽艳丽，因此背景最好以清新为主，款式也要搭配好，一件衣服可配的裤子可以搭配两种或者多种风格，以满足不同客户的需求。而从七八岁开始，孩子在购买童装时所起的决定性作用会增加，在店铺的布局上可以加一些玩具或者饰品，这样将更能吸引小朋友。孩子是不会关注衣服好不好的，他们对玩的东西更加感兴趣。结合道具的意象性与真实性，巧妙灵活地加以运用便会起到突出重点、烘托氛围的作用。

（文 | 任狂　吴文敏）

第五章　小配饰里的大学问

掌握女鞋市场命门

中国的女鞋市场潜力非常巨大。据统计，在中国13亿多人口总数中女性约占48%，2010年女鞋销售总量超过80亿双。但是，在女鞋卖家面前还横亘着一系列障碍，对于流行女鞋来说，库存压力较大，例如每款鞋需要备货四种颜色，每个颜色又需要各备六个尺码，这对库存无疑是很大的挑战。因此，卖家需要更明确这个行业的消费特征，从消费需求出发，尽量减低滞销库存的压力。

女鞋行业的整体规模在淘宝排名第五左右，随着季节性变化会略有浮动。在每年的春夏和冬季存在两个销售高峰。春夏的那一波高峰由于笔单价仅在100元左右，低于年底的160元，故在金额上的表现不是很明显，而笔数的变化则比较明显。

春夏的那一波高峰来自低帮鞋和凉鞋的热销。年后低帮鞋的销量便开始增长，4 月到达峰值，5 月凉鞋的销售便会紧紧跟上，在 6 月到达峰值。这两个品类交替的时期，即 5 月，构成了第一波的销售高峰。卖家在货源及渠道上可以提早为这两个品类销售高峰做好准备，在销售周期到来前，及时完成上新和店铺首页的改版。

透视行业消费特征

不同地域的女鞋消费者存在着一些需求上的差异，卖家可以依据之前的销售数据，判断自己客户的地域分布。例如北方的女性鞋子尺码较大，并且需要一定的保暖性；而南方的女性更关注鞋跟的设计，希望能起到增高的作用。同时，气候条件对鞋子的热销品类也有较大的影响。

从淘宝全网数据来看，女鞋的消费者集中在江浙沪及广东地区。四川和山东的买家成长速度较快，虽然按金额来看分别排在第六和第八位，但是其成交笔数实际上已经超过北京。有实力的卖家可以考虑开拓这两块市场。目前，这两个地区平均客单价较低，可以推一些 PU 皮的鞋子，但是其客单价以及销量有很大的增长空间，卖家可以适当地培养这个地区买家的消费习惯。

从品牌来说，女鞋的品牌集中度非常低，暂时没有一个绝对领先的品牌。Top10 品牌的销量加起来也不过占总成交的 18%。这个规律与线下市场基本一致，同时这也契合女性对于鞋子的消费习惯。女性对于鞋子的需求侧重款式与设计，品牌相对而言不是那么重要。为了避免与人撞鞋，女性甚至会尝试购买不同品牌的鞋子。

但是，这并不意味着品牌对于女鞋来说不重要。恰恰相反，女鞋需要很多的品牌来支撑。消费者并不是不在乎品牌，而是对品牌有着多变的诉求。

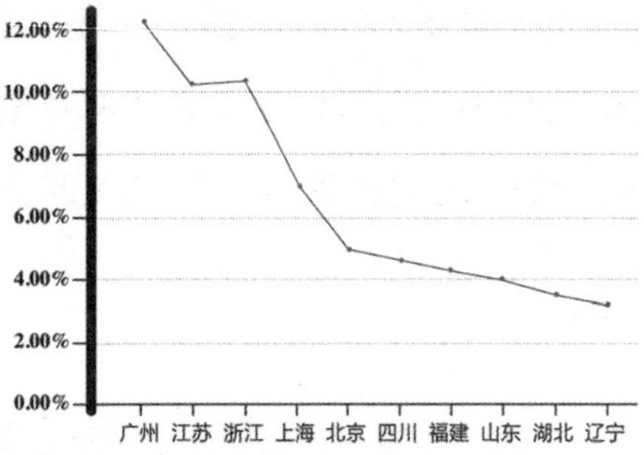

图 5-1　买家成交集中地区 Top10

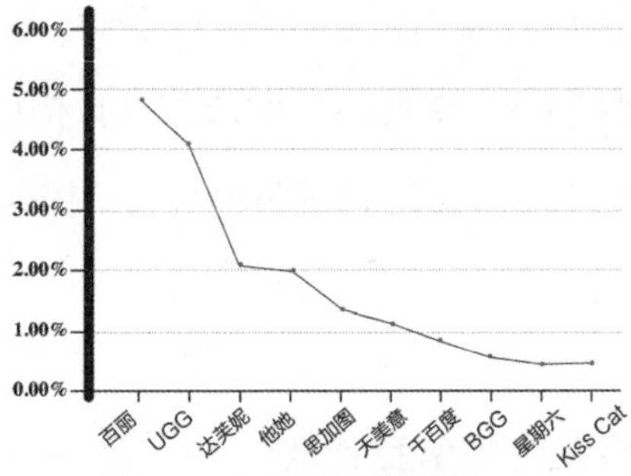

图 5-2　女鞋品牌销量 Top10

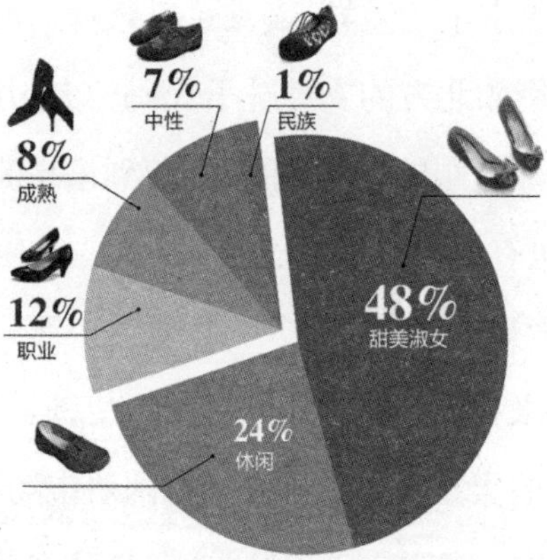

图 5-3　不同风格女鞋销售占比

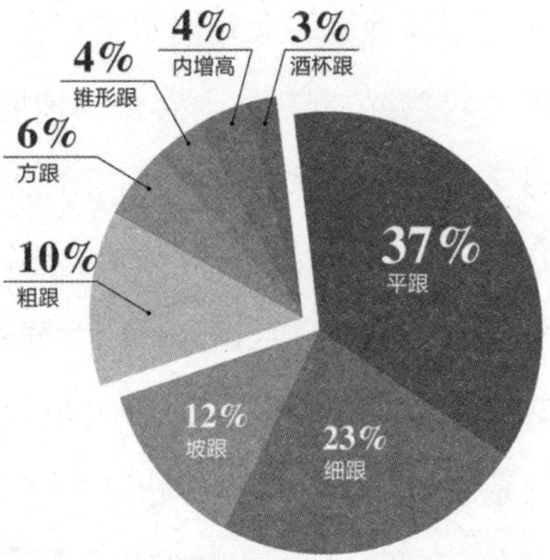

图 5-4　不同鞋跟类型女鞋销售占比

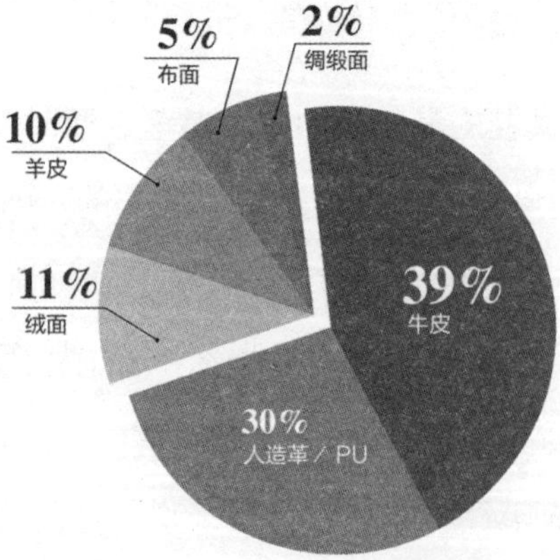

图 5-5　不同鞋面材质女鞋销售占比

让我们来看一下百丽集团，其旗下的品牌百丽、他她、思加图、天美意占据了Top10中的4个席位，总销售量远远领先于竞争对手达芙妮与星期六。

通过数据我们可以看到，按照女鞋行业的市场规律，市场占有率超过2%的品牌只有4个，没有一个品牌突破5%。可以说，5%基本上就是一个女鞋品牌的极限。所以，百丽使用了多品牌的战略，其自有品牌就达到了十个，充分满足消费者对品牌多样性的需求。而其竞争对手达芙妮，只拥有D18和D28两个用于区分用户年龄的品牌，没有给消费者在品牌上更多的选择空间，故其市场占有率很难获得突破。

聚焦女鞋设计需求

产品的设计，是女鞋上游产业链中最核心的环节。女性对一双鞋产生购买冲动，大部分时候并不是真的需要一双鞋子，而是某些特定的款式设计打动了她。

女人的鞋柜中，一般都会有十双以上的鞋子，基本都是不同款式的，每一双鞋子都有衣服、场合、季节等搭配上的作用。无论是自建设计团队，还是外包设计，女鞋款式设计重点在于款式的求多、求变，例如百丽每个季度推出的鞋款就多达一千余个。

淘宝上女鞋的消费人群集中在25至29岁，年轻化的消费群体，使得甜美淑女风格的鞋子占据了48%的成交额。而在鞋跟设计上，日常穿着较多的平跟和细跟的鞋子占比较大，而其他鞋跟类型的鞋子也占据了40%的市场。

另外，鞋款对于材质的使用基本遵循品牌的定位。例如百丽只制造真皮皮鞋，其定位略高，线下销售渠道也以商场店铺为主；而达芙妮使用人造革以降低成本，推出低价产品，线下销售渠道以街道店铺为主。

在材质的选择上，建议一个品牌只选择一种材质。首先可以明确品牌定位,避免消费者判断上的困扰,而且能增加单一原材料的采购数量,提升议价能力。

在淘宝网的销售中,真皮女鞋占据49%的市场,人造革女鞋略低,占据30%的市场。两类材质构成女鞋市场的主体,设计时可以依据自身品牌属性,选择合适的材质。

（文 | 贝科）

太阳镜搜索爆热中

当夏季到来时,型男索女无论扮酷还是防晒,都会需要一副太阳镜。面对这一爆热市场,售卖太阳镜的掌柜们一定在摩拳擦掌吧。在淘宝,推广无非就是提高曝光度,优化关键字就是掌柜首先必须做的。无论优化产品标题提高宝贝的自然搜索流量,还是设置长尾词进行直通车推广,对关键词的把握都需要精准独到。

太阳镜旺季正当时

观察2011年的太阳镜搜索曲线,太阳镜从4月开始走入旺季,旺季为4、5、6、7月,2011年太阳镜的搜索顶峰在2011年4月26日,搜索量达438358次。2012年依旧,2012年4月26日是4月搜索峰值,次数达到638878次,可见消费者的需求出现了非常快的增长。而由于四月底的阴雨天气影响,太阳镜的搜索又急剧下降,证明了天气是不可忽视的影响因素。

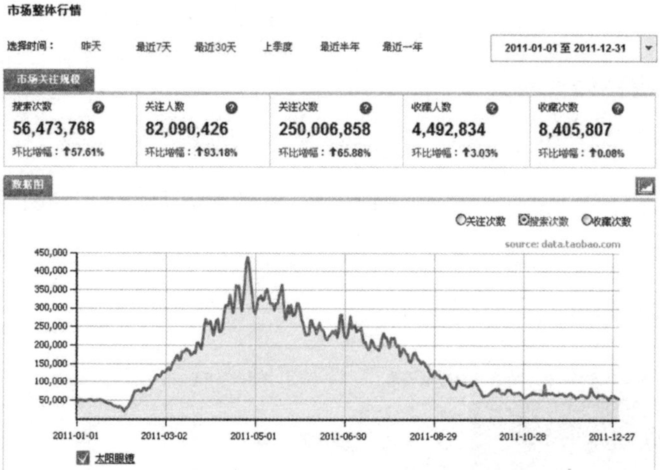

图 5-6 淘宝网 2011 年太阳镜搜索曲线图

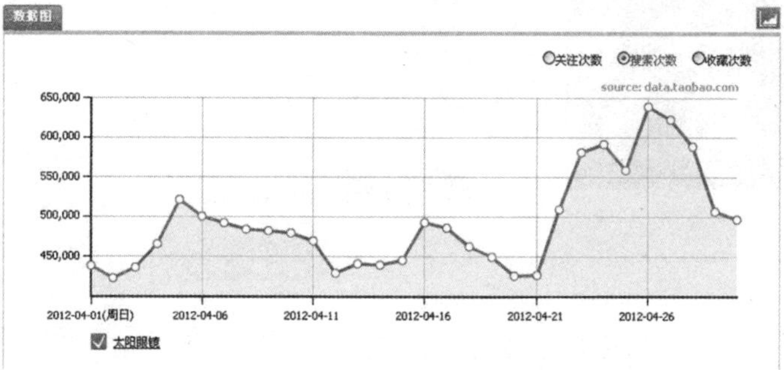

图 5-7 淘宝网 2012 年 4 月太阳镜搜索曲线图

热门搜索特征

选择时间： 昨天 最近7天 最近30天 2012-04-05 至 2012-05-04

数据报表

每页显示 100 条 搜索:

序号	热门特征	搜索次数	搜索人数	日均搜索次数	日均搜索人数
1	墨镜	2,072,647	546,939	69,088	18,231
2	眼镜	1,680,811	612,996	56,027	20,433
3	正品	1,243,141	405,773	41,438	13,525
4	男士	693,434	204,406	23,114	6,813
5	复古	270,535	96,327	9,017	3,210
6	女士	237,075	74,688	7,902	2,489
7	大框	218,393	80,983	7,279	2,699
8	欧美	177,736	61,530	5,924	2,051
9	男款	176,625	52,436	5,887	1,747
10	女款	176,323	56,241	5,877	1,874
11	明星款	144,463	60,826	4,815	2,027
12	新款	129,931	54,845	4,331	1,828

图 5-8 淘宝网 30 日热搜词汇排行榜(2012.04.05–2012.05.04)

紧盯搜索提高曝光度

其实宝贝标题的30个字并不复杂,内容无非是两个方面:其一是产品的属性描述,其二就是契合客户的需求。客户搜索什么,你才应该在标题加上什么,我们可以从一个例子入手。

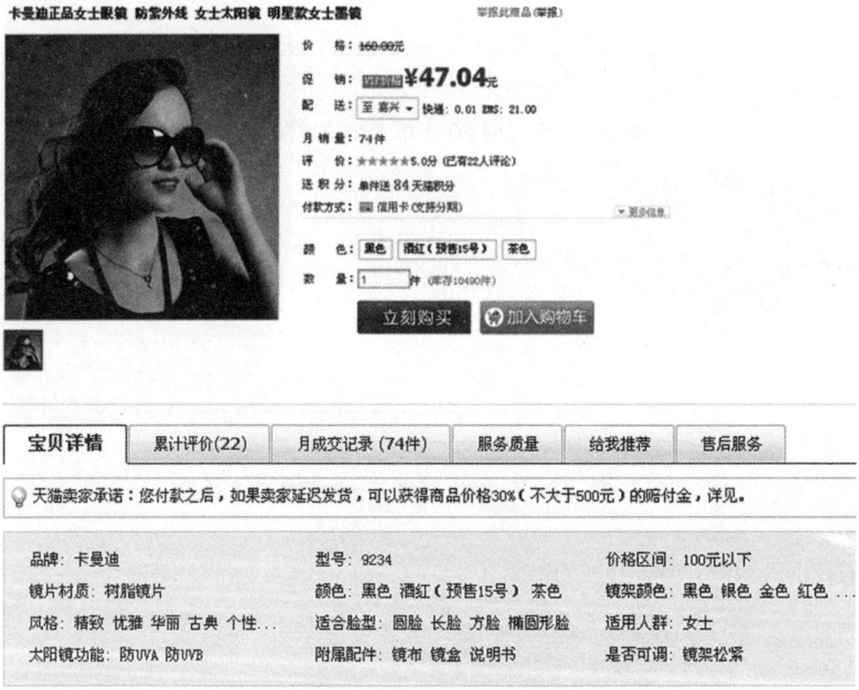

图5-9　随机选取太阳镜样品详情页内容

从随机选取的样品详情中可以读取出“类目词,太阳镜;性别词,女士;品牌词,卡曼迪;风格词,精致、优雅、华丽、古典、个性、前卫、简洁、舒适、运动;适合脸型,圆脸、长脸、方脸、椭圆形脸;功能,防紫外线”的信息。我们可以对比数据魔方后台的行业热词进行关键词匹配,找出标题中所缺少的热门词。

我们可以发现“太阳镜、眼镜、墨镜、太阳镜女、大框”这些词出现在了标题之中。热词中类目词遥遥领先于其他关键词，前十热词由类目词的长尾词、品牌词“雷朋”、风格词“大框”、功能词“偏光”构成。其中值得注意的是“男士、男款、男”这样的需求在搜索中出现频率很高，表明了男人的需求更强势。

另外，行业关键词热搜排行榜显示“简约”、“优雅”、“大框”、“防紫外线”、“大框太阳镜”这些词在太阳镜类目的搜索量很高，反映了客户对太阳镜的搭配以及功能性的需求很是严格。其中功能性词汇“夜视”、“驾驶镜”、“驾车”搜索幅度飙升，说明了消费者很看重功能性，若宝贝具有功能性的优势，这势必是一个很大的助推。

综上所述，不妨为样品设置一个初步标题“卡曼迪正品女士眼镜　防紫外线太阳镜　简约优雅墨镜”。而这个标题白白浪费掉了七个关键词位置，无谓地减少了产品的曝光度，因此我们需要继续进行选取和优化。

通过 30 日热搜词汇排行榜可以看到，排在前列的热词依然以类目词的长尾词和消费人群词汇为主，除去这部分词汇，“欧美”、“明星款”这两个活跃的特征热词，说明了消费市场中存在很大一部分跟风消费的情况，而且这两个词是样品标题中没有的。考虑到这两个词在包包和服饰等类目搜索量相当高，选取这些词也可以加入到其他行业的竞争，增加产品的曝光度以及流量，因此对这些词应当予以选取，通过跨类目展现提高宝贝被搜到几率。

直通车关键词的出价要高于长尾词许多，有的时候关键词数元钱也不能排名前百，但长尾词却可能不到一元钱进前十，而且这些词同样为客户提供了精确搜索，所以长尾词的设置越来越受到卖家重视。我们可以看到类目词和性别词的组合占据了前三名，而正品和品牌长尾词构成了前十关键词的主力，说明了买家对品牌以及品牌的真伪十分看重，卖家们既要根据消费者的需求进行选择，也要考虑自己产品特点进行创新。

优化关键字的目标第一为了增加产品的曝光度，让更多的人看到你的产品，产生点击并转换成交；第二可以减少自己对付费流量的投入，拉升店铺的整体流量以及销售额；第三能够进一步吸引更多带有目的的客户，提高流量质量。我们需要做的首先是设置热搜词，增加大范围的曝光度，接着对关键字进行精准设置，将目标客户根据产品属性进行定位，最后根据以上两点，在修改产品的标题时最大限度地做到为流量进行精准定位。

（文 | 阿秀　赵军）

饰品店铺：品牌讲视觉，杂货靠布局

饰品类目一般被视作门槛较低的创业项目，货源丰富，起步资金较少，相对其他类目而言创业难度低。但起步容易不代表好运营，产品的同质化是大部分饰品店铺的硬伤。而定位及产品均不同的店铺，找到适合店铺的运营思路显得尤为重要。对于品牌饰品店来说，若不能明确地传达品牌概念，就会失去品牌本身的价值，通过品牌元素等给顾客以视觉冲击，才能展现品牌形象；对卖货的饰品店铺而言，因为产品 SKU 多且相对较杂，易流失客户，所以优化关联销售是重中之重。

缔梵石旗舰店是一家主营流行饰品的店铺，产品 SKU 多，但也正是丰富的产品给店铺运营带来了一定的困扰。开店至今，整体流量状况低迷，自然流量不稳定，整体流量基本靠直通车付费流量维持，但直通车流量转化低于类目平均。在调整了标题关键词及宝贝上下架时间后，效果依然不明显。店铺客单价也偏低，从 98 元降至目前的 50 元。店铺做过关联销售优化，想要提升店铺客单价，把 49 元的两个套餐提高成 59 元的套餐，却导致关联销售转化骤降。流行饰品类目平均访问深度均值为 2.73，店铺的平均访问深度仅为 1.58，远远低于行业平均值。

不同于经营品牌的店铺可以有品牌作为形象支撑，该店作为主营流行饰品的商城店铺，店铺产品比较丰富，面向的用户群体比较广泛，这就增加了店铺对会员关系管理的难度。无论是在直通车推广还是消费群体的定位上都存在着一定的问题，店铺自然流量不稳定，消费群体的错位把客单价拉低了一大截，这些都造成了店铺的访问深度偏低。

因此，从关键词和点击率出发提高直通车的 ROI，通过找准黄金位置，向客户借需求来优化关联销售，继而提高客单价，从详情页出发改善视觉体验是卖家亟待解决的问题，这样才能留住老客户，获得用户青睐。

革命直通车 ROI

饰品类目店铺相较于其他类目店铺，品牌尤为重要。若非品牌，想要推广给力，直通车 ROI 是必争之项。

从店铺数据报告中我们可以看到，店铺日均流量在 1000 左右，直通车占比在 30% 左右，自然流量占比较少，也在 30% 左右，主要靠直通车来引流，但直通车效果很差，整体 ROI 不到 1。

在没有“品牌影响力”这一优势支撑的情况下，直通车 ROI 不到 1 显得太薄弱。直通车想要获取高质量点击，选对关键词是关键。选择好关键词之后要做的就是培养关键词，并提高关键词的点击率。

养词

点击率、转化率以及店铺宝贝图片详情页质量等因素会影响到关键词

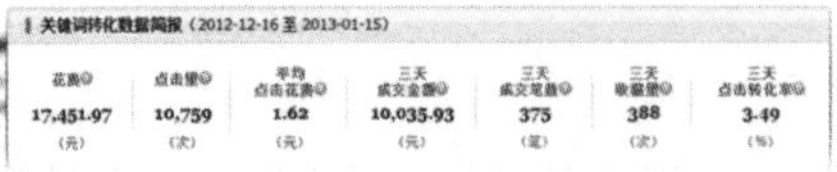

●● 关键词转化数据

●● 账户数据

●● 账户详细报表

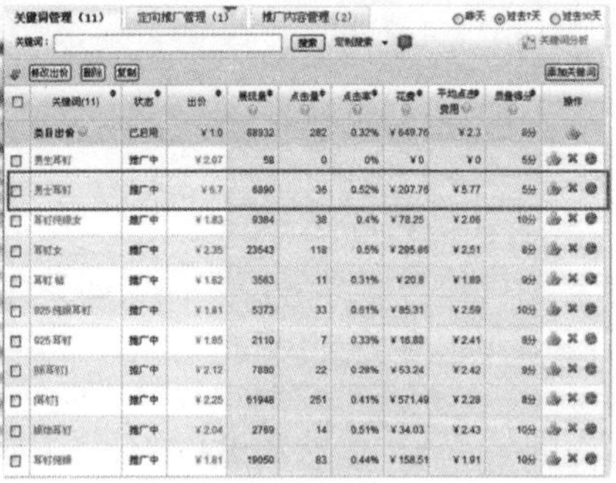

●● 关键词管理

●● 突出优势服务

●● 新品特惠

●● 活动刺激

图 5-10 缔梵石旗舰店相关相息

的质量得分。既然大流量词 PPC(点击花费)高,点击率难提升,并且点击转化也不理想,转投精准词不失为一条捷径,先抓点击率。这里的精准词主要是指有一定的引流能力且点击率较好的关键词,可以前期上满词后,通过几天测试筛选而出,这些词可能刚上新时也就 6～8 分的质量得分。

测试阶段尽量把关键词提前到前两页或者控制有利排名。通过一段时间的观察,就可能会发现关键词的质量得分有一定的提升,如果这些关键词能实现较稳定的转化,那质量得分会更加稳固,此后可以尝试添加热词,利用已经培养好的温床来带动新词、热词的质量得分。值得注意的是,精准词的搜索流量可能会随时间的变化而变化,因此后期也需要定期测试更新精准词。

在关键词得到稳定后,可以开始考虑增加定向推广。定向推广放在关键词质量得分较好的计划中,通常能够以比较低的 PPC 得到较多的流量,从投入方面来看也很划算。

对于目前店铺的情况,可以选择各个不同类目的不同宝贝进行推广,例如项链、戒指等。关键词设置方面不用太多,主要以提高店铺流量为主,稳住店铺的整体流量。对于其他宝贝,可以多往主推宝贝上引入流量,将爆款宝贝销量再提升些,从而更好地发挥爆款的作用,带动整店的成交。

赚点击

直通车数据差主要体现在流量引入方面,目前直通车流量主要来源于定向和关键词,但是关键词部分的 PPC 比较高,加上店铺的平均客单价较低,导致了 ROI 的不平衡。因此,需要加强宝贝套餐的力度,增强客服的主动推荐能力,配合店铺活动来提高店铺整体的客单价。

同时,店铺的点击率也是低于行业均值的,目前店铺的整体点击率在 0.26％左右,流行饰品行业的点击率平均在 0.5％左右,店铺目前推广的点击率均在 0.3% 以下。低点击率对质量得分影响很大，因此对于点击率需要再多加优化，可以尝试用比较新颖的创意图来做主图吸引点击。

流行饰品类目另一重要的流量入口就是页面推广。页面推广作为单品推广的一种补充方式，对店铺首页、集合页等等推广都有很大的好处。目前该店铺并没有引入这部分流量，建议可以开启这部分的推广，引入精准流量，作为单品推广的补充。这对整店的推广也是大有裨益的。

直通车关键词部分，目前主要靠一些泛词来引流，如"耳钉"等，这类词目前的出价普遍偏高，质量得分偏低，对于这类词可以采用养词的方式来培养关键词，提高质量分。同时，对于宝贝的推广图片也需要多进行测试，提高点击率。

稳提客单价

店铺客单价从 98 元降至 50 元，在单价不变的情况下，关联销售没有起到应有的作用。拉高客单价，有效的关联销售是关键。店铺关联销售的位置摆放不明显，选取的关联销售款式也没有考虑客户需求。

黄金位置做关联

在详情页插入关联商品，每个位置都有其优劣性。合理地嵌入相关商品，才能够起到事半功倍的效果。当然，关联商品展示的位置也可以很灵活，卖家可以根据自身网店的特点进行设置。但无论怎么设置，都要遵循通过关联产品带动整个店铺销售的大前提。

第一种，在宝贝描述前加入关联商品。在这个位置加入关联销售，必须要控制展示商品的数量，否则会直接影响到用户体验。但该店铺宝贝详情页的关联销售，摆放在宝贝描述前面的产品多达 13 款，页面篇幅过长，影响到消费者的浏览与购买。

所以，主推商品以及表现优异的商品（依据流量增长趋势、成交量、转化率判断；新店可通过流量增长趋势、跳失率、停留时间来选择），可以不考虑价格与客单价。

另外，从店铺爆款中选择关联性最高的款式，或挑一款转化率高的宝贝，再推荐这一品类里主推的商品——转化高、成交量增长趋势被看好的商品，把流量聚集到少数宝贝上。当宝贝的转换率高，赋予它越多流量成交也就越高，排名就越靠前，获得流量也就越多，这是一个类似滚雪球的良性循环过程。

第二种，宝贝描述中嵌入关联商品。同宝贝描述前插入的原理大致相同，其侧重点在于展示商品的质量但要注意展示商品的数量。没有刺激点，激发不起消费者阅读欲望；太长又容易造成其反感心理，使消费者没有耐心继续浏览下去。

对于该店而言，建议在款式上做更多选择，可根据后台数据，找出购买此款宝贝的消费者更倾向于购买的产品，这样在描述中做关联将更有效果。

第三种，宝贝描述尾部插入关联商品，这个位置相对接受度最高。首先，消费者能花费很长时间浏览宝贝描述，证明该消费者极其喜欢这款产品，购买欲望也相当强烈。那么在这个时候，加上相关产品、热卖产品或者配套产品推介，点击率、购买率都是明显提高的，也不容易造成反感。如果店铺的宝贝描述尾部没有做关联销售，这就失去了对消费者浏览宝贝描述时的最后一次销售机会。

但是，页面推荐的关联款不宜过多，每个商品最多关联四到五款宝贝。合理利用资源，重点优化 UV 价值高的产品，并将其作为主关联商品，不可能每款产品的关联都做得很好。一般建议店铺 SKU 数多的商家，针对排名前 20 的商品的关联进行优化。关联营销要有故事，给关联、给产品包装个故事，让整个产品鲜活起来。

做好关联销售、优化首页可以起到增加一部分访问深度的功效，但并不能完全治愈。访问深度低还有一个重要原因就是回头客比例过低。一般新老用户的比例控制在 7∶3 或者 8∶2 基本属于正常范围。在正常网购中，只有老用户才会没事逛之前购买过的店铺，所以发掘老用户的需求，有利于访问深度的增加。卖家需要对老客户作一些基础的调研，并看重买家的评价。

守株待兔看评价

淘宝上很多小店铺无法做到大店铺访问深度，原因是这些店铺把重心全部放在关联上面了。其实，访问深度一定是关联销售加老客户随意浏览的综合结果。卖家通过评价了解到面对的是什么类型的目标人群，新品上线后可以向老客户推荐合适的新商品。因而商品评价越多，对潜在消费者的帮助就会越大，消费者自然而然就会将你的店铺与其它的店家区分开来。有的评价明确地赞美店铺的优质包装服务以及物流速度，同样也对宝贝进行了肯定，能给后来的消费者作出正确的指向。

消费者评价变成了店铺的金字招牌，既然是金字招牌，可以将它挂在最醒目的位置。比如在商品图片的旁边放上商品评价的提示条（具体评价可放在页面下面），既体现了店铺的独特性，也让消费者一目了然。

主动出击做调研

只有老客户才会没事逛店铺，如何让消费者在店铺逛出意犹未尽的感觉呢？其实这个是需要通过调研才能挖掘出来的。因为每个消费者的需求都不同，比如有的买家买饰品更在乎别人的看法，有的买家买了饰品是因为赠品对他很有吸引力等等。所以做好老用户调研，也是帮助店铺提升回头率的制胜法宝。

例如旺旺调研，可以选择消费者旺旺在线的时候。目前消费者旺旺在线的时间，多半是其空闲的碎片化时间。因此在这个时间进行调研，消费者回答的也会很多，自然不会打扰到他们的正常生活。

在卖家回访调研时，电话沟通比较直接。可以直接咨询，这样更能节约时间，能收回的资料也会更多。只要调研的切入点找得恰当，不用担心会骚扰到客户。可以以质量访问调研的名义切入，选择大家不太可能忙的时候打电话，比如中午。

有条件的卖家也可以试试找本地的客户，周末召集一次茶话会当面交流。像食品卖家，或者户外用品的卖家可以组织本地商户一起活动，有助于跟消费者深入交流，获取的信息一定更全面有效。

深掘访问深度

没有品牌的市场影响，网售饰品在定位明确的情况下，也能做到小而美、精致的页面设计，提高店铺访问深度。

从店铺角度考虑，这是一家销售饰品的店铺，主营产品为戒指、项链、手链等。对于这样的产品人们会联想到什么?浪漫、爱情、美、甜蜜等等。这是通过对商品的联想得出的，因此在整个页面或是商品的包装上，必须要围绕这几个关键词进行。这是一个店铺氛围的建设，消费者购物是需要刺激、需要环境影响的，所以氛围至关重要。

从消费者角度考虑，则需要结合浪漫的意境，把美、浪漫和温馨的服务通过完整页面有逻辑地展示给消费者，这样才能让消费者在有序的浏览过程中接受更多的商品信息，融入商品所诠释的意境当中。

详情页在很多时候是消费者的第一入口，而店铺访问深度低，商品详情页跳失率高，商品详情页的设计就需要更加注重细节。此店铺详情页的装修存在以下几个问题。

内容与内容的区分不清晰

整个页面设计风格不统一，不同内容之间没有明确的区分，用了非常多的素材影响用户浏览的速度及对页面的体验。建议不要用过多的不相关的素材图片进行展示（特指关联营销图片的素材），在每个区块之间可以拉大间距或用较明显的分割线做区分。

关联销售太靠前且数量太多

消费者的购物目的非常明确，既然选择点进这款商品，那他的第一期望一定是对该商品信息的了解，了解完之后才会产生对其他商品的浏览意愿。但是把如此多的关联销售放在描述的最上面很影响页面的打开速度，增加页面跳失率。砍掉效果甚微的关联销售，精简页面，突出重点，不失为一个明智之举。

优势服务包装没突出

在另一爆款宝贝的详情页的末端中，店铺提供刻字、代写贺卡的服务。虽然贴心，但所在位置并不明显，如此特别的服务不能被消费者第一眼看到，很多消费者没有注意到这点，就已经关闭页面。所以，对类似的服务保障，应该予以特别突出展示。消费者买的是个性，也是服务。

缺少咨询及商品搜索入口

商品属性区域与图片展示区域，是特别容易使他们有想法的地方，在这些地方我们可以放一些旺旺的咨询入口，有客服的接待是不是更容易让消费者下单购买？同时，我们还可以展示一些同类商品或不同类商品的分类链接，方便在消费者浏览产生想法的同时更快地找到他想要的商品，因为很多想法都是转瞬即逝的，只要抓住这些细节就能抓住顾客。

缺少活动刺激

在页面的最上面，有一个这样的活动介绍，而且链接到的是另外的商品，虽然是活动，也类似关联营销，但对该商品没有任何意义。所以建议在描述页中，需要有对该商品的活动信息，刺激消费者下单购买。

左侧的广告及站外链接过多

在描述页左侧，有这么多风格不一的图片，链接的都是店外的广告，很多的店铺流量很可能就会被这些广告链接到店外，产生跳失。当然有的广告在参加活动时必须加，这就需要品牌方斟酌考虑。

和很多店铺都一样，对品牌和产品的包装必不可少，氛围的营造能提升店铺品质，更能影响消费者、店铺中给消费者提供良好的浏览及购物体验，减少不必要的元素，在不同区域间进行明确的区分，方便消费者搜索商品。同时考虑消费者的浏览的目的性，给消费者看他想看的东西。

所以，对专攻卖货的饰品店铺而言，尚不能打造品牌，也不具备品牌意识，它们的目标群体不会像品牌店铺的消费者一样专为商品而来。在运营中，卖家首先要关注的是推广品类的丰富，做好直通车 ROI，明确客户需求，继而优化产品的关联销售，提高客单价的同时做好访问深度。

（文 | 吴鼎伟　解磊）

第六章 生活有个永恒的市场

家居类目的机会——天猫家居行业分析和预测

在 2012 年，天猫家居类目销售总额超过 32 亿元，整个行业实现了 150％的增长。从整体上看，家居类目受标类行业的影响很大。同时，标类行业（如地板清洁、烹饪用具、杯子、保鲜盒等）将是重点发展的类目。

销售着重换季和节假

整体上看，家居类目受季节性影响较大。全年销售情况可按季节分为数个节点。

从 2012 年全年趋势来看，上半年的小高峰出现在 2—3 月，这个季节是春节返城工人以及返学人群的消费高峰，带动了整体家居用品销量的增长。

3 月至 6 月因为是居家日用品的换季时间，所以以常用居家日用品为

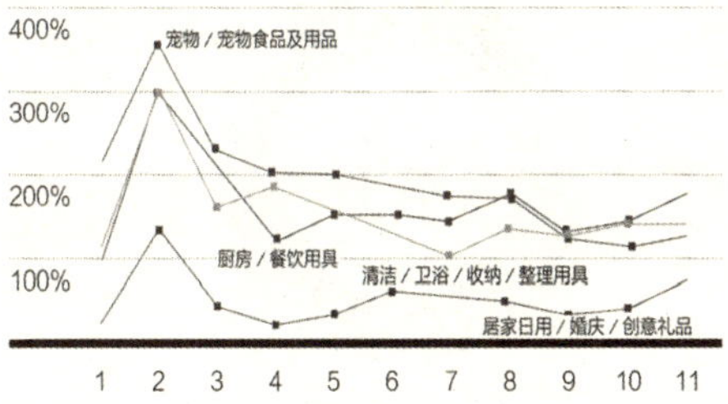

图 6-1　2012 年家居行业各一级类目增长率

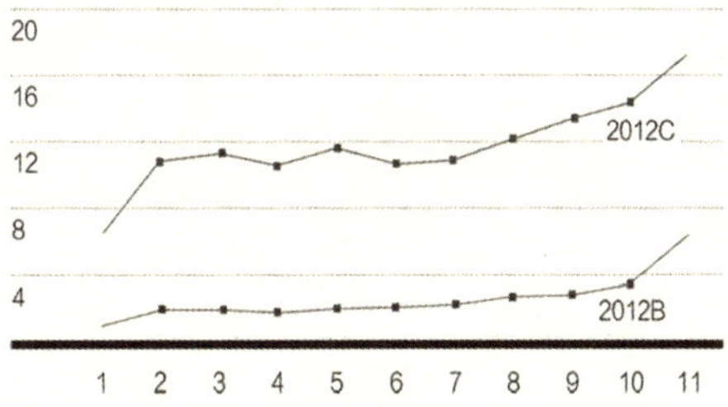

图 6-2　2012 年家居行业类目走势（单位：亿元）

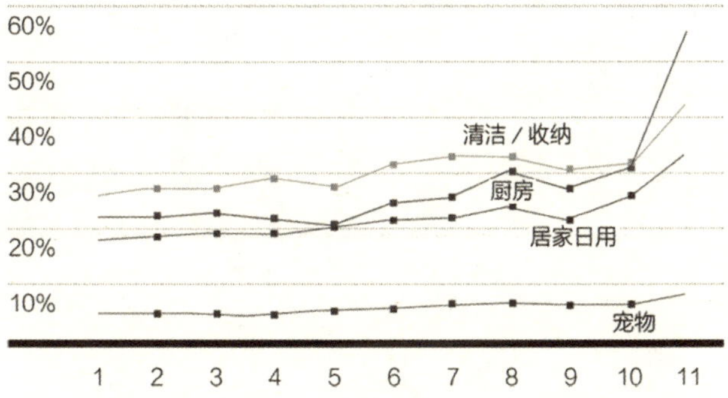

图 6-3　2012 年家居类目不同行业的发展状况

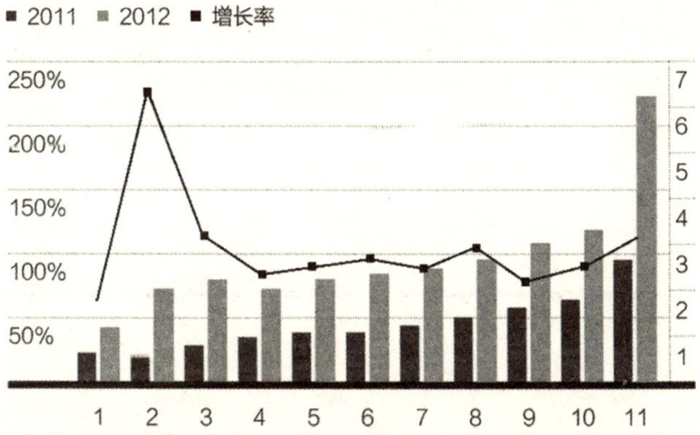

图 6-4　季节对家居类目销售额的影响（单位：亿元）

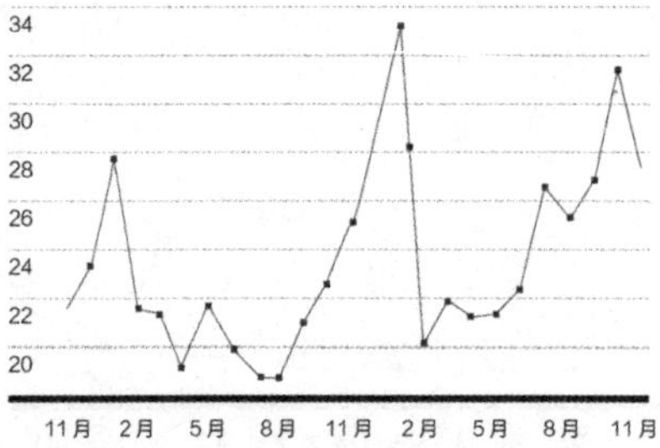

图 6–5 高端饮具行业发展趋势

图 6–6 2012 年天猫家居行业占比情况

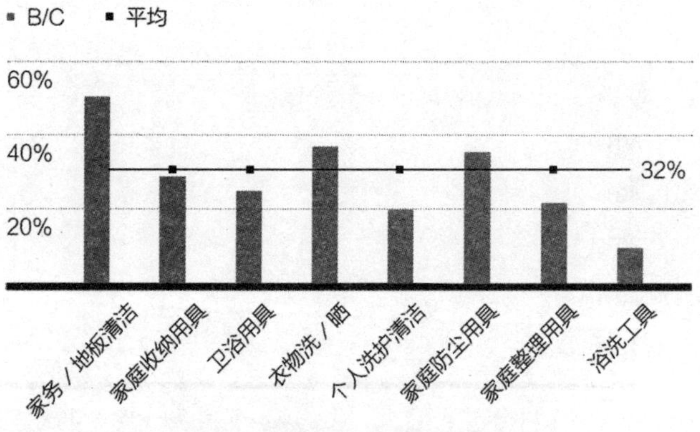

图 6–7 家居二级类目占比分析

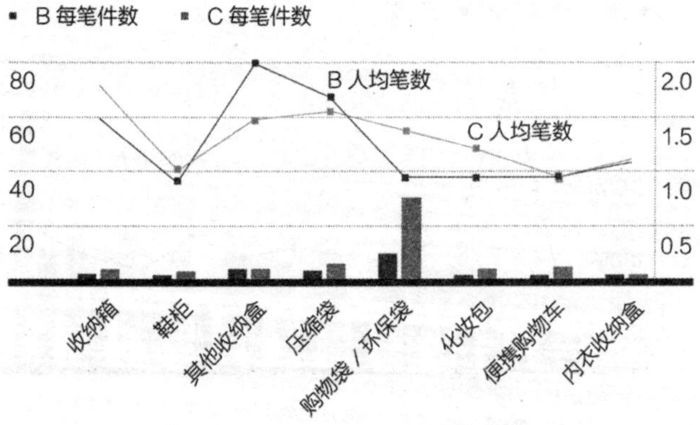

图 6–8 家庭收纳用具类目情况

主。其中,伞的成交持续走高,这对其他中高端品牌意味着机会;收纳、压缩袋等细分品类在2012年强势崛起,这值得商家认真考虑。

夏季,因为有"八一三"大促(天猫在8月13日举办的促销活动),标类行业初露峥嵘。

到了十一月份,标类的峰值更是体现了它巨大的弹性空间。其中,高溢价能力或强需求弹性的品牌成为供应链的核心。

而在年末到春节前,则明显是以厨房和清洁为核心的年货销量达到顶峰,买家会集中购买品质好的商品,客单同时也达到了全年峰值。

标类破冰,挖掘新品

纵观2012年全年,非标类行业表现欠佳。在2013年,标类行业(如地板清洁、烹饪用具、杯子、茶具收纳、季节性用品等)将是居家百货重点发展的类目。

总而言之,2013年的重点依然是巩固标类市场,发现新行业,发掘新品类。

高端炊具市场值得重视

从行业占比和增长来看,三个偏标类行业——杯子、烹饪用具、保鲜用品明显高于其他类目。从各子行业的占比增长来看,由于标类增长远高于非标的行业,所以这几个类目的占比在继续扩大。

2012年,高端炊具市场总体出货容量约10亿元,近几年的平均年增长速度在6%以上。目前,全国共计304家终端在售高端饮具,占所有目标终端的49%;70%的在售终端分布在沿海城市,其次是中西部主要城市;北京、上海成为其他城市是否引入新品牌的标杆市场。

2012年，在总体经济低迷的负面影响下，市场集中度进一步加强。当然，不容忽视的是品牌总量的增长。尽管2012年经济条件不利，但依然有很多的高端锅具品牌尝试进入这个行业，这对行业增长将会起到很大的推动作用。预估在未来，高端锅具将恢复增长趋势，保持6%以上的增长速度。

从消费者角度出发，大多数人认为健康是烹饪中首要考虑的，但并不会为了健康完全放弃口味。他们会在营养和口味之间达成协调。好的锅具对于完美的烹饪与厨房至关重要，在被访者心目中“好的锅具=健康+实用+漂亮”。

办公室和电视媒体是影响烹饪态度最主要的信息渠道；实用性是消费者选择高端锅具产品时最主要的衡量方面；新婚，搬迁，提升生活品质，同事、朋友的建议是购买高端锅具最主要的动因。

品牌清洁品机会较大

观察得知，在品牌性较强的旋转拖把行业，买家对产品品质要求更高。在家务/地板清洁用具这个二级类目中，旋转拖把的成交占比达到63%，2012年对品牌商的撬动加快了地板清洁品类的增长速度，因此品牌清洁品在未来的机会较大。

同时，非标类行业的茶具和餐具反映出集市和天猫在销售品类的侧重点上是有区别的。天猫主要以套装为主，这些商品对于销量大的天猫商家意味着更少的成本，也反映出其他类商品选择少，影响商家转化。

收纳用具起决定性作用

从行业占比来看，2012年上半年收纳和居家保持上涨趋势，尤其以收纳平均占比最高，说明这两个类目在上半年是销售旺季。在收纳用具中，品牌性较强的压缩袋在天猫占比较高。

“八一三”大促达到了仅次于11月全年第二峰值，体现出差异化的商品组合的营销还是能够吸引消费者前来购物的，而且对于“双十一”的商家运营能起到练兵作用。

2012年“双十一”大促期间，占比相较于十月份提升近一倍，说明准备更充分的“双十一”推动了行业更大的成长，也表明整个家居行业中需求弹性高的类目显现出更大的优势。

特色趣味性产品有亮点

2012年，节日用品和特色礼品在天猫上的销售增长幅度分别为159%和129%。从行业占比来看，节庆用品、创意礼品仍然是行业优势品类。

对于节庆、创意性礼品，首先温馨很重要，选择的礼品一定要有温馨的感觉，像抱枕、茶杯这些代表着关怀的礼物都跟温馨贴近。

其次，创意礼品已成为一种潮流。DIY礼品除了让客户得到快乐的设计体验，还会给收礼的人一份惊喜。另外，需要注重时尚感，注入一些新的元素。

创意礼品市场虽然是一块诱人的大蛋糕，但想要分食一块还真不容易。谁更有创意，就意味着谁更有可能抢占商机。而创意必须围绕个性时尚，体现其科技含量和价值，并不断了解消费者的潜在需求，推动创意礼品定制的延伸服务。

目前，创意礼品、节日派对用品这类商品曝光很少，很多商家意识不强，影响交易。

（文 | 铁鸥　梦非　米多　珈蓝　指烟）

床上那点“词”

买家热搜词“套件”

数据显示，随着天气逐渐转凉，家纺床品的搜索量也日益火热，消费者们对家纺床品的需求与日俱增。从八月中旬开始，床单、床裙、床笠、床罩、被套、枕巾、枕套以及床上用品套件等床上轻纺用品的销量均有提升。而床品套件/四件套/多件套的搜索量大于其他各种床上轻纺用品搜索量的总和。由于关键词的本质是对商品的描述和定义，关键词的优化最终还是要围绕商家所能提供的产品进行，所以卖家的选品和产品的组合就变得格外重要了。

从关键词数据中，可以发现市场对床上用品组合套件的需求大于对单品的需求。家纺卖家组织产品线时，床品套件和多件套的组合非常重要。究其原因，一方面，多件套装更实惠；另一方面，搭配好的套件产品的图案风格统一，更加美观，消费者的需求量也就更大。

便宜好词“三件套”

搜索量排名前十位的床品套件/四件套/多件套产品关键词中，“四件套”、“床上用品”、“家纺”、“床品” 等产品分类词搜索量最大，但是不够精准，转化率较低。这类词虽然适用于提高曝光量，但直通车花费较高。“四件套　全棉　特价”的搜索量和转化率都较高，且直通车费用仅为 1.89 元，低于其他关键词。这类词才是卖家想要寻找的词。相比之下，“磨毛四件套”直

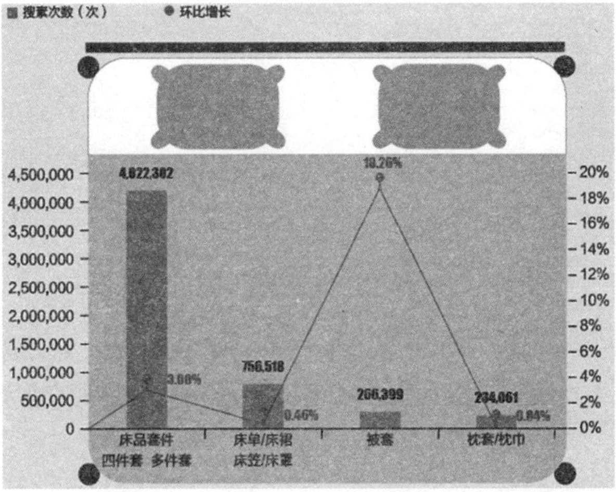

图 6-9　床上轻纺用品一周内搜索次数及环比增幅（2012.8.15–2012.8.21）

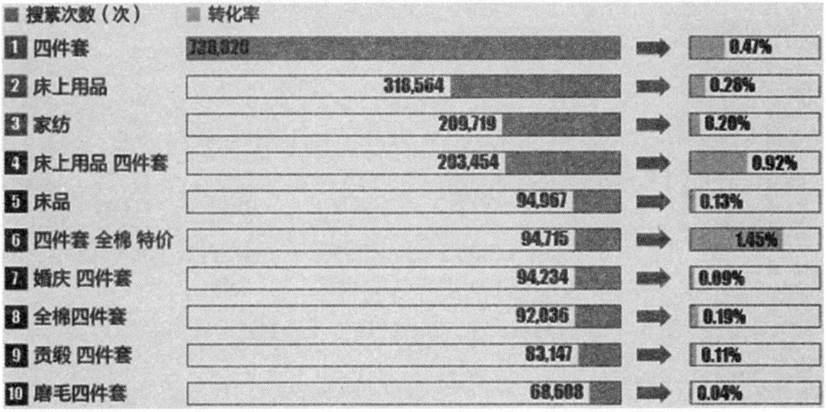

图 6-10　床上套件搜索量 Top10 关键词（2012.8.15–2012.8）

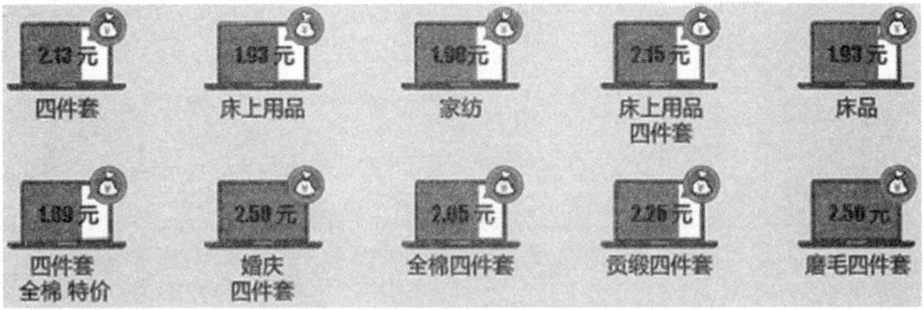

图 6-11　热门关键词直通车费用

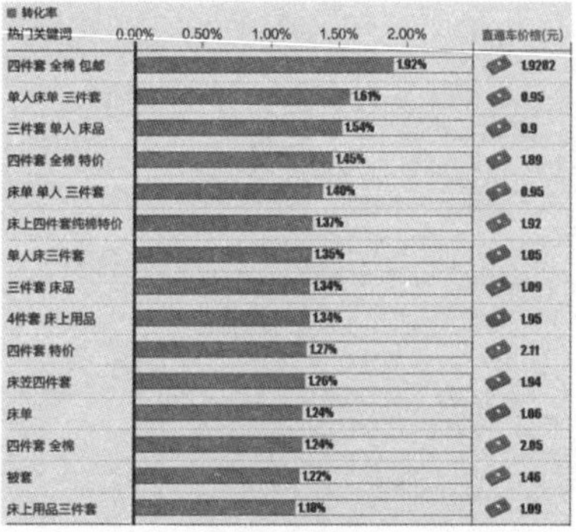

图 6–12 床品套件转化率 Top15 关键词

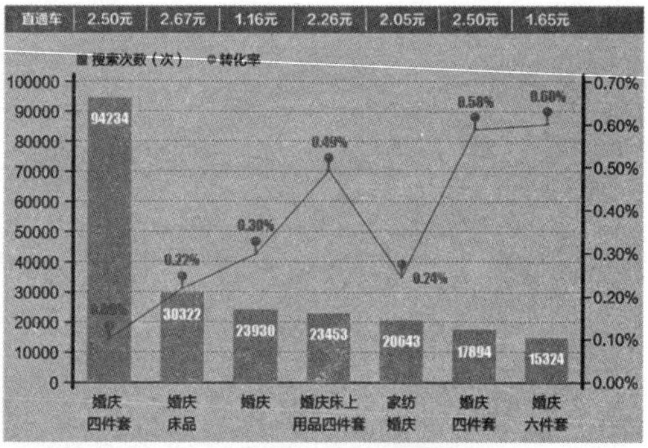

图 6–13 床品套件的婚庆关键词

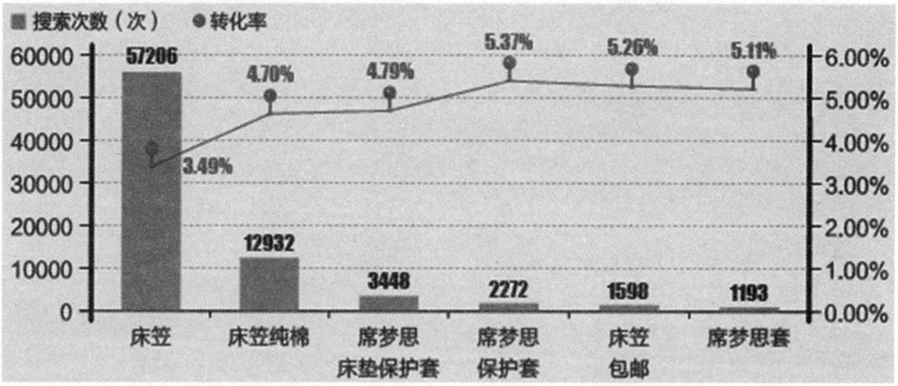

图 6–14 搜索量大于 1000 的床笠产品关键词转换率

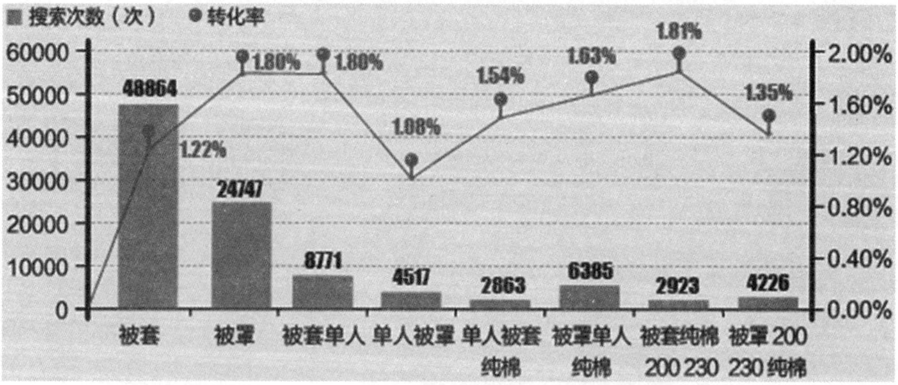

图 6–15 被套类关键词搜索次数和转化率对比

通车价格在 2.5 元，且转化率仅为 0.04%，ROI 就比较低。除此之外，床品套件／四件套／多件套子行业的产品分类词的费用相对较高，卖家在选择这类词时，要慎重考虑投入产出比。

将床品套件／四件套／多件套类目下搜索量前 100 的关键词按照搜索转化率降序排列，取转化率排名前 15 的关键词。这样找出的关键词具有较高的搜索量，是精准词无疑。精准词通常由两个或两个以上的单一关键词组成，以特定顺序排列，精确地体现了买家的购买意图，所以转化率高。但这类词的搜索量比“四件套”、“床上用品”等产品分类词的搜索量小，需要重点维护。四件套产品的关键词直通车价格位于 1.89～2.05 元之间，三件套产品的关键词价格位于 0.9～1.09 元之间，四件套关键词价格高于三件套关键词价格。

季节词趋热“婚庆”

当婚庆旺季到来时，婚庆相关关键词的搜索量也出现增长。数据观测期内，提及婚庆的“床品套件”、“四件套”、“多件套产品”等关键词，超过该子类目关键词搜索的 5.6%。其中“婚庆四件套”的搜索量最大，但转化率也较低，仅为 0.09%。转化率最高的婚庆床上用品关键词为“婚庆 六件套”，转化率达到 0.6%。婚庆相关家纺关键词的直通车价格都比较高，除“婚庆六件套”价格为 1.65 元，“婚庆”为 1.16 元，其余关键词价格在 2～2.67 元之间。随着开学季的到来，宿舍床上三件套的搜索也有所增加，一周内有超过 24000 次的相关搜索。对于这类在特定时间内搜索量大的流行词，卖家也应留心关注，提早安排推广计划。

高转化近义词“床笠”

床笠产品的关键词中，搜索量最大的是“床笠”产品词。增加质地属性后，关键词“床笠　纯棉”搜索量相对减小，转化率有所提高。在整理搜索量大于 1000 的床笠产品关键词后发现，许多消费者习惯直接搜索近义词“席梦思套”、“席梦思保护套”。这类表示产品别称的词搜索量也较大，且转化率较高。卖家在选择关键词时，应当留意全国各地区消费者对产品的不同称呼和搜索习惯，收集此类搜索量和转化率较高的产品近义词。

再比如，消费者购买被套时，另一个经常搜索的词是“被罩”。将同样词义的两个词的搜索次数及转化率进行对比，可以发现：“被套　单人”的搜索量和转化率均高于“单人被罩”，“被罩　单人　纯棉”的搜索量和转化率均高于同义词“单人被套　纯棉”。可见，同义关键词的搜索量与转化率并非总是成反比，细心的卖家还是可以找出搜索量及转化率都更优的关键词。

除此之外，虽然增加了“纯棉”这一属性，“被罩　单人　纯棉”的搜索量和转化率依旧都高于“单人被罩”。关键词的搜索量和转化率并不是随着搜索属性词的增多而降低，卖家在选择关键词时，要尊重数据及消费者的搜索习惯，不可简单根据经验和判断轻易下结论。

（文｜行云）

家电市场雏形渐现——2012 年天猫家电行业及运营服务商分析

对消费者来说，网上购物虽然方便，但是家电产品由于其特殊性，面临配送、安装、售后保修等问题，这让传统家电企业的线上运营面临巨大挑战。

首先是产品，传统渠道和线上渠道存在冲突；其次是价格，天猫及其他互联网平台为消费者提供了线下体验、线上比价的环境，如果价格没有优势，很难赢得消费者青睐；其三，在网络营销推广方法和工具的应用、信息系统的建设、供应链整合能力等等方面都需要提升；最后，服务、物流配送体系和部分产品（如净水器、空调等）需要的上门安装也是消费者购物体验中很重要的一环。

随着天猫家电行业在基础搭建、类目优化、用户体验、商品升级、营销玩法等方面的快速提升，各大传统品牌对电商渠道的重视以及物流等配送安装服务体系的完善逐渐培养起消费者们网购家电的习惯，让家电行业在网购市场中成功逆袭。

网络渠道锋芒正露

伴随着家电连锁如火如荼的大发展，家电零售业迈入了新世纪的第一个十年。然而，如同十年前家电连锁的崛起一样，跨入新千年以后又有一个崭新的零售渠道——网络购物开始登上舞台。

以小家电为例，2012 年第三季度通过网络购物渠道（仅 B2C）销售的小家电（包括剃须刀、衣物护理、美发产品、地板清洁、电饭煲、榨汁机和搅拌机）总额达到了约 4.9 亿元人民币，环比上涨约210%。从全年来看，2012 全年销售额的同比增长可望高达 88%。而在线下渠道，同期的销售额仅仅增长了 2.3%。线上渠道的火爆和线下渠道的疲软形成了鲜明的对比。

从现在的势头来看，网络购物渠道的发展不会停止。2012 年全国小家电市场中网络购物（仅 B2C）占到 16%的销售额，销售额占比同比上升 6 个百分点。在 2013 年，网络购物的占比将进一步增长到 19%。可见，家电类目在电商平台风头正劲。

而在 B2C 平台，以天猫为例。天猫近年来通过为品牌和商家提供产品、促销、渠道、供应链的解决方案，实现合作模式升级，目前已经形成忠实的用户群体，且聚集较全的各类电器品牌。同时，经过多年的市场培养，线上市场作为新兴的家电销售渠道，经历了近两年的快速发展后，在销售时间节点上，也逐渐形成了以“双十一”等为代表的线上销售高峰。

大家电：物流配送来助跑

随着网上消费人群年龄结构的扩大、网上消费支出的增长，越来越多的人选择在网上购买大家电商品。大家电商品的网购和其它小件商品相比有几个显著特征：第一，物流运输难度更高，需要更强的物流配送能力整合及用户服务能力；第二，金额相对较高，需要卖家的网上介绍更全面、更专业，这样才能消除买家的购物障碍；第三，由于空调、油烟机等商品为半成品，经过上门安装才能使用，这就需要卖家与厂家售后服务部门协调好，做好买家服务体验，解决买家网上购物的后顾之忧。

从 2010 年 11 月天猫家电着手解决网上销售大家电商品的物流配送问题，推出了大家电物流宝服务后，截止到 2013 年初，物流宝大家电体系可覆盖全国超过 18 个省份，涵盖了中国电子商务发展最活跃的几大经济圈。在配送深度方面，基本可做到县级以上区域全国覆盖；服务方面做到送货入门。因此，带动了空调万人团、彩电万人团、空调节、冰爽节（冰箱）、厨电节等大家电营销活动。

小家电：厨房生活高速增长

随着人们生活水平提升，人们对生活品质要求也逐步提升，这促使生活、厨房电器成交额快速增长。其中，厨房生活小家电在行业品牌、运营上基于消费者的思考和执行，在持续保障产品及服务确定性、营销方式多样性

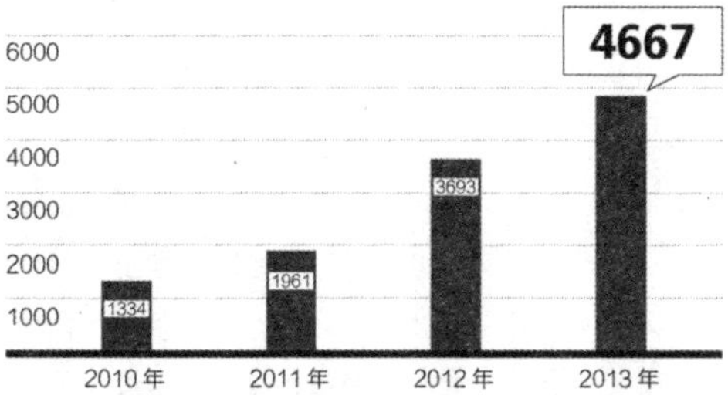

图 6–16　2010 年～2013 年中国网络购物小家电零售额增长趋势(百万元)

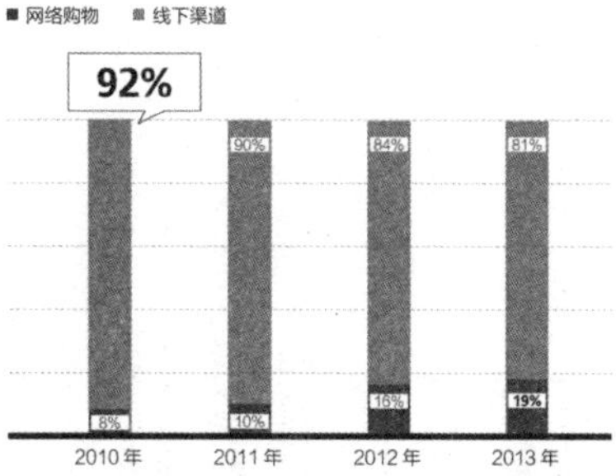

图 6–17　2010 年～2013 年全国市场小家电零售额渠道占比(%)

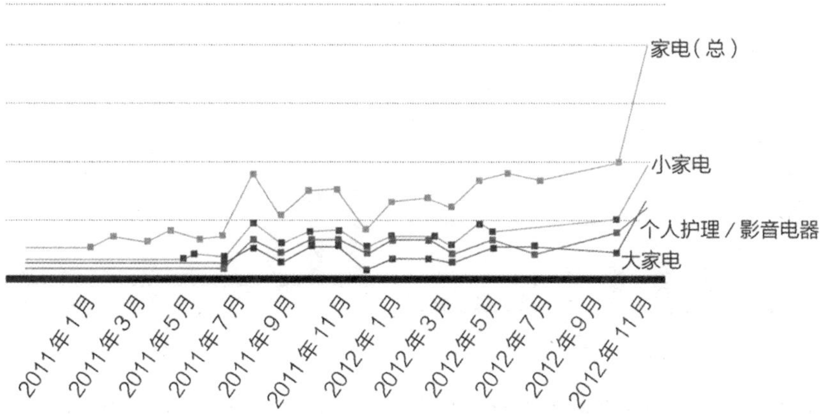

图 6–18　2010 年～2012 年天猫家电成交趋势

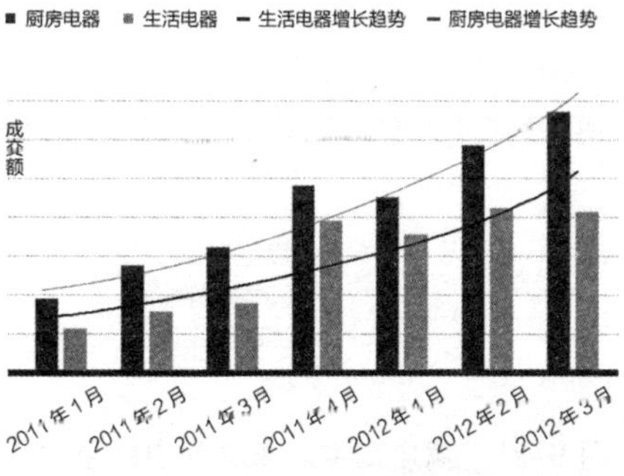

图 6–19　生活、厨房电器增长趋势（2011 年第一季度～2012 年第三季度）

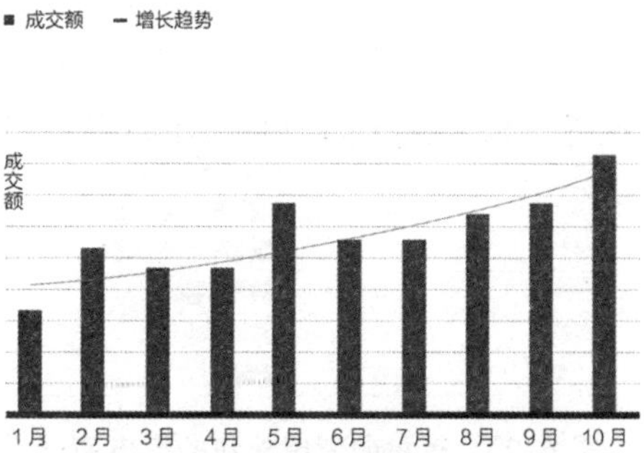

图 6–20　豆浆机的增长趋势（2012.1～2012.10）

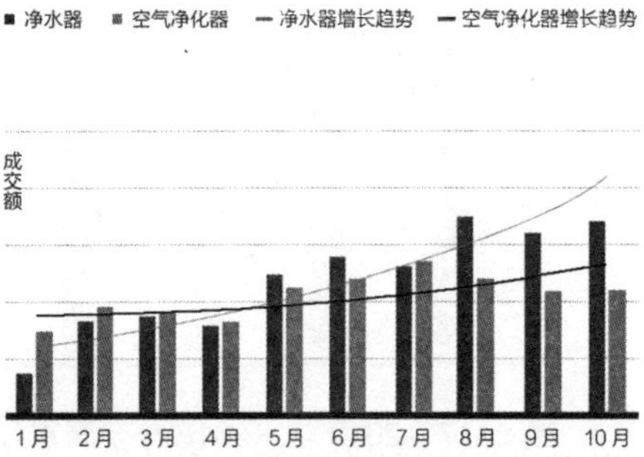

图 6-21 净水器、空气净化器的增长趋势（2012.1～2012.10）

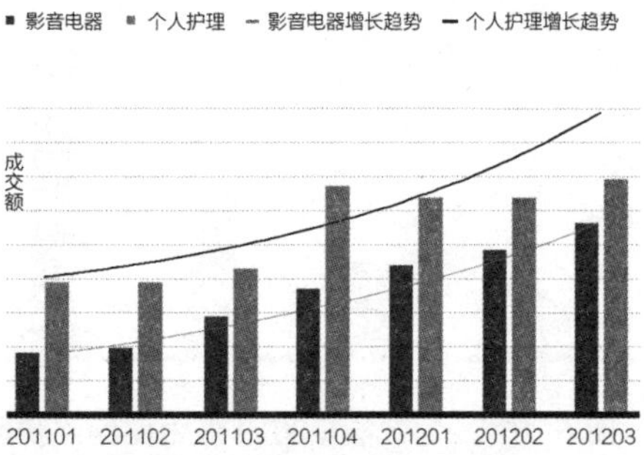

图 6-22 影音电器增长趋势（2011 年第一季度～2012 年第三季度）

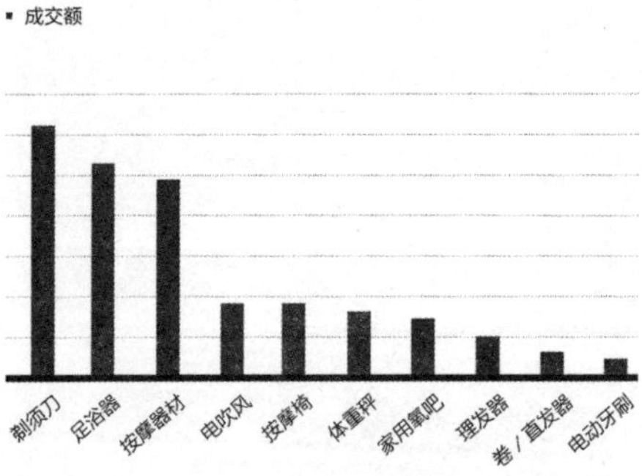

图 6-23 个人护理细分市场成交情况（2012.1～2012.11）

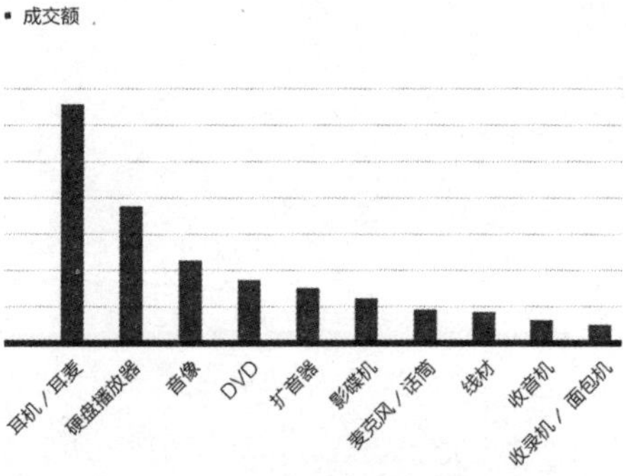

图 6-24 影音电器细分市场成交情况（2012.1～2012.11）

数据取自 2012 年 9 月天猫家电行业商家调研

选项	百分比
该行业运营经验	73.08%
团队和资质	69.23%
收费模式	57.69%
毛利率	42.31%
生意规模	34.62%
所在地区	19.23%

图 6-25 有意向考虑外包的家电商家对服务商的要求

数据取自 2012 年 9 月天猫家电行业商家调研

如果不考虑整体外包的话，您会考虑以下哪几种单项外包？	
营销策划	84.62%
店铺装修	61.54%
摄影外包	46.15%
人员培训	42.31%
分销托管	23.08%
客服外包	11.54%

图 6-26 家电商家对单项外包的需求

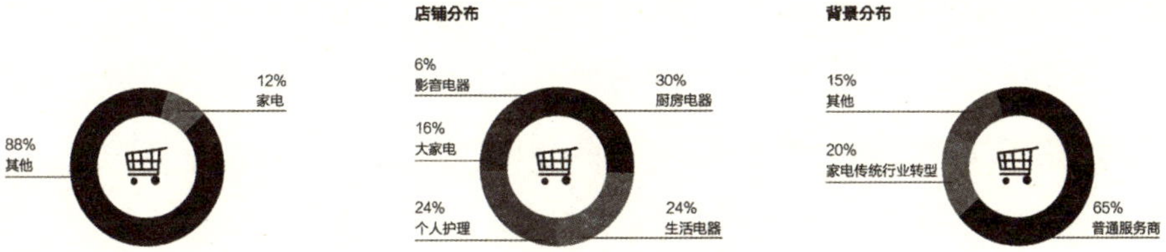

图 6-27　天猫家电行业服务商数量占比

表 6-1　不同背景服务商优劣势对比

	普通运营服务商	传统家电行业转型运营商	
背景	由淘宝大卖家、传统广告公司、互联网公司以及其他商业公司转型，且在天猫服务平台注册的运营服务商。	原来线下传统意义上的家电经销商、代理商。	在家电企业从事过销售、市场推广、品牌管理等职务的群体。
优势	已运营多个品类、品牌，对电商平台运营经验丰富，尤其整合营销、流量变现的能力比普通商家高出 2 倍。	对产品品类选择、质量把关很有经验，是较早试水电商平台的群体，积累了一定的电商运营经验，且数据库内消费者数量庞大。	对家电市场大环境、家电企业工作方式、渠道管理熟悉，且有广泛的圈内人脉资源，熟知生产流程、品类、品牌商的需求，擅长品牌推广、市场营销，公司内部核心员工多为家电业内人士。
劣势	对家电行业的专业度相对薄弱，在仓储配送、融资方面资源比较缺乏。	发展中容易遇到各种瓶颈，如整合营销、流量引入、人员培训等方面力有不逮。	对电商平台的运营，如转化率、流量引入等了解甚少。
机会点	引入家电行业专业人士、或者和家电传统行业转型的公司合作得到改善；通过天猫电器城的物流宝合作避免短板，从而取得更大的收益。	通过有特长的专业服务商进行合作来补缺，反而会比较受品牌商青睐。	引入电商的专业人才，强强联手，能取得较为长远且良性的发展。

表 6-2　2012 年天猫销售品牌排名 Top10

排行	品牌
1	Midea/ 美的
2	Philips/ 飞利浦
3	Joyoung/ 九阳
4	Haier/ 海尔
5	TCL
6	Povos/ 奔腾
7	Supor/ 苏泊尔
8	Skyworth/ 创维
9	Sharp/ 夏普
10	Sincere-Home/ 贝尔莱德

表 6-3　2012 年大家电成交排名 Top5

排行	店铺
1	海尔官方旗舰店
2	TCL 官方旗舰店
3	方太官方旗舰店
4	海信电视官方旗舰店
5	创维彩电旗舰店

的状态下,增长速度呈放大趋势。

同时行业领导性品牌在天猫的全方位战略布局,包括基于消费者需求的产品研发定制、基于网络用户的营销手段创新、基于提升用户体验的全国售后保障体系、线上线下有效互动机制的建立等等,保障豆浆机等传统小家电成熟品类进一步朝着推进行业深度发展方向迈进。

此外,多种新型品类在天猫经营的成功,也让更多样、新奇、品质高的品类找到发展的方向,如空气净化器、净水器、西式烘焙等。相信以打造优质健康生活为卖点的新品类,会成为小家电发展的重点方向之一。

厨房生活小家电自2011年以来的增长速度一直呈放大趋势。传统小家电的领先品类豆浆机,依然保持着稳健的增长步伐。

以净水器为首的新品类交替发力,增长速度超过家电平均增速,将会是未来小家电发展的重点方向之一。

个人护理、影音电器:市场分层明显

在当前市场经济和收入水平逐步提升的同时,家庭消费开始转入到个性消费阶段,家电市场家庭化消费也导入到个人家电消费阶段,即第三次家电消费革命。个人家电消费主要为改善个人生活品质的商品,它具有个性、专有、品质等特征,目前个人护理和影音电器类目都属于个人家电消费领域。在品类上,主要有剃须刀、按摩器材、耳机、音响等商品。

目前,个人消费家电在国内市场尚处于发展阶段,每年以200～300%的速度快速增长,增速大大高于中国家电市场平均增长速度。据有关数据显示,预期到2015年末,中国个人护理类目市场规模将达到亿元人民币以上。

在欧美发达国家,已经完成了第三次家电消费革命的布局,个人消费家电在整个小家电市场的占比与家庭类小家电不相上下。个人消费家电行业由于注重生活品质与优雅生活态度,因此自从出生起便定下了品质时尚类目的格调，具有极高的市场关注度。近几年行业的迅速崛起、巨大的发展潜力使得国际国内各大品牌纷纷进驻，聚集了众多世界知名品牌，如SONY、飞利浦、博朗等百家品牌争奇斗艳。

该行业具有两个特征。第一，行业尚属发展期，市场集中度相对不高，但处于明显的市场净化阶段，市场开始趋于分化。第二，市场分层十分明显，非高即低，绝对没有中间市场及品牌的产生。外资品牌占据了品牌与技术优势，牢牢占据高端市场；国内品牌缺乏市场基础，只能在低端市场各据一方，分水岭显著。以音响为例，前十大畅销品牌中仅有一家国产品牌，国内品牌基本上以低价方式竞争。

家电上线，保姆助阵

从社会化分工来看，中国的制造企业并不具备零售能力，这为电商服务行业提供了生存空间。2012 年的天猫年会，逍遥子分享了一个数据，凡是由服务商来运营的官方旗舰店，转化率是品牌自己运营的两倍。这足以说明，线上家电行业能快速提升，运营服务商在其中扮演了重要角色。它们承载着将商品价值、服务价值有效传递给消费者的职能，其作为具体经营平台的主体，有效地打通了整个消费链。

除此之外，还有众多社会化的仓储商、物流商、配送商、售后服务商的强力支撑，它们为消费者在天猫购物提供了保障。其次，天猫家电平台为商家打通了仓储、物流、资金、售后等重要环节，保证了家电行业的飞速、良性成长。据统计，截止到 2012 年 11 月底，天猫在册运营服务商共 520 家，其中有 60 家服务商从事家电行业，占所有天猫运营服务商的 12%。

服务类目:与热门品类相同

在家电类目中,生活、厨房电器是网购的热门品类。个人护理、按摩椅、美容仪、足浴盆等个人休闲保健类产品的销售比例也不容小觑。从统计数据来看,天猫家电行业运营服务商所服务店铺的主营类目跟消费者网购的热门品类相对应。

基因:多渠道转型

天猫家电行业运营服务商主要由两部分组成:普通运营服务商和传统家电行业转型而来的服务商。据统计,从传统家电行业转型从事家电运营服务的服务商占 20%,而普通运营服务商从事家电运营服务的占 65%。无论哪种行业背景的服务商,都有其短板和长处,利用好了才能走得更远。

雇佣:家电特色三模式

随着电子商务发展日益成熟,家电品牌商和运营服务商之间催生出了新的适合网络零售的合作模式。

模式一:经销。

直接拿货,开店所有的费用都由运营服务商公司承担。店铺主体为运营服务商公司。

模式二:代销+经销。

经销模式等同于正常的传统渠道进货模式,即厂家给供价,运营服务商打款提货,然后在店铺里销售;代销形式则是厂家给最低供价和最低零售价,运营服务商不进货,在店铺里形成销售后,再在分销平台直接按厂家给的供价与厂家结算,运营服务商赚取最低供价和最低零售价之间的差价。店铺经营权归属运营商,货归属运营商和厂家。

模式三:代运营。

厂家负责推广费、发货和售后处理,所有天猫上的设计、运营、客服等都由运营服务商来负责。店铺主体和经营权归属厂家。对接销售上的结算属厂家，对接运营服务商的服务佣金一般以服务费用形式结算。

天猫电器城商家运营外包需求调研

·近 20%的商家考虑运营外包，其中 46%的商家有意向考虑代运营的模式。其中，对服务商的要求中，商家最看中行业经验，其次是服务商的团队和资质要求。

·电器城卖家，更多考虑通过分包的方式，补充完善自己店铺的整体运营能力，提高效率，提升业绩。其中，营销策划和店铺装修外包是商家主要考虑方向。

（文丨雨狼　狮王　秦豪）

第七章　食品的黄金时代

新农业上位——淘宝农产品市场运营分析

2013年6月的电商圈，除了各平台价格战，最吸引眼球的莫过于生鲜大战，全网市场对生鲜品类表现出的期望和消费能力非常值得关注。随着眼下新农业成为市场关注的焦点，关于健康饮食、有机食品的概念再度被热炒。这也促使了大淘宝渠道的有机食品和生鲜品类呈现出明显上升势头，无论从产品数量、店铺数量、销售额还是购买人群的特点上看，淘宝农产品在接下来的两年内，将迎来持续高速增长的黄金时代。

生鲜是个非主流

根据2013年上半年的统计，淘宝所有品类的总销量达到304亿件左右，销售额约4756亿元。其中食品类销量共10.3亿件左右，占全淘宝成交

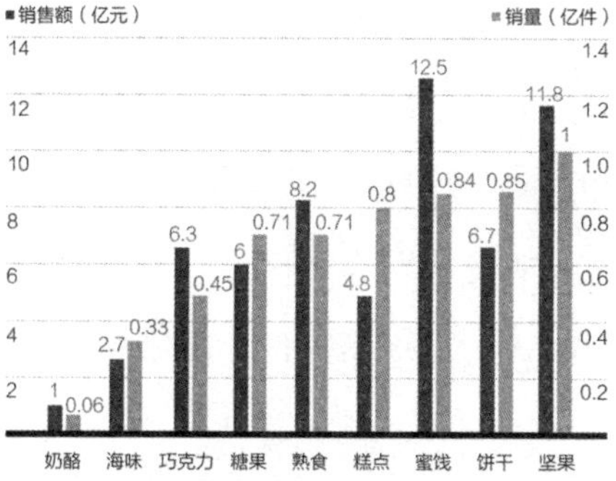

图 7-1　消费者最喜爱食品销售量 / 销售额分布（2012.12～2013.5）

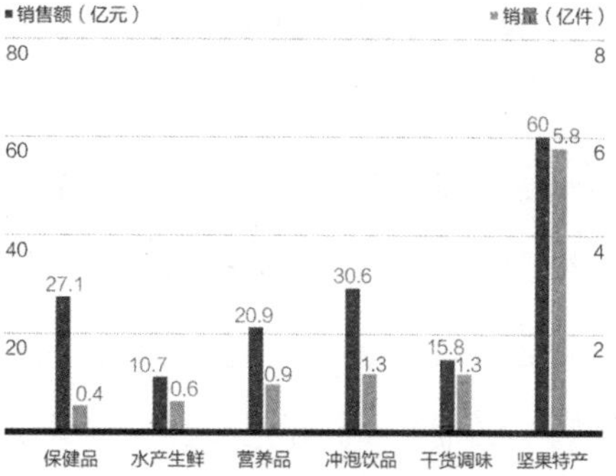

图 7-2　食品百货销售量 / 销售额分布（2012.12～2013.5）

表 7-1　水产 / 肉类 / 新鲜蔬果 / 熟食各子类目情况（2012.12～2013.5）

子行业	成交金额占比	成交环比增幅
海鲜水产制品	39.3%	35.39%+
水果制品	24.13%	80.8%+
新鲜水果	20.74%	79.03%+
海参	15.72%	52.59%+
生肉 / 肉制品	10.93%	359.15%+
蛋 / 蛋制品	8.20%	18%-
鲜活蛋类	7.38%	54.23%+
鱼类	7.31%	157.73%+
新鲜蛋糕	7.29%	34.57%+
其他	6.77%	44.84%-

表 7-2　粮油 / 米面 / 南北干货 / 调味品类目子类目增长情况

子类目	成交金额占比	成交环比增幅
南北干货 / 肉类干货	22.73%	19.48%+
调味品 / 果酱 / 沙拉	18.57%	38.65%+
方便速食	17.50%	112.37%+
干货 / 土特产	16.30%	33.11%+
烘焙原料 / 辅料 / 食品添加剂	12.97	46.18%+
米 / 面粉 / 杂粮	11.54%	44.49%+
其他食品	8.84%	18.95%+
食用油 / 调味油	7.85%	75.35%+
熏肠 / 香肠 / 火腿制品	6.43%	158.61%+
调味料	6.03%	25.80%+

表 7-3　水产 / 肉类 / 新鲜蔬果 / 熟食买家省份排名（2012.12～2013.5）

省份	成交金额占比	成交金额（元）
上海	16.12%	295661
浙江	12.74%	279232
江苏	11.66%	251855
广东	10.19%	217765
北京	8.26%	181198
山东	6.19%	79083
福建	3.73%	65489
辽宁	2.83%	44857
四川	2.81%	55968
湖南	2.69%	54076

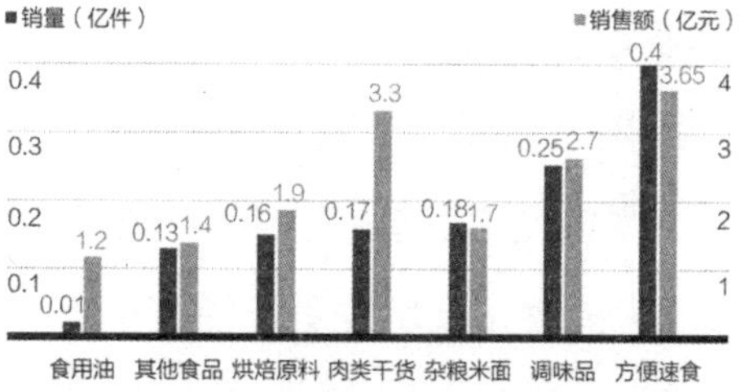

图 7-3　粮油 / 米面 / 干货 / 调味品类目销量 / 销售额分布

量的3%左右;食品类销售额约为165亿元,约占总销售额的3.4%。

在全部食品类目中,零食坚果特产以5.8亿件的销量占食品总销量的56%,以销售额60亿元占食品总销售额的36.3%。其中,购买量最多的属坚果炒货、枣类蜜饯和饼干膨化食品,三者销量分别为1亿件、0.85亿件和0.84亿件。由此产生销售额的前三甲是枣类蜜饯、坚果炒货和肉干熟食,分别为12.5亿元、11.8亿元、8.2亿元。

水产/生鲜/熟食类目下,熟食类商品发展相对迟缓,这是因为该类目对物流有很高要求。排名前列的均是再加工商品,相对来说在产品运输上有操作空间。好消息是该类目在市场需求上已经超过了保健品,说明其令人期待的发展趋势。

生鲜食品欲上位

随着用户消费意识的提高,消费者正在不断产生更高更多的需求,而未经加工的纯天然食品将获得更多消费者的青睐。市场表现出的现象是,水产/肉类/新鲜蔬果/熟食类目迎来了各项数据(如销售额、转化率、成交人数和笔数、类目流量、收藏量等)的暴增。

在子类目中,生肉、鱼类分别以359%和157%的增长速度位居第一和第二,新鲜水果以近80%的速度排名第三,大大超过市场和食品类目的平均增长速度,更是远远超过了该类目下再加工或者半加工类食品,这说明了消费者趋向的改变。

随着生鲜品类销售前景被看好,类目竞争也在加剧。生鲜类店铺以6%~10%的月增长率递增,截至2013年5月31日,此类店铺总数已达16400余家,店铺数和日均成交店铺数环比增幅均超过75%,大量新生店铺的涌入也导致了单店日均成交额的小幅下降,为711元,环比下降5.58%。流量表现上,日均99万的UV较2012年提升了近70%,但平均每店铺仅有66个

UV,较其他类目偏低,说明流量提升仍为生鲜店铺的主要任务之一。

从2012年12月1日到2013年5月31日这半年里,类目客单价为154元,环比下降6.99%。这段时间涵盖了蔬果销售的两个旺季:12月~1月(年货水果)和4月~6月(时令水果)。由于新鲜蔬果相对水产和肉食单价偏低,同时其总体销售额在类目占比上远超生肉和生鱼类高客单价商品,因而可能导致客单价有所下降。

生鲜类目的平均转化率约为11%,较其他类目偏高,说明用户购买的意向比较明显,用户流失主要表现在对产品的满意度和服务满意度的不足上,这在生鲜店铺的平均DSR评分上可见一斑。产品描述不符、客服响应较慢、产品解释不清、发货速度过慢是用户反映的主要问题,建议卖家在提升流量的同时,完善产品及客服培训,开展有效的二次营销和个性化服务。

从买家地域分布来看,目前中国冷链物流最为发达的地区是江浙沪及北京、广东,而这些地区就大约占据了全类目销售额的60%。这里建议生鲜类目商家不要先考虑规模扩展,而是从地域性出发,先做好本地性市场扩展,做好纵深服务。由于生鲜类目存在物流损耗的硬伤,同时线下的购买渠道已经很丰富,因此相比线下生鲜商家的非自然成熟的原因,线上的差异化策略应当是主打环保有机、天然成熟的概念。赢得区域市场纵深的同时做到快速周转货品,便有机会在竞争激烈的生鲜品类站稳脚跟。考虑到线下蔬果类商品消费的巨大市场,消费人群上覆盖全年龄层,生鲜市场将随着物流条件的改善以及消费者习惯的逐渐养成而在未来逐渐展现巨大的潜力。

主食增长较迟钝

在日常消费农产品中,米面类被认为不适合电商销售,因此发展较为迟钝。粮油/米面/南北干货/调味品类目中,购买方便的速食类用户以0.4亿件的购买量占据总量的31%,杂粮米面仅列第六。

从消费行为上看，由于杂粮米面的日常需求较大，而线下超市供应比较充足，购买十分方便，对消费者而言价格也较为适中，线下购买的综合体验度超过线上购买，因为超重导致邮费成本较高，线上线下价差不明显。杂粮米面类的卖家营销上应避重就轻，在这些大众商品在线下购买并不难的情况下，走健康有机路线，做那些线下渠道难以做到的较细分的市场，利用电商扁平化做文章，价格优势不是该类目卖家应该走的方向。

生态品牌已成型

在农产品中，主打有机概念的食物已经成为明显的蓝海。生态农业频道受到了众多淘内消费水平很高且对食物有高要求的消费者的钟爱，这就能说明消费者对健康饮食的迫切需求。生态频道的 PV 和 UV 登录用户占比分别达到 82.09%和 81.14%，说明消费者购买生鲜意愿十分强烈，大都携有确定的购买意愿进行浏览。频道建立一周年以来，销售额呈现指数级增长，说明生态农业频道对消费者的有机品牌效应非常强势，适合有实力的农产品卖家入驻。

别忘了顾家男人

在用户的性别分布上，该频道的男女用户基本持平，甚至男性略高于女性消费者，这一点相比类目用户有非常大的不同。前台的两个类目之中，女性消费者占比均超过了 66%。值得卖家们关注的是，男性消费者对有机生态食品的需求十分强烈。在年龄分布上，生态农业频道中 26 岁以上的消费者占比超过 60%，30 岁以上消费者占比约 40%，这一类人群有两种：一是大学毕业参加工作两三年的小白领，爱好网购，很注重保养和健康生活；二是为人父母的家庭用户，主要采购一些优质有机食材，这类用户对生活质

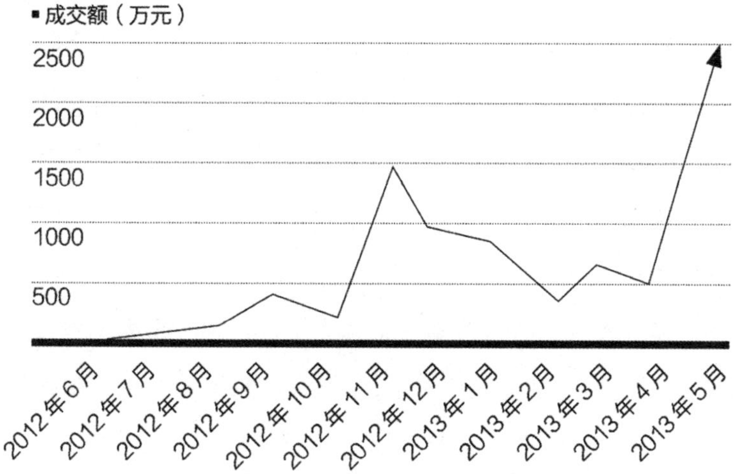

图 7–4　生态农业频道销售额增长情况(2012.6～2013.5)

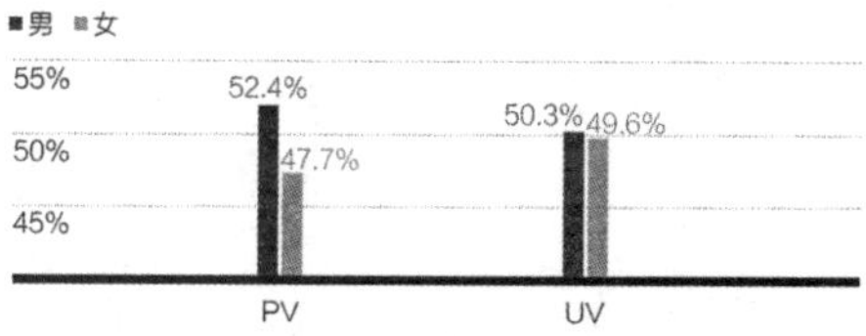

图 7–5　生态农业频道用户性别分布

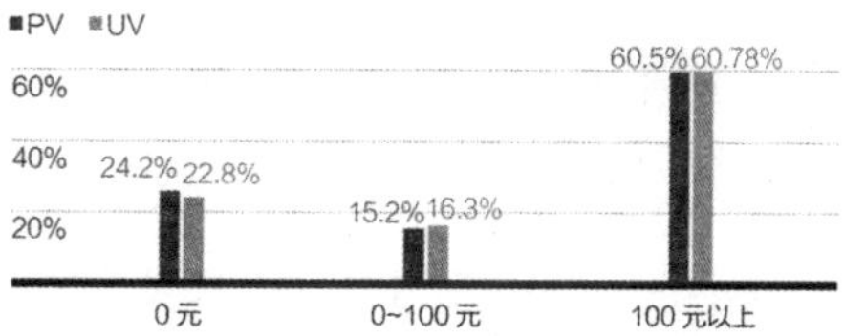

图 7–6　消费者月生态农业频道支付宝支出

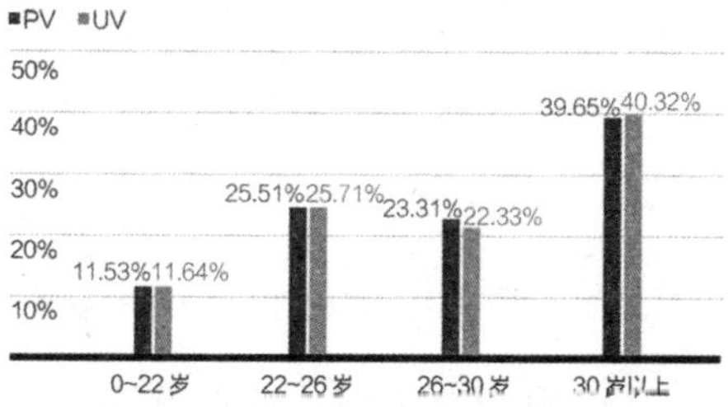

图 7–7　生态农业频道用户年龄分布

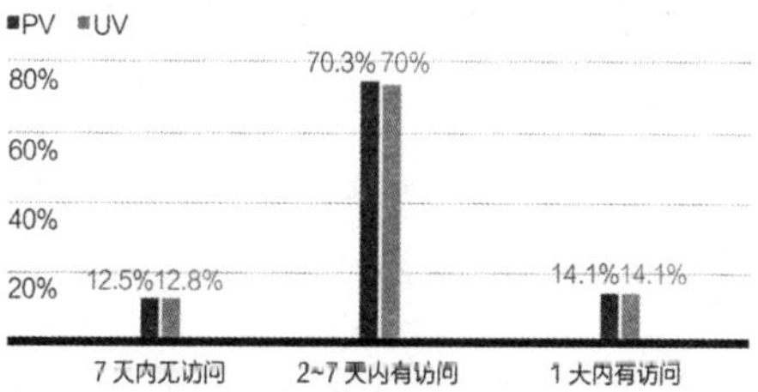

图 7–8　生态农业频道消费者重复访问占比

量有着较高的要求，收入情况也相对比较好。

由于有机食品价格相对同类商品价格要高出许多，属于高收入人群的消费领域。从数据来看，消费者在生态农业频道月支出超过百元的消费者超过了60%，说明用户群比较成熟。卖家在重视男性顾客的同时，日常销售中还可以考虑两点：一是适合商家进行B2B销售，比如对公司领导层统一售卖；二是“啤酒+尿布”的营销方式非常适用。

此外，建议卖家的营销方向以家庭为单位，同时重视消费人群的覆盖度。在用户消费意愿非常强的情况下，生态农业频道消费者一周内重复访问的比例超过了85%，体现了农产品超高的重复购买率。因此商家必须强烈重视高收入人群的客户体验，这类消费者很大程度上对价格并不敏感，更在乎的是食品安全和消费体验。卖家一旦得到了消费者的订单，应当花费很大的精力去做客户关系管理，这一点非常值得卖家投入。

商家潜力需激发

从2012年9月到2013年7月，在生态农业频道销售额排名Top20店铺中，干货类占比并不多，大多数商家主营品类为生鲜，但销售最好的商品通常却不是生鲜商品。从生态农业频道各品类的销售额来看，销售额Top10的顺序分别为：红枣、山茶油、水果（蜜柚、樱桃、杨梅）、大米、山核桃、牛奶、松子、茶叶、玉米、杂粮。从排名上来看，生鲜品类中水果的销售情况最好，但也仅列第三名。事实上，水果市场表现非常强势，2013年5月7日～5月9日3天，高州荔枝聚划算单坑卖出80万元，烟台樱桃卖出109万元。此外，2013年5月15日，生鲜类的猪肉在聚划算一共卖出16000斤，产出销售额约50万元。2013年5月17日，生姜卖出了10万斤。从上述数据综合来看，首先说明频道销量入口还需要丰富，其次说明生态农业频道卖家们的原产地直达的概念还需要继续深化，提升二次销售的意识，提高用户粘度，通过加强自身的引流能力和服务能力来强化核心竞争力，巩固消费者线上购买习惯，做大市场，最终养成优秀的农产品网购环境。

（文｜颜廷明　无寒　灵珂　赵军）

新鲜蔬果网上俏

淘宝上还有什么是新商机？不瞒你说，新鲜蔬果就是未来最值得挖掘的一个类目，尤其是高品质的本地新鲜蔬果，只要消费者网络玩得好，在电脑前点点鼠标，新疆的哈密瓜和海南的香蕉，还有阳澄湖的大闸蟹都可以同时出现在自家餐桌上。

截至 2012 年 6 月底，在淘宝上出售农业产品的网店（含县）总数为 131 万家，其中每个月的平均增幅超过 40%，其中二月份的增幅达到 96% 以上。而在这些店铺中，有三分之一的商家看准的是新鲜蔬果的商机，他们的店铺出售的是全国南北新鲜的蔬菜、应季水果，以及热门的生鲜水产等。

越应季越热销

按淘宝网生鲜类目的成交占比排序来看，南北干货 / 水产 / 肉类干货、调味品 / 果酱 / 沙拉、鲜活鱼肉蛋、米 / 面粉占比较重。除此以外，最值得瞩目的就是新鲜蔬菜和水果，占据了整个子类目成交的 65%，刚过去的夏季时令水果销售也让众多电商卖家尝到了甜头。淘宝网数据显示，整个夏季以黄桃为例，销售额最多的商家一个月就卖出了 7.5 吨，这在平时的超市和商城，简直是不可估计的数量。

在网上淘新疆的阿克苏苹果、海南的芒果、广东的荔枝、四川的猕猴

表 7-4 商品增长数量对比图

类目	2012年支付宝成交金额（元）	2011年支付宝成交金额（元）	增幅（%）
新鲜蔬菜/蔬菜/水果	59,046，253	31,611,222	86.8% ⬆
类目	2012年日均IPV_UV	2011年日均IPV_UV	增长率
新鲜蔬菜/蔬菜/水果	69,043	45,529	51.68% ⬆
类目	2012客单价日均（元）	2011年客单价日均（元）	增长率（%）
新鲜蔬菜/蔬菜/水果	117.3	88.1	33.1% ⬆

表 7-5 蔬果产地销售额占比

城市	水果销售额占比(%)	蔬菜销售额占比(%)
辽宁	2%	30%
山东	27%	25%
江苏	18%	5%
北京	2%	5%
甘肃	4%	4%
四川	1%	4%
浙江	21%	4%
贵州	2%	3%
其他	23%	17%

表 7-6 淘宝网新鲜蔬果卖家转化率 Top10

卖家	购买转化率	好评率	店铺管理分	服务水平分	规则遵守分	商品运营分
maojunning	18.96%	99.45%	59.24245	90.734543	100	29.01069
mm197905	17.59%	99.56%	65.17071	91.418516	100	39.18697
天天包您满意	15.55%	99.52%	66.41917	90.97989	100	39.44723
shhigher	15.36%	99.96%	56.85838	94.547231	100	64.15187
falanduo	14.66%	99.90%	69.05153	91.133034	100	46.18027
东北特产山货庄	14.10%	99.44%	64.01923	90.708612	90.47787	34.58194
zangzangtou	13.94%	99.16%	53.83402	93.941032	100	45.74606
渤海湾海鲜舫	13.37%	99.51%	66.40353	93.6803	100	63.73294
阳哥588	12.60%	98.18%	69.62002	90.140798	88.14189	27.05486
中国素食文化传播网	12.21%	99.81%	54.51796	91.025445	100	32.06754

图 7-9　生鲜二级类目占比图

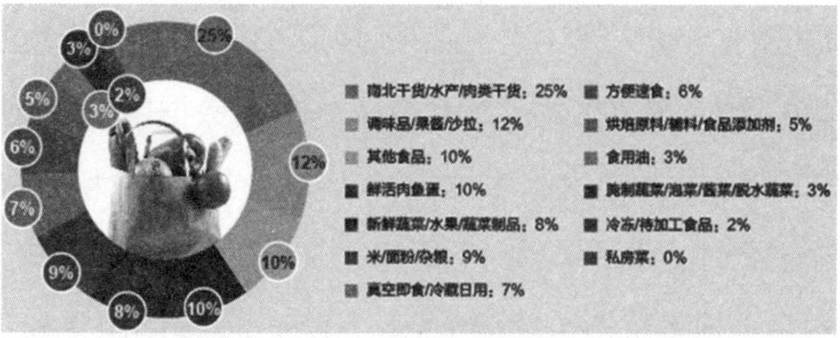

图 7-10　买家重复购买率

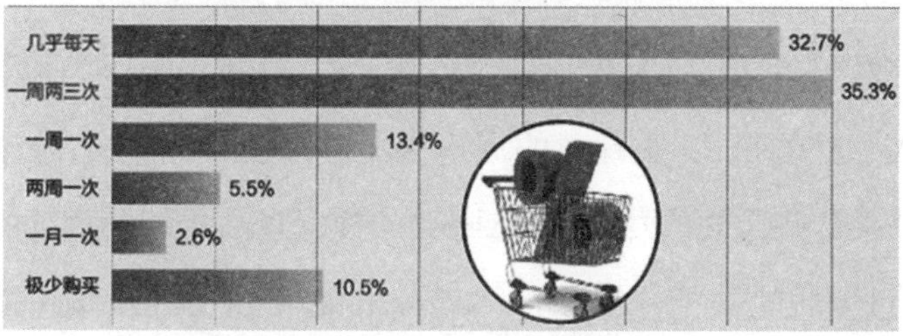

图 7-11　买家最喜欢的折扣方式

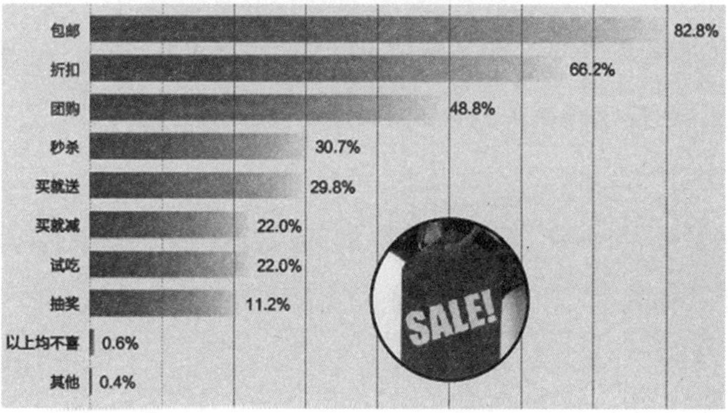

图 7-12　买家购买决策因素

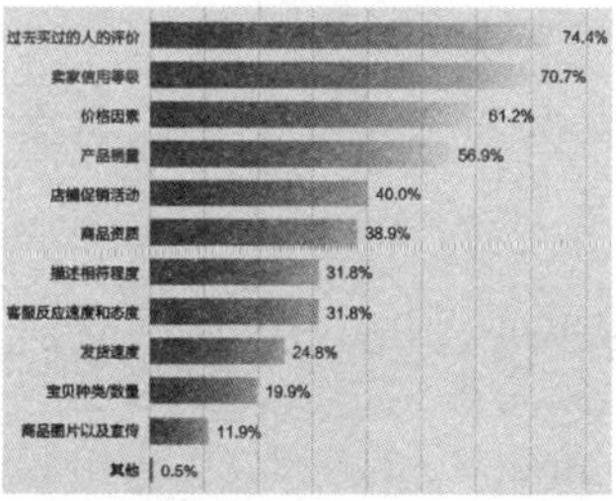

图 7-13　蔬菜水果买家退货原因

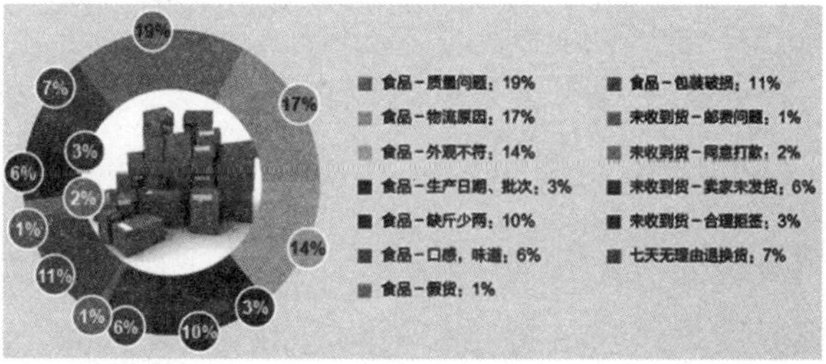

桃、浙江的杨梅等新鲜水果成了吃货们最热衷的事情。数据显示，在一个月的时间内，郑州有 621 人在网上淘水果，成交 931 笔，成交金额占到淘宝成交总金额的0.42%。尤其在截至 2012 年八月份的数据中，搜索西瓜、杨梅、荔枝等新鲜水果的用户量大都增长了 200%以上。以杨梅为例，2012 年五月份每天搜索这类商品的平均用户量不超过 5000 人，进入 2012 年 6 月后，该商品的日均用户搜索量迅速增至 1.5 万人以上。这表明越来越多的消费者已经接受在网上购买新鲜蔬果，越是应季的水果，越能受到消费者的青睐。

淘宝数据平台显示，紫薯、鱼腥草、甜菜根、香椿等等成为蔬菜热搜的关键词。令人意外的是，各类蔬菜的周销售额排行显示，消费者除了最喜欢购买萝卜、芹菜这些常规的蔬菜之外，野菜的搜索量高居网购蔬菜的第三位。

而通过地域的数据分析来看，山东省的蔬菜成交在市场份额中稳居第一。目前，辽宁和山东作为蔬菜的两大输出省，总共占到整个蔬菜市场份额的 55%。和水果买卖双方大多异地不同的是，蔬菜买家很大一部分来自同城或者同省，这是由蔬菜需要立刻下厨房所决定的。水果则是随着季节的变化而产生销量的波动，2012 年上半年的数据显示，排名第一的是山东和浙江。从网销情况看，浙江、广东、福建、江苏四省电子商务相对实体经济比重较大，在第二梯队中，湖南、江西、河北比重稍高。

评价越好成交越多

根据对蔬果类买家的调查，可以发现大多数的生鲜食品买家复购率高于其他品类，每周购买 2～3 次的消费者占据了 35.3%，每周购 1～3 次的消费者也占据了 35.3%左右。在消费者最爱的促销方式中，排名前 3 的促销方式分别是：包邮、折扣和团购，分别占据了 82.8%、66.2%和 48.8%。这和淘宝网主体消费人群的喜好一致。

相比目前市场上的水果价格，价格便宜是越来越多网友选择网购水果的重要原因。比如目前市场价为3元一斤的榕江西瓜，在网上直接购买仅需2元左右；而在一些超市出售的20元左右一斤的海南鸡蛋芒果，从网上海南卖家处直接购买仅需十多元，即便加了运费，价格也要比在实体市场购买要便宜许多。而且据了解，不少水果卖家推出了“无条件赔偿”服务，如果买家收到货时发现有商品坏掉，只要能够出具图片证明，就可以跟卖家协商“无条件赔偿”。这些都使得消费者在网上购买新鲜水果更加顺利。

除了价格因素和对折扣的喜爱以外，淘宝网通过对消费者购买决策的调查可以明显看出，消费者最关注的四个排名分别是：其他购物者的评价（74.4%）、卖家的信用等级（70.7%）、价格因素（61.2%）以及产品的销量（56.9%）。这说明新鲜的蔬果卖家如果可以引导购买过的消费者发表有利于产品的相关评价，就可以获得更多的客户。

物流成为运营重点

目前，由于蔬菜瓜果类运输不便，在传统电子商务意义上来说属于不容易做成的产品种类，库存以及保鲜、物流覆盖、消费群体与用户教育都会难于别的行业。如果能够注明食品的生产日期及保质期，就能给顾客提供更安全有保障的食品。而且注意食品在邮递时的保鲜，也可以获得消费者的青睐。

从目前消费者的退货原因来看，质量问题、和外观描述不符其实是指商品变质。这其中物流原因和包装破损、缺斤少两占比还是较大，占比38%；商品由于派送时间导致商品变质原因占比也很大，主要出现在蔬果类产品中。这些亟待解决的问题一旦突破，店铺的销量将会得到爆发式的增长。

淘宝网上的蔬果类商家由于大多数和农村相关，他们面临很大的问题是缺乏宽带等基础设施、物流配送落后、学习机会少等。在调查中23.5%的蔬果类网商认为从事电子商务最大的问题是物流交通制约，其中宁夏、云南、湖南、新疆、安徽、山西、甘肃、贵州、黑龙江、青海等50%的被调查网商都反映物流问题制约。

当物流问题无法解决时，也有部分卖家从自身找到解决方法，如在宝贝详情页面中添加了一些证明，将质量保证等食品信息制成表格，给消费者看到实物图片或“解剖”食物的图。除此以外，有的卖家给消费者提供小包装的试吃产品，收到货后可以先试用小包装的，不满意可退产品等等，这些都是使消费者能接受的小窍门。

生鲜类目无论是从人数、金额还是客单价来看都主要集中在高端、相对来说线上购物经验丰富的群体，如何提升新买家的关注和转化将是卖家能运营成功的关键因素。从十个排名靠前的新鲜蔬果卖家来看，商品运营和服务水平成为他们的核心竞争力。

（文｜施昌彦）

舌尖上的购买力

继《舌尖上的中国》大热之后，淘宝网顺势推出了“舌尖上的淘宝”活动。活动上线24小时内吸引了超过31万人关注，浏览量高达1000万次，成交量达到7万多件。在此活动的带动下，食品相关类目各项数据均呈上扬趋势。吃货们展现了强大的消费能力，食品卖家们，你还能淡定下去吗？

表 7–7 客单价分布区间

客单价区间	人数	人数占比
16以下	361067	8.26%
16~27元	370334	8.47%
27~49元	996451	22.79%
49~108元	1565749	35.81%
108~260元	852136	19.49%
260元以上	27070	5.19%

表 7–8 淘宝网食品类热销宝贝排行榜（2012.5.24–2012.5.30）

排名	食品热销榜	卖家所在地	食品飙升榜↑	卖家所在地
1	薄壳核桃	浙江	台湾风味糖↑	上海
2	奶香榛子	浙江	猪肉脯↑	上海
3	咖喱牛肉粒	浙江	猪肉脯↑	浙江
4	新疆无花果	新疆	猪肉脯↑	浙江
5	手工牛轧糖	四川	铁板鸡蛋煎饼↑	湖南
6	盐焗腰果	浙江	麻辣牛肉粒↑	四川
7	薄壳巴旦木	浙江	鸭脖子↑	湖北
8	和田大枣	新疆	薄壳核桃↑	新疆
9	纸皮核桃	浙江	台湾千层酥饼干↑	上海
10	和田大枣	新疆	话梅糖↑	上海

表 7–9 淘宝网食品类热搜产品数据（2012.5.24–2012.5.30）

排名	热搜产品	搜索次数	搜索人数
1	溢佳香 牛肉干	389556	204529
2	谢池 猪肉脯	173917	91533
3	五马街 鱿鱼丝	75173	32649
4	鲜八里 泡椒凤爪	74387	34020
5	有友 泡椒凤爪	54046	21213
6	天喔 话梅	49144	21262
7	索玛哥 曲奇饼干	35459	15708
8	舜吉 鸭脖子	33087	14787
9	华味亨 乌梅	23727	12389
10	老奶奶 花生米	22568	10290

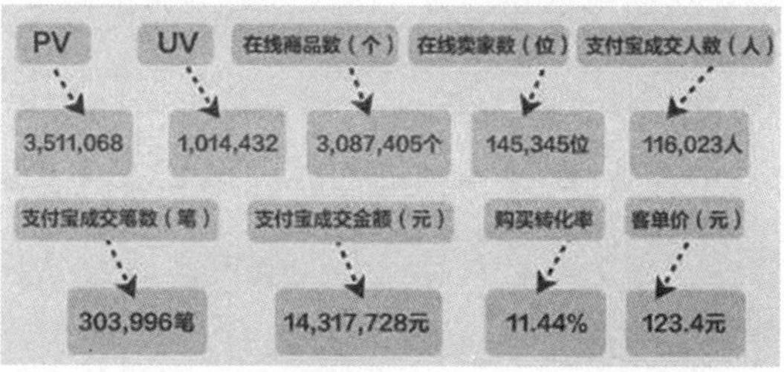

图 7–14 "舌尖上活动的淘宝"上线第 1 天数据（2012.5.24）

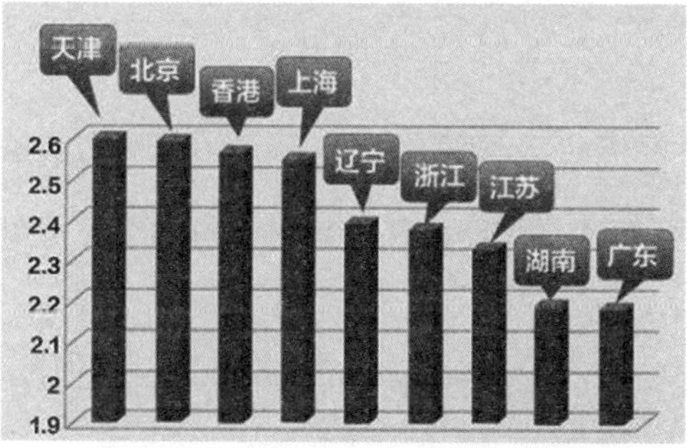

图 7–15 全国各地人均购买指数

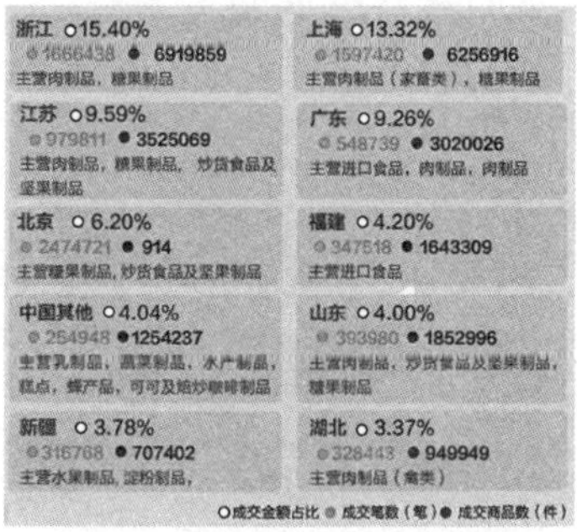

图 7–16 卖家地域分布数据

舌尖上的效应

针对“舌尖上的淘宝”活动上线第一天的数据，主要统计了“零食／坚果／特产”和“粮油／水产／蔬果／速食”两大类目中的相关美食的交易数据。其中，在线卖家有14.5万人，但总体的支付宝成交人数却只有11.3万人，这意味着期间平均每个店铺每天的顾客不到1位。

由于食品行业线下商家很多，而且食品种类复杂，因此开店的门槛和成本相对就比较低。值得注意的是，虽然24日在线卖家减少了0.11%，但支付宝成交额却增加了2.39%，而且活动的转化率极高，说明了在热点效应刺激下，吃货们的钱包完全敞开。

《舌尖上的中国》促进了淘宝食品行业的发展，曾经冷门的毛豆腐、松茸、诺邓火腿等美食的搜索量暴涨数十倍，云南诺邓火腿5天内成交量增长了17倍，但这同时也说明了商家的卖点和宣传形式比较单一。由于食品行业对地域的依赖程度非常高，除了地域性就只剩下食品本身的卖点，这就很容易造成价格战，这正是为什么食品行业的买家忠诚度很低的原因。

卖家们要找准吃货

从人均购买指数来看，天津吃货拔得头筹令人意外。在人均购买笔数上，京津辽三地的吃货占据了前五名中的三席，甚至超过了江浙沪，可见北方吃货的消费能力十分强大。

从零食／坚果／特产类2012年5月的成交数据来看，吃货们大量集中在经济发达地区。从年龄和消费水平来看，大城市白领占比较重。由于大城市外来人员较多，用《舌尖上的中国》的话来说，他们想念家乡的味道，因此也带来了这方面的需求。

从卖家数据中可以看出，淘宝食品卖家的分布还局限于网络比较发达的几个大的城市和省份。值得注意的是，新疆在食品行业排名靠前，这是因为新疆是瓜果之乡，与瓜果相关的食品种类繁多，而且瓜果的地域性很强，因此造就了新疆在淘宝美食市场上的地位。

综合看来，卖家和吃货在地域上是大致接近的。除了新疆因货源优势比较特别，中南部省份吃货很多却较缺乏卖家，这些地区相较而言算是蓝海，值得所在地区的卖家们关注。

客单价数据显示，客单价区间 49～108 元占比 35.81%，在 180 元～260 元区间占比接近 20%的份额。数据显示大多数吃货人均购买件数都超过了两件，这正是食品宝贝单价不算高，客单价却不低的原因。另一方面，客单价分布情况也说明了吃货最关心的是食品本身的美味程度，对价格十分宽容，因此食品行业的利润空间十分值得期待。

吃货们爱找哪些美食

在 2012 年 5 月 24 日～5 月 30 日期间热销和飙升的 Top10 美食中，猪肉脯和和田大枣分别有三家和两家店铺入围，说明了买家钟爱的食品种类并不多，也说明热卖食品的种类比较单一。肉制品、炒货及坚果占据主流说明美食受制于保质期和运输条件，买家们的选择范围较小。

另外，浙沪卖家以经营淀粉制品（进口食品）和便于运输的食品为主，这些食品原料较内陆卖家易得，地方加工业发达是其优势。而四川、湖北、湖南、新疆拥有着货源的先天优势，入榜商品均是当地特产，进一步说明了地域因素在美食产业结构上的影响力。

美食热搜数据显示，很多吃货在搜索时乐意加入品牌名，这说明消费者对食品品牌的选择并非盲目的，打造美食品牌非常有价值。

食品行业竞争很激烈，所以经营美食店铺难度并不低，但由于利润上有增长空间，很多店铺的生存机会也很多。对于食品卖家来说，拓宽产品种类十分重要，其次应当提高产品的知名度，提升溢价空间，让店铺更具有竞争力，这将是未来食品行业的主要发展趋势。

（文 | 毛璐）

第三篇

管理，你绕不开的话题

第八章 内部管理，你的团队你做主

一堂淘宝卖家的管理课

电商人才问题早就喊得嗓子都哑了，但走进一些电商尤其是淘宝卖家企业，你就会发现，管理才是大问题。甚至可以这么说，对过亿销量的大卖家和淘品牌掌门人来讲，当前最大的挑战不是产品，不是资本，而是管理。

淘宝上很多卖家基本都是从草根创业起家的，大多数人没有在正规化的公司供过职或者说待的时间不长，对于制度建设有先天的认知不足，但随着业务的发展，员工人数不断增加，管理制度上的挑战与瓶颈也越来越明显。从几人到几百人，再到上千人的公司，传统企业家需要 5～10 年去适应的时间被卖家压缩为 2～3 年，带给他们的挑战不仅仅只是瞬息万变的线上行业与线下行业的差异化，还有新生代特立独行的员工等。

互联网很美，让卖家用几年时间创造线下十几年才成就的辉煌；互联网也很残酷，它不会给你太多时间来休养生息，调整试错。对于企业级卖家而言，制度建设创新与实践方面的变革已经迫在眉睫，只有在组织、产品、技术、营销等诸多制度方面进行变革和创新，才能在未来的竞争中免遭淘汰。

“消失的中层”——告别官僚式分层管理

管理大师德鲁克在《管理》一书中指出：“信息革命改变着人类社会，同时也改变着企业的组织和机制。”互联网不会再造管理要素，但在组织架构与人才培养、绩效考评、企业文化建设等因素方面，确实带来了变革与创新。

在传统企业的组织架构中，官僚式的分层管理模式最常被采纳。在前者的基础上，职能式、事业部式及矩阵式组织结构都是被沿用至今的经典组织结构。种种迹象表明，基于互联网的创业公司，特别是淘宝的卖家们，在组织架构方面与传统企业相比，由于互联网和淘宝平台提供了更为先进的管理工具和技术，因而在组织形式上形成了全新的模式和独有的特征。其具有典型意义的有三种：超级扁平化、超级节点化和阿米巴化。

扁平化管理，中层隐形

笔者曾经与诸多淘品牌掌门人探讨过一个话题，就是从人的角度讲，团队中谁最重要?结果答案惊人的一致：老板本人和基层做实事的人最重要。创业公司没有太多的战略可讲，更多是靠执行力，老板必须亲力亲为。当然，在这里并不是说中层真的要消失，而是要换一种身份存在于团队中。

最近很多基于淘宝的创业公司在管理方面或多或少都碰到了问题，其中最为普遍的是组织架构和流程的问题。很多淘宝卖家，创业初期都是老板打天下，当员工增长至一定数量的时候，管理方面的问题就接踵而至，首当其冲的就是中层管理人员的作用问题。毫不讳言地讲，很多团队的中层不仅没成为公司快速发展的助力，反而成为了阻力。原因也许在于两个方面：

一是中国职业经理人制还处在初级阶段，加上整个行业都普遍浮躁，很多中层难以沉下心来做事；二是这个行业发展太快，而中层本身的学习与成长没能跟上公司业务的快速发展。

传统企业组织架构像二战时的苏军，兵种清晰、层级分明、基础作战单元以旅(团)为主。而创业公司组织架构像现代的美军，由于信息技术发达，基础作战单元超级扁平化，以特种部队(人数介于排和连之间的编制)为主。纵观美军最近几年的特种作战行动，无论是抓萨达姆还是刺杀本·拉登，都是由五角大楼直接指挥、由多兵种组成的特种部队完成的。

传统商业模式由于足够成熟，老板一个月做出真正重大的决策不会超过三次，但互联网或淘宝的创业公司，由于行业发展变化快，现场管理和临机决断的事宜太多，所以必须缩短决策半径，必须扁平化。也就是说，基于互联网的创业公司老板本人或者管理层必须要充当"五角大楼"的角色，而中层应该从一个纯管理者变成特种部队的队长，是某个领域的资深专家，而不是只会看邮件、组织会议的传统管理者，必须深入一线且具备很强的实战能力，待在后方的指挥所遥控指挥。

目前，淘宝很多卖家在组织架构方面都采用了超级扁平化的结构。比如知名淘品牌御泥坊，近四百号员工，但组织架构就两层：自 CEO 为首的核心管理团队以下分为三十多个学院，但每个学院不是一个部门组织而是一个基础的作战单元，类似于一个特种部队，平时独立作战，有重大任务时，根据需要，某几个学院可以随时重组为一个全新的大部门，任务结束后再解散回归原编制。

节点化驱动，模糊部门界限

所谓超级节点化，就是指以流程为导向的工作团队的建立，即以发起流程的"节点"来驱动业务的进程，即人人都是核心，人人都不是核心，核心完全根据企业的需要随业务环境的变化而变化。

如果说扁平化是让中层“消失”,那么节点化就是让部门“消失”。当然,并不是说真的消失,而是内部工作流程基于现代管理技术和互联网技术下的双重应用与重构。

超级节点化将使企业部门间和组织内部的界限日益趋于模糊,大多数工作将通过“虚拟团队”来完成。网络经济下的企业组织将越来越多地在企业内部和外部使用跨职能的任务团队,人们必须学会在没有固定职务、没有命令权威、既不是被控制也不是控制他人的情况下去进行管理,去完成任务,去实现目标。

某知名淘宝卖家,淘内交易2012年可达数亿,员工数近二百号人,但他们公司除了财务和仓储团队以外,却是一家只有岗位但没有设置任何职能部门的公司,所有业务全部都是靠虚拟团队来驱动的。根据业务流程轻重缓急的需要,组建若干个虚拟团队或项目团队,每个团队的负责人相当于特种部队的队长,最多的时候有十多个项目同时进行。老板本人在所有的项目中,但并不负责一线指挥,而是扮演三种角色:监督者、协调者和评估者。

监督者:老板亲自参与的项目执行力一定是高效的。

协调者:项目出现问题和矛盾时,老板出面协调资源和拍板。

评估者:项目完成后,需要复盘推演,然后由老板对该项目进行评估,并颁布奖罚措施。

项目结束经老板评估以后,还需要向全公司分享此次执行过程中的得与失,然后该虚拟团队自动解散,所有参与者再自动进入到下一个节点。而老板在此过程中通过邮件组、旺旺群(QQ群)、微信群等全程掌控项目进程，该公司自从实施这套模式以来，已经有半年时间没有开过线下会议了，沟通全部是利用碎片化的时间完成。

内部赛马，全员参与经营

由日本的“经营之圣”稻盛和夫创立的“阿米巴式”的经营手法一直以来被国内的很多企业家奉为圭臬，但真正能把这一经营理念运用得风生水起并取得成功的可谓凤毛麟角。

所谓阿米巴经营模式，就是将整个公司分割成许多个被称为阿米巴的小型组织，每个小型组织都作为一个独立的利润中心，按照一个小企业、小商店的方式进行独立经营。比如制造部门的每道工序都可以成为一个阿米巴，另外销售部门也可以按照地区或者产品分割成若干个阿米巴。

阿米巴经营模式的核心在于全员参与经营，类似于内部赛马。这是基于对员工的信任而把每个阿米巴的运营托付给员工，依靠全体智慧和努力完成企业经营目标，实现企业的飞速发展。

中国采用阿米巴经营模式而成功的企业并不多见，但在淘宝的众多卖家中，运用这一模式而取得优异业绩的却不少，其中典型代表就是淘品牌女装韩都衣舍。目前，韩都衣舍有上百个买手组，每个买手组其实就是一个典型的阿米巴组织，每个阿米巴由3～5人组成，独立核算，独立经营，既是生产部门，也是销售部门，还是利润中心。

消失的人才——以战代练拒绝理论家

根据专业机构的调研数据可知，目前电子商务行业的人才缺口高达百万以上。在所有的商业领域中，电子商务是一个实操性和即时性非常强的行业，知识更新换代快，靠学校基本上培养不出有效的人才，学校教授的东西通常比现实需求落后至少一年半以上。

那么，什么是电子商务人才呢？一个电子商务人才至少要具备以下四种能力，即执行力、学习力、创新力和跨界力。其中，执行力与学习力是基础能力，创新力与跨界力是提升能力。

执行力。执行力是指领会上级的战略意图，将行动变成结果的操作能力。电子商务行业发展迅速，在这个领域能够获得成功的更多是靠实战和实践的实干家，而非纸上谈兵的理论家。

学习力。学习力要满足学习动力、学习毅力和学习能力三要素。基于互联网的创业公司属于知识型、学习型组织，所以学习力也是核心竞争力。而淘宝的卖家们，只有从上到下掌握了最新最前沿的互联网知识、营销知识以及淘宝知识，才能在数百万的卖家中立于不败之地。

创新力。营销大师科特勒先生在《营销管理》一书中讲过，现代的品牌企业，其实只在做两件事：产品创新和营销创新。在淘宝成功的企业，比如淘品牌们，无一例外都是产品创新和营销创新的典型代表。长久以来，与传统行业相比，一直支撑着互联网高速发展最主要的因素就是，在创新力方面遥遥领先。

跨界力。传统行业专业分工很细，术业有专攻，而电子商务涉及面很广，需要的不仅仅是专才，还必须是一专多能的通才。就拿淘宝店的一位店长来讲，首先要懂产品，其次要具备营销与市场推广的能力，此外还要掌握淘宝的各种运营规则和管理工具，店长基本上横跨产品、营销和运营三大岗位。

培养“四力人才”，首先要“以战代练”，新员工入职后要深入基层和一线轮岗，增加实战的技巧，在实战的过程中学习与成长。

其次建议采用口传心授、手把手的师徒制。比如新员工进公司，提前指定一位资深的员工为师傅，让其与主管共同为新员工制定一个新人培养计划，并写进师傅的绩效考核中。

最后建议在优秀员工的晋升和提拔过程中采用“接班人”制的方法。85后、90后的年轻人大多是独生子女，在日常工作中不太愿意带人，而“接班人”制可以有效地解决这一难题。具体操作方法是，如果某资深员工要晋升，首先考核的是他有没有培养出来可以接替他的接班人。，如果有，由人力资源部门和上级主管共同对这位“接班人”进行考评，只有此人具备接班的能力，该资深员工才可以得到晋升的资格。如果不具备接班的能力，或者说压根就没有培养接班人，则该资深员工不能得到晋升的资格，即使能力再强，业绩再好，也只能老老实实地待在原岗位。

消失的KPI——绩效考评新玩法

关于绩效管理一直争议不断。不可否认，KPI为企业带来了精细的评价体系，但反对者认为，如果一切只看指标，冰冷的数据会让团队失去激情和调整精神。

前段时间，索尼公司前常务董事天外伺朗(又作天外伺郎)撰写的《绩效主义毁了索尼》一文被广为传播。文中指出，索尼失败的隐患是从1995年左右开始实行绩效管理时埋下的，当时公司成立了专门的绩效机构，制定了非常详细的评价标准，并根据对每个人的评价确定报酬。但是这个举措导致绩效主义在索尼公司逐渐蔓延，毁掉了索尼的传统文化——上司不把部下当有感情的人看待，而是用“评价的目光”审视部下，一切都看指标，因而整个索尼失去了“激情”、“挑战精神”以及“团队精神”。2003年春天开始，索尼问题不断，仅当时一个季度就出现约1000亿日元的亏损。到了2006年，当索尼公司迎来创业60年的时候，索尼公司早就变得“满身污垢、黯淡无光”了。

今天大部分公司的绩效评估仍然是基于各种数字的，比如销售业绩或者目标完成数，再配以各种高压手段，无论是末位淘汰制还是金牛瘦狗制，都是为了保证这种老朽的考评方法被顺利地执行。而当被很多管理者奉为“圣经”的绩效评价体系遭遇在互联网环境下成长起来的85后、90后员工时，这一沿袭了数十年的玩法却面临巨大挑战。

新生代员工经济上和人格上更独立，有的家境比较富裕，很多淘宝卖家的员工家庭比老板本人都还有钱，比如某位杭州卖家有两个90后的客服，开的都是上百万的跑车。他们追求的不仅仅是一份薪水，更多的是对职业的喜爱和自我价值的实现。

因而，很多淘宝卖家绩效考核的评价体系正在由“硬”变“软”，不再是冷冰冰的数字和一张张死气沉沉的表格，绩效考评应该有新玩法。对此，淘宝化妆品品牌阿芙就为我们提供了全新思路。

首先，这是一家没有明确绩效指标的公司，全靠“赌”。怎么赌？就是老板与员工赌。比如，2011年老板雕爷与员工打赌，只要其在淘宝年销售过了多少，全体员工可以由公司提供所有费用去马尔代夫旅游。员工很拼命，最后完成了指标，当然老板也兑现了自己的承诺。该公司所有业绩指标都可以拿来赌，无论是周销售额、月销售额还是淘宝首页投放的广告点击预估，都是他们赌的项目。达到了，可能是由公司为每人免费提供一件春装；达不到，全体员工有可能会被罚吃臭豆腐或者榴莲。

其次是关于奖励，该公司的奖励制度也是非常有特色的，优秀员工有可能会获得价值数十万的奔驰跑车，也有可能是鼎泰丰的年卡，抑或是孟京辉小剧场的套票等。用他们的话说，不必上班时一本正经、苦大仇深的样子，工作就是玩游戏，玩游戏就是工作。

消失的信仰——拒绝被文化

当85后、90后逐渐成为职场主力军的时候，以传统方式进行企业文化建设显得力不从心。由于他们是在互联网环境下成长起来的一代人，他们对事物有着自己独到的见解和思维方式。体现在职场上，主要有这些特征：1.接受新鲜事物的能力强，大多具有创新精神；2.自我意识比较强，注重自我感受和个人成就；3.具有独立人格和独立思考的能力，不迷信权威；4.工作上注重娱乐精神，重视喜好多于责任。

他们不关心企业文化到底是什么，他们最关心的是公司的工作氛围和气场是不是自己喜欢的，在这里工作还能不能拥有自我，与周围的同事对不对味等。他们大多数辞职的时候不全是因为收入问题，而是因为“不喜欢”或者“感觉不爽”。因此，他们极端反感教化式和洗脑式的企业文化灌输。

图8-1　传统管理者VS新生代的企业文化观

面对这样的群体，企业的管理者自然也要学会变通。

第一，不能倚老卖老。管理者要融入新生代员工群体中，用年轻积极的心态去看待这些职场新军，要理解并融入他们。他们可能会拒绝强制灌输，但不会拒绝友善沟通。要用欣赏和包容的心态去接纳他们，积极参与他们的活动，他们才会向你张开拥抱的臂膀。

第二，告别说教，循循善诱。不能单纯地教化，要更多让他们慢慢体会公司企业文化的可贵与可取之处，不能操之过急，要循序渐进，让他们逐渐感悟到自己的价值观与公司的企业文化倡导的理念其实有很多相通相融之处。

第三，角色 Cosplay。新生代的员工对生活充满情趣和想象，他们本身的思维也天马行空，一本正经的工作对他们来说是很大的挑战，因而在工作环境和氛围的塑造上，其实可以采用很多小技巧小手段。比如起花名，有参照《本草纲目》起的，如韩都衣舍，也有参照历史人物起的，如 Justyle。平常在工作中都不叫本名叫花名，娱乐之余，其实也让人自觉不自觉地受到花名本身的影响，去体验另外一种身份的人生，Cosplay 一把。另外，公司还可以通过组织一些兴趣小组，如摄影、出游、公益等，让他们不仅仅只是在工作上有交流，在业余生活方面也能够在这里找到共鸣和知音。

在互联网经济环境下，在面对新生代的员工时，无论是制度建设，还是管理思想，管理者都需要去变革和创新，创造新的企业经营模式，只有这样，才能使企业屹立潮头，基业长青。

（文 | 万丈）

淘宝卖家基础员工人力资源报告

“为什么来面试的都是奇葩？”

“你知道吗，某某人又跳槽了，一年换了六份工作，工资涨涨涨！”

“你招人招的如何？”

很多时候，老板觉得很难招到合适的人，基础岗位的员工频繁跳槽，各路电商企业在招聘与留才上都有什么样的方法？

销售增加，需求变大

一般来说，基础员工的数量代表着卖家的实力。2012年淘宝用户体验（UED）的调研数据显示，年销售额过百万元的卖家中98.6%都有基础员工，其中售前客服和仓库发货人员数量更多，而且随着销售额增加，基础员工的总人数大幅上升，而占员工总数的比例却有下降趋势。

不同销售额的卖家，对五大岗位（售前客服、售后客服、仓库发货、美工、推广运营）的基础员工设置存在差异，主要跟类目和经营策略相关。比如家电类目大卖家会选择外包售前客服，因为家电产品有标准化、更新慢等特点，客服仅需经过日常培训即可上岗，因此内部无需再设置售前客服基础员工。成都地区的女鞋大卖家，更倾向不设置仓库发货岗位，因为成都地区的女鞋厂家比较多，可以跟厂家协商，让厂家直接发货。

招聘渠道起底

从调研数据来看，招聘渠道的集中度相当高，表明大部分卖家的招聘渠道比较相似，如何用更有效的方式抢夺人才就变得格外重要。传统招聘网站是淘宝卖家招聘员工最主要的渠道，其次是员工推荐、朋友介绍、社会招聘会。随着销售额级别的增加，卖家使用这四类招聘渠道的比例均明显提升。

传统招聘网站对于电商而言，有着先天优势。首先，从事电子商务的人才当然不会放过通过互联网找工作的机会。其次，招聘网站的服务体系相对健全，能够提供更专业的服务。最后，招聘网站的收费相对低廉，且是长期持续招聘。但传统招聘网站有一个最大的问题——选择成本较高，比如一个好岗位的求职者会非常大量，素质参差不齐，不能从简历中判定面试人的能力，运营推广类（包括数据分析）岗位尤其明显。

员工推荐和朋友介绍是电商行业非常普遍的招聘方法，好处是团队员工之间相互了解，配合更有默契，团队氛围好，战斗力强。劣势也很明显，容易形成小团体，互相偏袒，不利于大团队的建设等，但这些劣势都是可以从优化管理制度上进行规避的，比如形成一个完整的闭环管理、有完善的奖惩机制刺激员工的积极性和协作性。

近年来，越来越多的传统企业进驻淘宝，相对于土生土长的淘宝卖家来说，他们更倾向使用社会招聘会、校园招聘会，比例分别为 47.0%、24.0%。社会招聘会、校园招聘会更适合对未来发展有明确规划的企业，根据发展规模来制定明确的招聘计划，对于快节奏、流动性强的日常招聘而言，灵活性稍显不足。

在相对集中的招聘渠道中突围、另辟蹊径并非常态，但也不乏成功案例。羚羊早安就在积极尝试与高校合作，共同培养电商人才。他们会定期派出有经验的主管给高校电商专业学生讲课，学生也可以到羚羊早安实习累积经验，最终不仅为自身企业培养后备人才，也为电商行业输出有实战经验的人才。与高校合作共同培养人才，对电商自身的要求较高，需要有长期投入的资本、姿态和耐心。互联网本身就是一个开放性很强的行业，没有开放共享的心态，很难在电商生态圈快速地可持续发展。亿级卖家更有实力采用这种招聘方式。

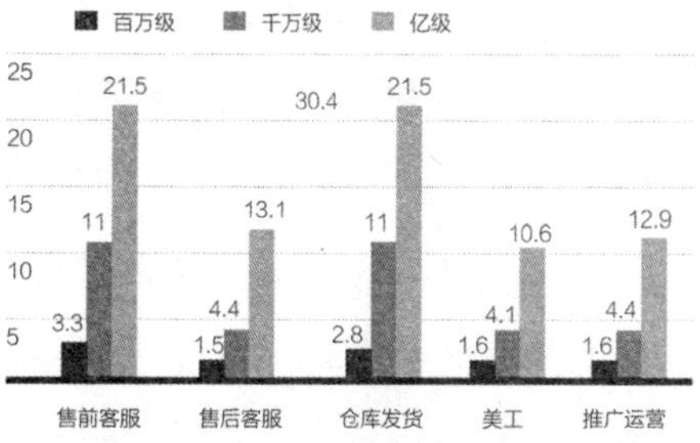

Base 年销售额百万元及以上的淘宝卖家 有基础员工有效样本 791 个

图 8-2 不同销售额级别卖家各岗位基础员工人数

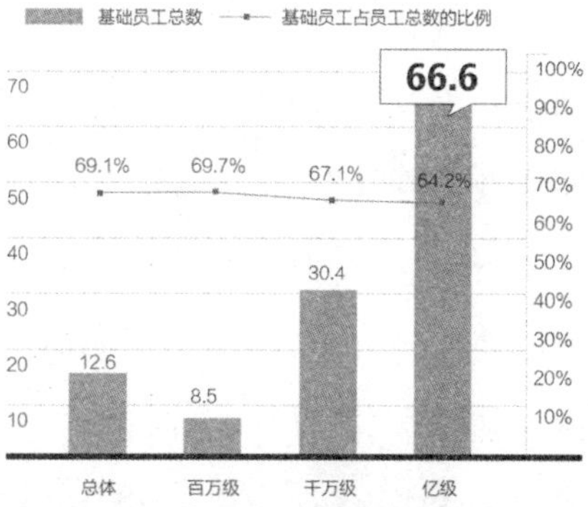

Base 年销售额百万元及以上的淘宝卖家 有效样本 802 个

图 8-3 基础员工的总数及占员工总数的比例

表 8-1 不同销售额级别卖家招聘基础员工的主要渠道

	百万级	千万级	亿级	传统企业	淘宝成长企业
传统招聘网站	56.8%	77.7%	87.2%	61.4%	61.7%
员工推荐	42.8%	61.5%	76.6%	48.7%	43.2%
朋友介绍	41.0%	40.5%	53.2%	40.1%	43.3%
社会招聘会	35.1%	52.2%	68.1%	47.0%	29.4%
淘工作等电商网站	24.9%	34.6%	46.8%	28.2%	25.2%
校园招聘会	14.9%	23.6%	53.2%	24.0%	8.9%
报纸广告招聘	6.6%	11.3%	27.7%	11.1%	5.4%
与学校相关部门合作培养	5.6%	13.0%	27.7%	9.0%	5.1%
其他网店挖人	4.8%	8.3%	6.4%	5.8%	4.9%
校内海报论坛等宣传	3.4%	6.0%	14.9%	6.4%	2.8%
其他	1.3%	1.0%	0.0%	1.0%	2.0%

Base 年销售额百万元及以上的淘宝卖家有基础员工的有效样本 791 个

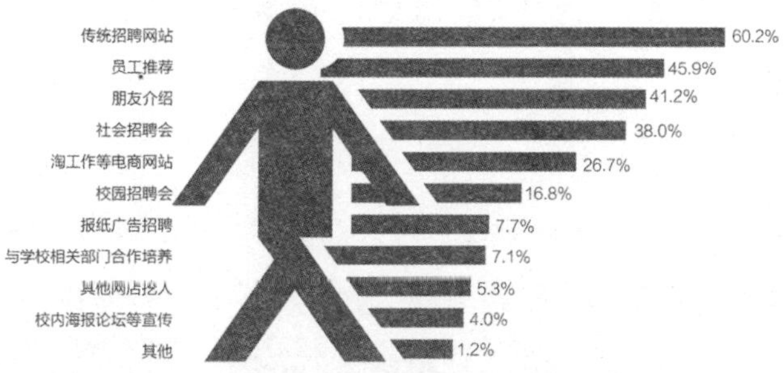

Base 年销售额百万元及以上的淘宝卖家有基础员工的有效样本 791 个

图 8-4 招聘基础员工的主要渠道

另外，到其他网店挖人也是一种招聘形态，是整个人才市场重要的招聘模式之一，利用这种方式能在短期内招到中高端人才，以解燃眉之急。从调研数据可以看出，随着销售额的增加，亿级卖家采用此种方式的比例在下降。这也从一个侧面反映了从其他网店挖人的弊端：对于挖来的中高层，能不能快速融入团队，稳定性如何，以往的成功经验是否能无缝对接？各种问题接踵而至。而且如若同行挖人风气盛行，也会哄抬整个行业的人力成本，不利于整个电商生态圈的健康发展。

化妆品牌 Nalashop 对各类招聘渠道的运用逐渐谙熟，针对电商，Nalashop 总结了几大招聘渠道的特色：

1. 各大专业招聘网站适合招聘运营类、职能类的岗位；

2. 校园招聘能满足短期内实习生的招聘，多用于招聘客服、仓储岗位；

3. 派代等专业“淘工作”网站，运营类的人才多，但是优劣参差不齐，需要 HR 把好面试关；

4. 内部推荐也是一个不错的选择。

肿胀的离职

调研数据显示，年销售额过百万元的卖家基础员工年流失率为 19.2%，随销售额增加流失率呈下降趋势，亿级卖家为 15.7%。基础员工离职的主要原因是自己开店、工作压力大，其次是因为爱情、对基本工资不满、怀孕生孩子、工作量大。

随着卖家销售额的增加，离职原因中工作压力大、对基本工资不满、怀孕生孩子、工作量大、同行挖人的比例上升明显，这些离职原因在亿级卖家处分别为55.3%、31.9%、42.6%、34.0%、27.7%。在传统企业卖家的基础员工离职原因中，工作压力大明显高于淘宝成长起来的企业。

面对肿胀的离职原因，我们不妨看看调研企业都有哪些招术去应对。

主动提供内部创业的机会，可以应对员工因自主创业而流失的情况，如淘宝内部的赛马机制。通过允许高潜力员工在店铺内“经营店铺”，店铺既可以获得应有的利润，又可以在同步培养人才的时候，增强其责任感和归属感。不过，如果店铺内部没有一套完善的管理机制，此种方式是比较难实现的，也是比较难以把控的。

走情感路线，员工离职后，常打打电话，欢迎他常回家看看。打电话，也许只是花掉你几分钟时间，但你不仅能感动离职员工，最重要的是，你可以以你的实际行动感动在职员工，感化潜在的离职员工。别说“好马不吃回头草”，好马不吃回头草的时代已经一去不复返，优秀员工愿意重返公司，是他们对公司的认同。如果他们重返店铺，回来的不仅仅是一个人，回来的还会有“晕轮效应”，其对在职员工心理上造成的震撼，也必定是不可限量的。其实，对于离职员工，只要是优秀的，都可以尝试用这种方式来维系关系。

另外，建立店铺文化是应对员工离职的良策之一。长期以来，多数卖家过分关注销量和利润的提高，往往忽视了店铺文化的重要作用。虽然有的老板也承认它的重要作用，但在实际工作中并没有予以重视。店铺文化建设成了摆设和装饰，因而存在不少漏洞：不能正确定位店铺的价值观，忽略了店铺对员工的责任；不能提出明确而具体的店铺精神来激发员工的积极性并增强企业的凝聚力；忽视了对店铺形象的塑造。店铺文化建设的滞后，使其导向、凝聚、融合、激励等功能难以发挥，也会削减员工的战斗力。

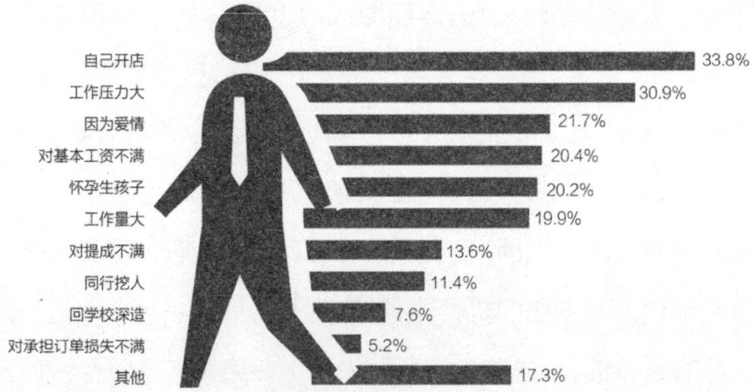

Base 年销售额百万元及以上的淘宝卖家有基础员工的有效样本 791 个

图 8-5　不同细分卖家群体基础员工离职的主要原因

表 8-2　不同销售额级别卖家基础员工离职的主要原因

	百万级	千万级	亿级	传统企业	淘宝成长企业
自己开店	34.1%	31.3%	36.2%	37.7%	34.5%
工作压力大	28.0%	45.7%	55.3%	34.3%	28.4%
因为爱情	21.0%	26.3%	23.4%	24.9%	23.1%
对基本工资不满	18.9%	28.3%	31.9%	20.6%	20.3%
怀孕生孩子	18.1%	30.3%	42.6%	18.5%	24.1%
工作量大	18.1%	29.0%	34.0%	20.7%	18.4%
对提成不满	13.1%	18.0%	8.5%	11.7%	14.4%
同行挖人	9.8%	19.0%	27.7%	14.9%	9.5%
回学校深造	6.9%	11.0%	14.9%	6.4%	8.3%
对承担订单损失不满	5.2%	6.3%	2.1%	6.2%	2.6%
其他	18.0%	13.7%	10.6%	14.9%	18.3%

Base 年销售额百万元及以上的淘宝卖家有基础员工的有效样本 791 个

表 8-3　2013 年上半年各岗位基础员工的月薪(元)

基础员工每月薪资	总体	百万级	千万级	亿级	传统企业	淘宝成长
售前客服	2621.0	2516.8	3141.7	3574.9	2663.4	2604.2
售后客服	2606.8	2510.3	3069.7	3309.0	2616.2	2638.1
仓库发货	2363.7	2288.7	2710.5	2968.6	2408.7	2361.9
美工	3464.7	3338.0	4083.3	4160.1	3606.4	3328.0
推广运营	4251.8	4132.7	4881.8	4567.1	4515.2	3969.9

Base 年销售额百万元及以上的淘宝卖家有基础员工的有效样本 791 个

薪水怎么算？

基础员工流失跟他们的薪资水平有一定关系，如何在人力成本固定的前提下，最大限度发挥员工的积极性呢？引入科学的管理机制，是一种利于可持续发展的选择。很多卖家采用固定工资＋提成的方式，如此绩效考核就变得尤为重要。

推广岗位底薪制比例低

调研数据显示，仓库发货岗位基础员工有底薪的比例随卖家销售额级别的提升有下降趋势。仓库发货岗位基础员工无底薪比较容易理解，也相对合理，尤其是对于发货量大的卖家而言，按件计费已经算是淘宝卖家的标准结算方式。

只是如若想更好地刺激员工积极性，采用阶梯式计件结算会更有效，如200件以内每件2角，200～500件每件3角，500件以上每件4角。或者，按照打包的重量计费，100公斤以内每公斤3角，100～150公斤每公斤4角，150公斤以上每公斤5角。进行阶梯式计件结算时档次设定很重要，要根据自己店铺的淡旺季水平来设置一个合理的区间。一般三档即可，太多会变得目标过于遥远，对积极性也起不到太强的刺激作用。

推广运营岗位基础员工有底薪的比例低于其他岗位，但随着卖家销售额级别的提升，有底薪的比例大幅上升，亿级卖家达到82.2%。底薪制作为线下成熟的薪酬机制，是否已经不适合淘宝卖家，或者说已经不适合某些岗位呢？这个问题不能一概而论，需要考虑卖家所处的发展阶段，综合日发单量、日常经营环境、员工数量、管理体系的完善程度以及员工自己的意愿等各种因素考量。底薪是一种保障，但对激发员工积极性有影响，所以一般都会配以提成的方式。

年终奖成趋势

各岗位有底薪的基础员工，常见的提成方式是年终奖。年终结算店铺盈余，分配收益，从操作的角度来讲，简单易行；而且年终奖一年一次，日常经营过程中无须为此耗费精力，也能在一定程度上避免员工在年底最忙的时候离职。只是，若年终奖的发放没有一套结算的标准，对员工的影响有可能会是负面的，最好谁拿多少，为什么拿这些，都能给出合理的解释，这样有利于团队成长。实际上，发好年终奖并不是一件容易的事，部分卖家也正因为发年终奖比较麻烦，所以采用各岗位一刀切的方式。这样操作，反而背离了年终奖最直接的目的，花了钱不说，事儿还没办好。

售前客服、售后客服等岗位基础员工除底薪之外，常见的提成方式还有按绩效完成情况提成。推广运营、美工等岗位基础员工除底薪之外，常见的提成方式还有按店铺整体收益提成。

从持续刺激员工的工作积极性来看，按绩效完成情况提成要优于按店铺整体收益提成，按店铺整体收益提成优于年终奖。当然，采用何种提成方式还是要根据实际情况来判定，而且每种方法的操作方式也仁者见仁智者见智。比如，按店铺整体收益提成的方式，虽然能使员工感受到与店铺共成长的喜悦，但依然存在随意性，这就需要提升评估的科学性，才能可持续地激励员工。

卖家对美工岗位基础员工的工资如何结算一般都比较纠结，主要是因为影响美工工作效果的因素比较多，好坏难以评估。从调研数据结果也能看出这种趋势，不论哪个销售额级别的卖家，对美工岗位基础员工有底薪的比例，都是五大岗位中最高的。而提成方式中，美工按照年终奖提成的比例都是最高的。

目前也有部分卖家开始走出这种困局，开始尝试用绩效管理的方式来解决美工的提成问题。Nalashop 高管说道："数据化运营是我们企业发展的核心动力之一。自实施绩效考核以来，无论是客服、仓储等一线岗位，还是后端设计、市场推广等支持岗位，我们都是通过检测动态数据来进行管理的，效果很好。"

随销售额级别的提升，各岗位有底薪的基础员工，按绩效完成情况提成的比例明显增加；亿级卖家对五个岗位基础员工按绩效提成的比例分别为 32.3%、33.3%、27.8%、23.8%、23.1%，体现出绩效考核在管理员工薪酬中的重要作用。

绩效向用户体验靠拢

调研数据显示，售前客服岗位基础员工有绩效考核的比例明显高于其他岗位，售前客服战斗在最前线，需要有高昂的积极性，绩效考核有利于维持他们的工作热情。随着卖家销售额级别的提升，对各岗位基础员工有绩效考核的比例呈上升趋势，尤其是售后客服、仓库发货、美工、推广运营等岗位，增长明显。即便如此，美工岗位基础员工有绩效考核的比例仍相对较低，原因依然是评估难的问题。

目前，年销售额过百万元卖家对各岗位基础员工绩效考核的关键词包括以下几项。

售前客服：咨询转化率、销售额、客单价、服务态度、响应时间。

售后客服：退款率、中差评、投诉率、处理速度、纠纷率、服务态度。

仓库发货：发货速度、出错率、发货量、打包数量、破损率。

美工：点击率、转化率、访问深度、跳失率、停留时间、销售额。

推广运营：销售额、流量、ROI、增长率、转化率。

从各岗位基础员工有绩效考核的比例与按绩效考核提成的比例来看，卖家目前按绩效考核提成的机制还没有充分运转起来，表明绩效考核还需要尽快完善，才能发挥更大的价值。

从卖家常用的绩效考核指标来看，他们非常重视提升用户体验。考核指标包括了客观指标和用户的主观判断，也涵盖了服务的每个阶段。

绩效考核是个系统工程，卖家可以在绩效考核逐步完善的过程中，先考虑采用绩效积分制的方式。也就是说，在当前的绩效考核机制下，每次对员工做完考核后，赋予相应的分数，分数不断累积，到达某个上限值，就可以兑换相应的奖励，类似信用卡积分兑换的机制。这对于每个员工来说都是一种奖励机制。

将这个方法拆解来看，绩效考核的赋分，可以每次每个指标赋一个分数，求加和值，也可以每次有一个综合分数。更复杂一些，可以给每个指标再赋予一个权重，加权求和。赋分的方法比较多，选择一个最适合自己店铺现阶段的方法即可。

首先，绩效积分制的目的是留住高绩效员工，赋分数的标准是要能够拉开高和低的差距，这样更能激励高绩效员工继续努力，也能鼓励一般员工更进一步，而对于低绩效员工，也能够逐步淘汰更换或者转岗，帮助店铺完成正常的新陈代谢，更有利于店铺持续健康发展。

其次，对于绩效积分可兑换的临界值设定，需要一些小技巧，不能让员工轻易兑换，也不能遥不可及，既要考虑短期获利，又要有长期受益更合算的念想。这就需要可兑换的最高奖项具有很高的吸引力，或者针对不同岗位设置不同的最高奖项，好奖项会刺激员工超乎寻常的干劲儿。

一般而言，可兑换最高奖项的分数，可以按照评估周期、每次绩效考核最好员工能获得的最大积分值等来设定，尽量设置在每次都拿最大积分值、

表 8–4 各岗位基础员工有底薪（固定工资）的比例

	总体	百万级	千万级	亿级
售前客服	70.2%	69.7%	73.1%	72.3%
售后客服	75.7%	75.5%	76.7%	74.5%
仓库发货	80.9%	81.5%	78.7%	74.5%
美工	82.1%	82.5%	79.7%	83.0%
推广运营	66.9%	65.3%	74.0%	82.2%

Base 年销售额百万元及以上的淘宝卖家有基础员工的有效样本 791 个

表 8–5 各岗位基础员工月薪的涨幅

基础员工月薪的年涨幅	广东	浙江	上海	北京	江苏	福建	西部	其他
售前客服	8.0%	7.1%	6.9%	9.4%	7.9%	6.5%	8.2%	7.8%
售后客服	8.1%	7.4%	6.8%	10.0%	7.3%	6.4%	7.5%	8.0%
仓库发货	7.0%	6.7%	6.3%	8.8%	7.4%	6.0%	7.7%	7.1%
美工	9.1%	8.3%	7.9%	10.1%	7.9%	8.3%	10.1%	8.8%
推广运营	9.7%	9.9%	8.9%	11.8%	8.8%	10.6%	8.3%	10.5%

Base 年销售额百万元及以上的淘宝卖家有基础员工的有效样本 791 个

表 8–6 各岗位基础员工有绩效考核的比例

	总体	百万级	千万级	亿级
售前客服	90.6%	89.8%	95.3%	95.7%
售后客服	50.7%	48.0%	64.1%	74.5%
仓库发货	44.7%	42.6%	55.5%	63.8%
美工	38.6%	37.1%	46.5%	51.1%
推广运营	56.8%	55.5%	63.5%	68.1%

Base 年销售额百万元及以上的淘宝卖家有基础员工的有效样本 791 个

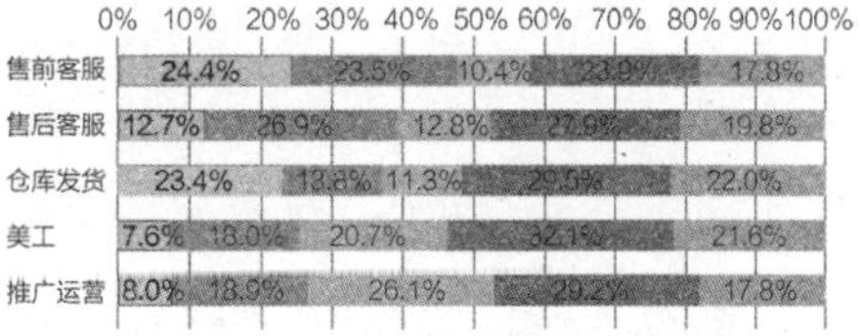

Base 年销售额百万元及以上的淘宝卖家有基础员工的有效样本 791 个每个岗位的基数不同，为各自有底薪的有效样本

图 8–6 各岗位有底薪的基础员工提成方式

需要 2～3 年才能兑换的水平。这样可以确保，未来即便新增绩效考核指标，也不会让高绩效员工轻易在短期内兑换最高奖项。

这种绩效积分制能够通过员工未来 2～3 年的利益来锁定员工，且可以在绩效考核未尽善尽美的状况下先应用起来，积分可以定期兑换，也可以长期持有，只要最高奖项足够吸引人，相信这会为留住高绩效人才再上一道保险。

留才方式大比拼

从调研数据来看，待遇留才依然直接有效，但是靠钱来说话，会长久吗？

年销售额过百万元的卖家，留才手段相对单一，主要是提高工资、提高奖金提成，其次是定制成长计划。随着销售额的增加，卖家的留才方式更多样，定制成长计划、承诺升职、提供保险的比例明显上升，亿级卖家的比例分别为 61.7%、46.8%、36.2%。传统企业卖家比淘宝成长卖家更倾向采用提升个人价值的方式留才。

待遇留人是店铺留住人才最基础的一步，对于持续发展中的店铺，需要逐步完善薪酬管理和绩效评估体系。如此，才能从根本上确保人力资源的竞争优势，并将之转变为在电商生态竞争中制胜的一环。卖家正确认识待遇与人才的关系非常重要，对有突出贡献的优秀员工，除精神上的奖励外，还必须有物质上的奖励，使人才感到自身价值得到了切实的体现。

福利是一种有效的激励机制，比如在中国的传统节日时发放礼品、礼金，员工在工作一年后取得年假资格等等，都是员工在闲暇之余谈论最多的焦点。小恩小惠有时候起到的作用可能是决定性的。

物质激励是基础，但并非效力无限。物质激励具有一定的时效性，达到一定水平后，其作用就会日益减少。而且，同行挖人只要开出足够高的待遇，

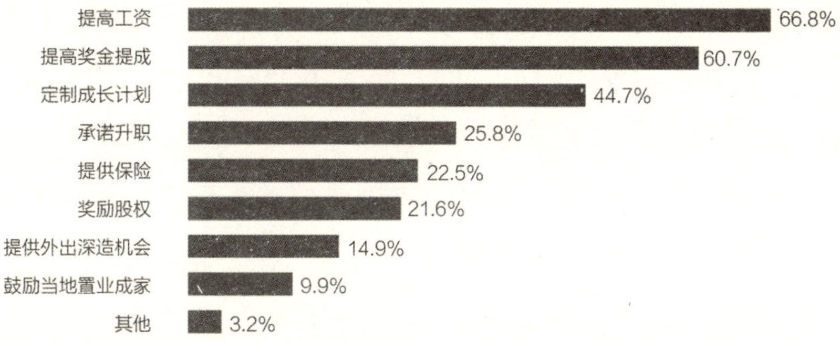

Base 年销售额百万元及以上的淘宝卖家有基础员工的有效样本 791 个

图 8-7　留住基础员工采用的主要方式

表 8-7　不现销售额级别卖家留住基础员工采用的主要方式

	66.1%	千万级	亿级	传统企业	淘宝成长企业
提高工资	60.0%	69.1%	78.7%	66.6%	69.5%
提高奖金提成	43.0%	64.5%	61.7%	64.8%	58.3%
定制成长计划	23.6%	53.2%	61.7%	52.3%	41.0%
承诺升职	21.5%	36.9%	46.8%	34.1%	18.1%
提供保险	21.6%	26.6%	36.2%	20.7%	24.8%
奖励股权	14.4%	21.3%	25.5%	26.7%	16.6%
提供外出深造机会	9.4%	16.9%	23.4%	16.8%	14.0%
鼓励当地置业成家	3.2%	12.0%	17.0%	8.0%	14.5%
其他		3.3%	4.3%	3.7%	3.2%

Base 年销售额百万元及以上的淘宝卖家有基础员工的有效样本 791 个

表 8-8　不同地域卖家留住基础员工采用的主要方式

	广东	浙江	上海	北京	江苏	福建	西部	其他
提高工资	65.8%	63.8%	74.2%	68.2%	58.8%	88.0%	82.7%	57.6%
提高奖金提成	54.7%	66.4%	58.0%	59.5%	43.0%	74.1%	73.4%	69.8%
定制成长计划	46.4%	44.6%	43.2%	53.7%	40.6%	61.1%	50.8%	34.4%
承诺升职	30.1%	15.2%	33.2%	32.3%	17.3%	41.9%	36.9%	16.3%
提供保险	18.0%	21.5%	22.6%	41.3%	21.5%	15.0%	25.0%	24.0%
奖励股权	24.1%	26.4%	22.0%	12.0%	23.1%	37.1%	22.5%	11.1%
提供外出深造机会	18.4%	12.0%	16.1%	9.7%	0.2%	22.1%	7.5%	17.2%
鼓励当地置业成家	5.4%	11.8%	6.1%	13.9%	9.7%	26.2%	8.3%	13.2%
其他	4.2%	0.0%	1.3%	5.8%	6.1%	1.0%	0.8%	4.9%

Base 年销售额百万元及以上的淘宝卖家有基础员工的有效样本 791 个

往往可以轻易猎取人才。此时，留住员工更多的是需要一种使员工自我实现的事业发展平台。一种良好的组织文化氛围，用情感留人就成了一种主要的激励手段。

定制成长计划并不是一个口号，而是需要遵循系统化、长期性和动态的原则：要针对不同类型、不同特长的员工设立相应的成长发展通道；要短期和长期相配合，短期目标是能够通过不懈努力分阶段实现的，长期目标则是需要一直努力的方向；要根据店铺发展战略、组织结构变化、员工不同时期的发展需求进行相应的调整。

只要从员工自身发展出发，帮助他们厘清人生目标，建立工作愿景，让他们有目标、有愿景地工作，快乐地享受工作过程，时时看到自己的成长，并从中获得自我价值实现的成就感和归属感，企业就不难实现从情感上留人。

（文 | 渡劫）

客服业绩考核点

客服是整个网店的核心节点，然而很多经营者都可能碰到过一个情况：同行的客服比我少一倍，自身在推广的力度及资源上也并不比对方差多少，为什么对方每个季度的销售额会比我多出一倍甚至是几倍？

客服是什么？

一个合格的销售客服应该具备三大意识：服务意识，能服务好客户、处理好售后问题；销售意识，能根据店主的需求去销售产品；品牌意识，能让客户深层次地了解并认同店铺。

从绩效考核管理的角度归结为客服的销售技巧、工作能力、工作态度等。因此网店经营者往往会考虑如何管理好客服团队，让每一个客服人员都能具备高效的产出。

卖家需要学会发现客服的存在价值，在一些软件的协助下可以得到一些平时看不到的数据，比如客服的咨询转化率、客服接待平均响应时间、客户咨询未回复数等。这些数据基本都是建立在客服与客户交流的基础上，同时往往都是影响店铺销售额及客单价的重要因素。

从数据中可以看出一个浅显的规律，绝大部分店铺的销售额的高低是由订单的数量所决定的。流量导入是网店推广的最终目的，如何让店铺的订单数量稳步上升，并保证这些流量能有效地转化为实际的订单，从而让更少的人给店铺带来更多的营收成为了店铺的核心问题。

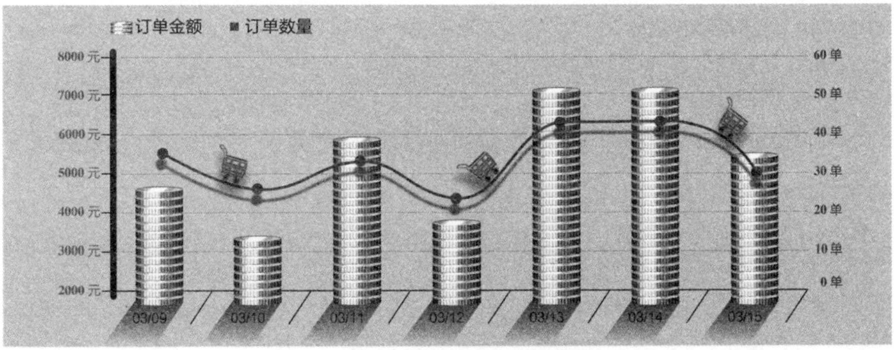

图 8–8　七日内的店铺销售情况

表 8–9　店铺七天绩效汇总

日期	接待人次	咨询客户数	下单人数	订单总数	未付款金额	付款金额	作废订单金额
2011-03-15	106	68	20	27	89.00	4642.62	280.10
2011-03-14	144	86	31	40	1005.00	5380.20	873.00
2011-03-13	132	79	32	41	1018.00	4377.14	1509.80
2011-03-12	6343	5807	18	21	0.00	3228.84	689.00
2011-03-11	129	71	28	29	0.00	5419.54	568.00
2011-03-10	117	67	16	22	0.00	2008.24	1053.90
2011-03-09	130	76	22	32	0.00	3348.19	1421.40
平均值	1014	893	23	30.29	301.71	4057.82	913.6

从数据表格中可以发现这个店铺在9～15号的时候咨询的客户数及对应的下单人数都是比较平稳的，店铺整体的营收也比较平均，但是在12号进行大力度推广之后，下单人数仍旧只有二十人左右，店铺的营收和推广之前持平，可想而知这家店铺的客服人员在咨询的转化能力、商品的推荐能力等几个关键的销售能力方面都是值得怀疑的，再来看几个数据点的综合情况分析。

我们可以看到店铺的月订单总额平均在4000元左右，但是最后交易关闭的订单金额平均在900元左右，也就是1个月下来，起码有1/4的营收又退给了客户。其实也反映出客服对未付款订单的跟进、产品售后问题的处理等方面存在能力问题或者说是态度问题。

对客服，该考核什么？

哪些属于考核点？一般情况而言，对客服的考核要从他所创造的订单价值、商品推荐技巧、咨询转化能力、接待反应效率以及售后处理能力等方面进行，每个点所包含的数据都非常繁琐。有一种简单的方法供分享：中小卖家更关心的是自己的客服团队给自己带来多少的营收及客服的工作态度如何，那么我们可以重点查看几个数据：

客服的咨询转化率（客服接待客户转化为实际下单的比率）

客服的日／月订单数量（客服落实下单的订单数）

客服的日／月销售金额（客服落实下单的订单金额）

客服的订单流失率情况（客服落实下单但最终订单关闭的比例）

客服的平均响应时间（客服对客户发起的咨询的响应时间）

咨询未回复数（客服对客户发起的咨询未回复的总数）

考核点怎么用：通过这几个数据的单独对比可以发现每个客服的薄弱环节，综合对比则能发现团队中的精英人员。比如通过订单总数、咨询转化率分析找出是咨询量过少，还是销售能力不足的问题。卖家通过这些数据可以很快找出店铺客服团队中每个员工的短板，为员工制定合理且具有针对性的培训方案。有两个改善员工短板比较实用的方法：1.教育法——产品知识强化，规范接待话术；2.示范法——话术场景演练、老带新、卖家亲自上阵指导。老人带新人的方法比较常用。很多中小卖家自己就是很好的客服，而且对自己的销售需求和商品推荐需求非常了解，以此培养新客服，可谓事半功倍。

目前淘宝的商家的绩效考核机制大致分为三种，以表格形式分享给大家参考。

最简单的一种客服绩效考核的机制。一般这样的表格被相当一部分的中小卖家曾经使用或正在使用。这种考核机制只考虑客服的最后的销售情况，对订单数量做奖励，在初期的确是对店铺销售额增长起到了一定的促进作用。但随着店铺业务量的增人，这样的绩效奖金分配模式显然不能满足需求，并且对客服能力的提升及优秀客服的挖掘有一定的影响。

表 8–10 客服业绩汇总表格

客服姓名	月销售订单金额（不计算交易关闭订单）	月销售订单数（以订单旗帜为准）	销售额提成	订单数奖励

淘宝大卖家关注的绩效考核数据。从下面的表格可以看出此店铺从12个点出发对客服的绩效考核进行了多纬度考量，不仅包括了客服的售前咨询转化的情况，而且也包括了客服在售后对未付款订单的跟进情况和售后退换货的情况，并且加入了客户对客服服务的评价统计。比较关键的是，这些店铺把整个客服团队的团队协作程度及工作态度都加入了绩效考核当中，而这部分占据了相对较大的比重。

表 8-11　2011 年度客服部门绩效考核表

指标及任务		分数比	评定标准及计算公式	分数描述	完成情况简	考核得分
1	日常纪律	5	全勤满分 扣分按迟到、旷工次数扣除 不设上限	迟到及早退每次扣 1 分 旷工每次扣除 5 分		
2	服务态度	5	网络及电话与顾客交流 态度亲切和蔼 耐心真诚 不可与顾客发生冲突及对立状况	咨询中回答不够耐心一次 1 分 与顾客发生冲突一次扣除 5 分		
3	咨询转化率	10	订单 / 咨询总数 x100%	按实际情况考评		
4	订单销售比	10	在所有有效订单种的销售比重	按实际情况考评		
5	平均响应时	10	接待客户的反应时间	按实际情况考评		
6	发货统计	10	每月发货量统计	按实际情况考评		
7	实体统计	10	每月取得实体店信息量统计	按实际情况考评		
8	退换统计	10	当月退换货订单 / 每月个人销售业绩 x100%	5%以下满分 /5%以上扣分		
9	平均客单价	10	实际付款金额 / 顾客下单总数量 x100%	按实际情况考评		
10	差错扣分	5	当月出错率 及实际扣除分数	按实际情况考评		
11	好评统计	5	当月好评订单 / 当月实际发生订单总量 x100%	按实际情况考评		
12	团队配合	10	与部门内部及其他部门同事之间的配合度	/		
被考核人签字:			评分人签字:　　时间:	得分:　　等级评定:		

客服 KPI，标准如何定？

制定合理的绩效管理体系，不仅仅是起到给客服发工资、分配绩效的作用，更多的是通过这些绩效数据发现客服团队中存在的销售能力问题、服务意识问题以及工作态度问题，从而能及时地有针对性地对这些问题进行逐个排查解决。

再来看一个案例，一家韩版女装类店铺，平均产品单价在60～90元左右，其中外贸日单的平均客单价在200元左右。

从其店铺客服的工资详情单中就可以看出：一个客服的工资＝底薪×KPI 得分＋销售额提成＋奖金＋餐补。从 KPI 表可以看出这位客服的售后处理能力是有待提高的，月关闭订单包含了销售或者客户的主观原因等非主观因素。网店经营者应该合理地进行薪资分配，坚持一个原则，干了多少活，给多少钱，奖罚一定要分明。

表 8–12　客服工资单详情

客服姓名	底薪	销售额（元）	KPI 得分	销售额提成（1%）	奖金	餐补	总额
何小小	1700	68257.62	85 分	682.25762	180	120	2427.5762
计算公式：底薪 x KPI 百分比＋业绩提成＋奖金（根据客服日常表现发放，封顶 200）							

KPI 得分详情：		姓名：何小小	
KPI 考核点	比重	考核详情	得分
客单件	20%	月客单件小于 2 件的扣 20 分	20
标准话术接待	20%	月抽查 10 个聊天记录　1 个以下失误不扣分 2~4 个失误扣 10 分，　4 个以上 15 分	20
售后问题处理	20%	月客户投诉 3–5% 个扣 10 分 5~10 个扣 15 分，10 个以上扣 20 分	10
商品推荐能力	20%	根据店铺热销产品销售情况进行分析	20
月关闭订单数	20%	0.5% 以下不扣分　0.5%~1% 扣 5 分　1%~2% 扣 10 分　2%以上扣 20%	15
总分	100%		85 分

（文 | 徐周飞）

第九章　销售管理，Hold 住你的客户

四问数据运营

人人都在说大数据，但商家面临的现实是：如何在庞杂的数据中找到切中运营要害的重点数据指标，并用来实际指导完善自己的店铺运营。

就像马云在淘宝十周年晚会上说的那样，还没来得及琢磨移动互联网是怎么回事儿，人们就已经争相簇拥着进入大数据时代了。

事实上，在人们争论大数据到底是经营的救命灵药还是一个过度包装的概念时，卖家们先要给自己打一针镇定剂：卖家拥有的数据并不需要上升到云计算那样的高度，重要的是通过分析数据做好店铺运营。虽然大部分卖家都承认数据分析对店铺运营的重要性，也都愿意在数据分析工具上花费银两，但对如何读懂数据，尤其是如何通过已知数据来指导和完善店铺的运营时，一头雾水者不在少数。来，一起看解决方案吧。

一问：看什么，怎么看

在数据运营之前，卖家需要先做一些基本工作：看哪些数据？怎么看？

一般来说，做店铺分析前需要先采集店铺以及行业的基础数据。采集店铺数据可以用量子、小艾，采集行业数据可以用数据魔方、生意经。有了这些基础工具，卖家能够采集店铺的各项数据，例如流量情况、跳失率、成交情况、回头客、收藏情况、转化率、访问深度、客单价、销售地域分布及转化率情况；也能够看到各种行业数据，比如主类目趋势、子类目详情、最近客单价的变化、活跃店铺以及商品数量等数据。

数据采集不难，更多卖家的难题在“怎么看”。一般而言，卖家都是直接去量子后台看今天和昨天的数据，当周数据和当月数据。但是这里面很多数据都是在不同的选项里，不能完整地按照趋势变化来呈现数据，卖家靠大脑强记也不是办法。那到底怎么看呢？稍微愿意学习一下 Excel 基本操作的卖家可以自己动手，对这些基础数据进行加工、提取、组合，让它们变成一张对店铺能够起到帮扶作用的数据分析报表。

以店铺基础数据为例，可以通过一些计算方法让不同数据呈现在一个表格里面，并且可以通过随意查看数据、对比数据，清晰明了地看清楚数据、看懂数据。

比如，通过查看几项流量数据来诊断流量下降的原因，是单品宝贝流量下降，还是付费推广、自主访问等流量下降，或者是行业整体下降，都一目了然。如果发现是单品流量下降了，就能在自然搜索的 UV 里面发现问题，然后在量子里单独拉出宝贝的流量数据查看是哪一款或者哪几款宝贝流量下降。找到问题的源头去解决问题，而不是拍脑袋说大家流量都下降了来掩饰

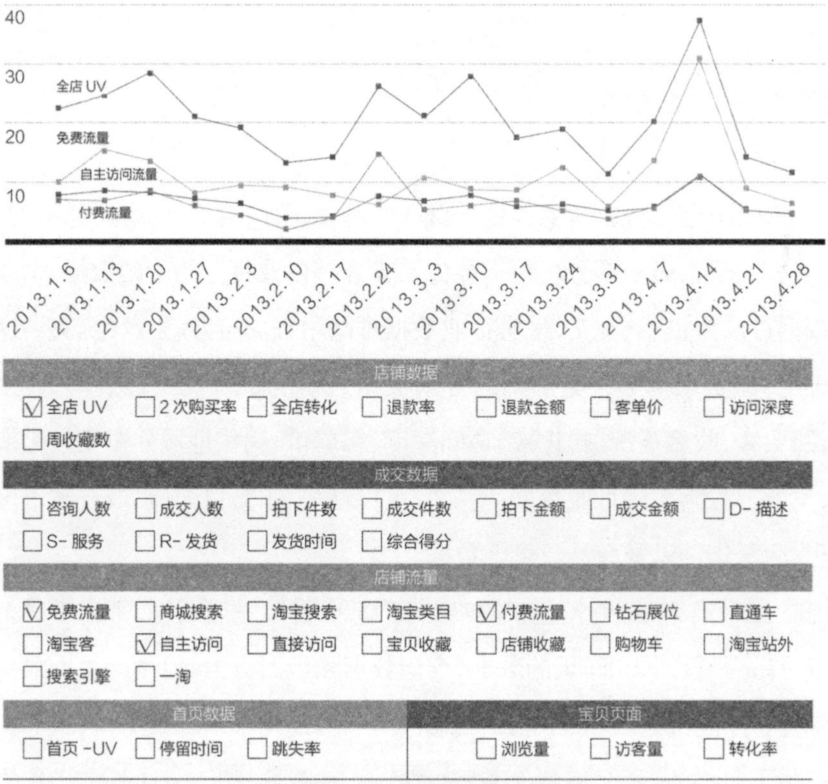

图 9–1 店铺基础数据趋势图(万)

表 9–1 店铺大数据指标项

指标分类项	具体数据指标
全店 UV	去重计算
全店老顾客 2 次	总计、淘宝免费流量、自主访问、淘宝付费流量、淘宝站外
购买率	访问人数（UV）、停留时间、点击率、跳失率
四大流量	宝贝页浏览量、宝贝页访客数、咨询人数、访问深度均值
首页数据	拍下件数、拍下金额、客单价（均）、成交件数、成交金额、退款金额、日均成交件数
宝贝详情页	日均成交人数、日均成交金额
订单数据	周收藏数、日均收藏数
收藏数据	全店转化率、宝贝页转化率、按笔数支付率、按金额支付率、人均成交件数、实际退款率
转化数据	询问率、咨询成交率
客服数据	描述相符评分、服务态度评分、发货速度评分、发货速度时间、DSR 综合评分
DSR 数据	新客静默转化率、回头客静默转化率、店铺收藏访客数、直接访问首页跳失率、首页新访
装修数据	客点击数

问题的本质。

一般而言,店铺数据运营要看三类数据:

一是流量数据,包含淘宝免费流量、自主访问数、淘宝付费流量、淘宝站外流量等四大类。如果结合淘宝系平台,流量来源共有 55 个指标,但卖家重点关注搜索流量、类目流量以及突发流量即可;

二是店铺运营大数据,包含首页数据、宝贝页面数据、收藏量、转化率、咨询转化率、DSR 评分等;

三是单品数据,主要监测店铺爆款数据和新品数据。

二问:55 个流量指标,重点看哪些

淘宝官方给流量划分了四个标准,分别是:免费流量、自主访问流量、付费流量、站外流量。

免费流量里面包含了搜索、类目、专题、活动、社区帮派、动态等,这里主要关注搜索和类目流量。免费流量的变化至关重要,基本决定了店铺的盈利情况,很多卖家做爆款的最终目的,就是能够持续不断地占据淘宝有利位置、获取海量免费流量。这样的流量很稳定,可持续长期操作。

以一家做到了标准的 3:3:3:1 的流量分布的女装店铺为例,天猫搜索和淘宝搜索在 2012 年年底因为春节的缘故整体搜索流量下降,但是节后并未恢复搜索流量。原因其一是因为 2013 年基本上没有春天,春款带来的流量基本没有办法和冬季羽绒服爆款带来的流量衔接起来,其二是因为夏季产品没有爆起,所以流量并未恢复以往的光彩。另外还能看到店铺有所提升的

地方如天猫类目，从三月份开始破0了，并持续上涨，这里就可以表扬做产品优化或者推广的负责人，他们的努力在这里就能清晰地被展现出来。

有些店铺靠以参加活动为生，不注重免费的搜索流量，但活动销量不计入搜索权重，如此下去店铺流量就像过山车，巅峰之后即是低谷，这样的店铺流量不能环比上升。若不能借助活动，离关门那天亦将不远。所以商家在搜索流量这块要投入最大精力，实时关注这块的流量变化。其次就是关注一些异常突发的流量，比如淘宝推推、淘女郎、爱逛街等，若卖家有能力去做并且做完后有效果的那就持续关注，毕竟这些都是免费的流量。这里之所以不提活动流量，是因为活动流量不固定，除了活动预热前几天关注下活动流量的大小以便安排好相应的工作量、客服人数、仓库发货人数等，基本也就没有太多需要注意的了。

自主访问流量包含了直接访问、宝贝收藏、店铺收藏、购物车、已买到的宝贝等，这里要关注的是店铺收藏、宝贝收藏以及直接访问。

收藏你店铺的买家基本上都是忠实的老顾客，从收藏流量基本能够判定店铺忠实老顾客数量的变化。其次就是宝贝收藏，收藏购买率是非常高的，如女装类目2013年二月份到四月份成交人数1.33亿次，收藏量8.57亿次(数据魔方获取的数据)，最终收藏购买率可能为15%(包袋类目全年的收藏购买率为27%)。也就是说，从宝贝收藏进入购买页面的100个人可能有15个人有购买意向，如果这时候再对该产品做下促销活动或者回馈有礼，那么可想而知这个转化率的数值会有多大。一个好宝贝能产生大量收藏，因此我们想要这里的流量上涨就需要付出更多的精力去维护好单品。至于直接访问数，这部分流量比较混杂也不好区分里面的优质流量，只要没有大涨大跌基本不用太关注。

付费流量，主要关注淘客流量就可以，因为其他流量都有自己的流量控制方案，钱多流量就多。但是淘客就不一样了，这个是后付费的，成交了才给钱，不成交不给钱，退款了也不给钱。说明下，这里的淘客推广流量和免费流量里面的淘客搜索流量是两回事，后者是在淘宝特卖频道搜索进来的。

站外流量，这个流量要不就是自己在站外投放广告吸引来的，要不就是利用在百度知道回答问题等手段吸引来的，包括现在火热的微博引流、微信引流等，比如 2012 年“哈刚少侠”写的神文案被人挖到站外，在各大论坛立马火爆了起来，由此带来的流量虽不精准，但是由此带动的名气和销量依旧非凡。

三问：店铺运营大数据，好着急

店铺运营大数据主要关注首页数据、宝贝页面数据、收藏量、转化率、咨询转化率、DSR 评分等七个指标。

看首页数据最主要看跳失率。跳失率越低，说明店铺首页有东西能吸引买家点击，从而让店铺的宝贝页面或者店铺的活动页面得到更多展示。若跳失率过高（女装类目店铺的跳失率超过 30% 就说明存在问题），则需要好好优化下你的首页，让买家能找到一些你设定的入口或者活动，不要让这部分买家直接点关闭。

能到店铺首页来的买家，自然是想对你的店铺有更多的了解或者看更多的宝贝，这部分买家的下单情况会比只停留在宝贝页面的买家强上很多倍。至于停留时间，不宜过长也不能过短：过长说明页面内容过于丰富，意味着商家需要花费很多精力去做页面，但不是所有买家都有这么多时间一直看完你的首页；过短的话买家就觉得你店铺没有什么东西，点两下就没有了，下次来了也不会想再去首页了。所以控制在一个时间段（比如 100～200 秒）

就可以了。

宝贝页面除了要注意流量，最主要看其访问深度。流量的大小除了市场变化以外，基本就是由宝贝能否被展现以及点击率来决定的，所以需要优化宝贝的首图以增大能被搜索展现的可能。访问深度是搜索流量的一种质变，做得好的卖家能把一个搜索流量变成三个甚至五个，所以掌柜在优化宝贝的同时一定要注意在宝贝页面添加丰富的内容，让进来的买家能够多访问几个页面，这样被转化的几率也会大很多。切记，丰富宝贝详情页并非简单地给宝贝页面添加一些其他宝贝或者活动，如果太多太杂容易引起买家反感直接关掉页面。如果要做关联销售要设定好焦点，而不是一堆宝贝往那一放就完事。

此外，店铺还要重点关注收藏量、转化率、咨询转化率、DSR 等数据。收藏量反映了店铺定位后所发布的产品风格和店铺风格是否符合引导进来买家的胃口，所以这里的收藏量会随着流量的起伏更迭变化，若店铺流量涨得较多但收藏量没起来，说明最近引来的流量并不是店铺发展所需要的优质流量。

转化率是异常关键的数据，必须要实时盯着，若转化率持续下跌，那么要看宝贝最近是否有改动，店铺风格是否改变，还有市场整体是否有所下降。若有推广流量，那引来的流量是否精准，亦或有对手卖家前来竞争?商家都需要考虑并去解决这些问题。另外重要的就是咨询转化率，这部分十分考验客服的真功夫，一般前来咨询的买家下单意愿很高，做得好的店铺咨询转化率能达到70～80%，普通的也能达到 50%，客服的能力直接决定该数据的优劣。

最后需要关注的是 DSR 数据，尽量每周采集一次店铺的 DSR 值。三项评分都是相互关联的，买家一个不如意，哪怕你发货速度再快、宝贝质量再好，也只给你一分。所以 DSR 完全体现出了全店状态，当 DSR 呈现慢慢下降的趋势时，说明店铺需要整肃了。查看客服的聊天记录，看是否有不妥以及不好的话语；检查商品质量以及买家反馈，及时排查掉有问题的商品，确保全店安全；改善仓库的发货速度、包装情况、发错率等。

周期		第 11 周	第 12 周	第 13 周
合计		190267	166182	125435
淘宝免费流量		77927	118897	51627
聚划算		5	10	43
天猫专题		164	153	135
天猫搜索		19107	17699	15536
淘宝搜索		7850	7750	6914
淘宝站内其他		25921	75127	23166
天猫频道		10	11	9
淘宝类目		1255	996	1118

图 9–2　某女装店表流量指标（节选）

名称/日期		4月12	4月13	4月14	4月15	4月16	4月17	4月18	4月19	4月20	4月21	4月22	4月23
总计		567	487	357	601	988	793	1078	1250	1488	1356	918	1480
钻石展位													
淘宝搜索		60	75	55	64	41	43	68	92	75	74	67	93
商城搜索		56	64	61	54	65	105	69	103	163	81	81	119
直接访问		110	67	34	47	66	81	91	142	138	127	97	184
首页		71	71	47	205	419	287	354	529	710	724	188	146
宝贝详情		96	62	56	86	158	90	127	140	177	144	205	387
我是买家		12	13	3	9	20	21	10	14	20	17	23	59
直通车		0	9	16	15	15	20	163	30	9	0	0	21
淘宝客		27	29	15	10	10	11	11	20	22	19	18	22

图 9–3　真丝连衣裙的流量监控数据

四问：让我爆一次单品吧

吃透店铺运营数据之后，卖家还会非常关注单品的数据分析。下面将以 2012 年做的一件高客单价真丝连衣裙数据为例，来实战分析该宝贝从日单几件到上百件的爆款路径。

好单品要么是能赚钱的，要么是能带来关联销售并给店铺带来一定利润的产品。卖家在选定宝贝之前，要提前查看行业数据，查看哪些宝贝是市场容量大的，分析哪些类目是有一定容量且竞争小的，然后再在这些属性条件里面选择市场热销的款式属性，这些数据在数据魔方或者生意经里面都有。选定好了以后，挑几款类似的宝贝来做测试，看这些宝贝里面哪些收藏量大、转化高，最终只剩下一到两款做主推爆款产品。

该店铺从 2012 年 4 月开始做新品，经过各种数据测试选择了一款真丝连衣裙作为当季的爆款。前文中详述的各种重要数据指标，能够帮助店铺及时发现宝贝流量、转化率、跳失率等情况，出现问题就能及时解决。前期这个宝贝基本上是没有多少流量的，四月初开始优化，采取的战术是非常简单的流量聚焦打法，即在店铺首页黄金位置、所有宝贝详情页面都把这款宝贝作为焦点宝贝推广。从监控数据可以看到，前期仅有首页和详情页的流量支持，慢慢就有销量基础了，宝贝的搜索排名也上来了。到了 4 月 25 日，积累了小 200 件的销量后开始上车冲关键字排名，目的是为了抢豆腐块。5 月 2 日以前宝贝的销量并不乐观，一直在人气页面三到四页徘徊(天猫页面二至三页)；为了能一举冲进第一页，该店铺在 5 月 3 日做了促销活动，并投放了钻展，终于在之后 3 天顺利进入人气第一页，单独搜索流量每天稳定在1500左右(五月份的时候“真丝连衣裙”关键字的流量并不大)，这些流量产生的营业额足以抵扣各项推广费用。

(文 | 三十二)

淘宝网卖家退款率分析

要想知道一家店铺的销售业绩，可以看销量；要想知道一家店铺的服务质量如何，可以看评价和店铺动态评分。当然，还有一个指标也可以看看，那就是退款率，造成买家退款的原因有很多，服务、产品质量、物流都有可能导致退换货。

对于卖家来说，退款率作为衡量店铺售后服务的一个重要指标，无论在用户的购买体验方面还是在淘宝平台对卖家的管理方面，都起了重要作用。我们通过对淘宝网2011年3月的退款数据进行整理分析，揭示淘宝网的退款状况，并结合行业、品类等维度，对退款率、退款原因等进行分析，期望引起卖家的关注，改善售后的服务质量，最终提升店铺绩效。

全网的退款率分析

从资料中可以看出，全网在三月份的退款率在4%到6%之间浮动。其中，周一(7号、14号、21号、28号)的退款率相对高于其他日期，这与全网的会员周一表现比较活跃有关。很多人会在周末购物，而周一往往是收到产品的第一天，要是对产品不满意，或者产品有破损，都可能导致当天的退换货，从而就引起周一的退款率相对其他日子较高。

根据各项退款原因的分布可以看出，买家在绝大多数情况下选择了“其他”，说明退款原因相对比较复杂，还需要卖家根据自身的经营情况，结合旺旺聊天记录等把握买家退款的真正原因。

是“与买家协商一致退款”，占到了17%；而由于发货问题(缺货、未及时发货、未收到货物和虚假发货)则占到退款原因的33%，说明卖家在发货方面还需要注重效率；而由于商品问题(商品质量问题、收到的商品不符)占到了退款原因的9%。

对商城卖家和集市卖家在退款率方面进行对比可以发现，商城的退款率为3%多一点，而集市卖家的退款率则达到了5%。这主要是由于商城商

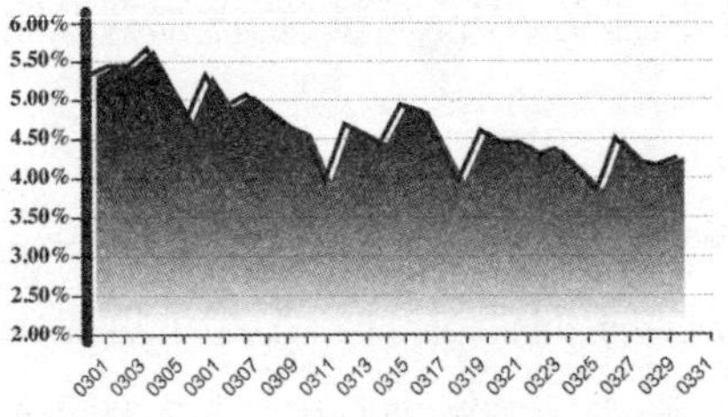

图 9-4　2011 年 3 月全网的退款率

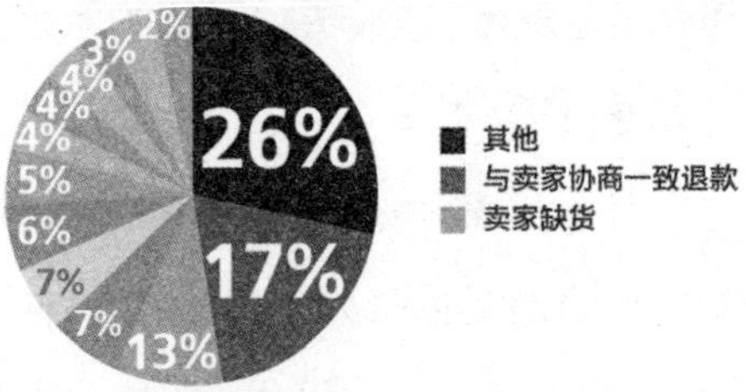

图 9-5　退款原因分布

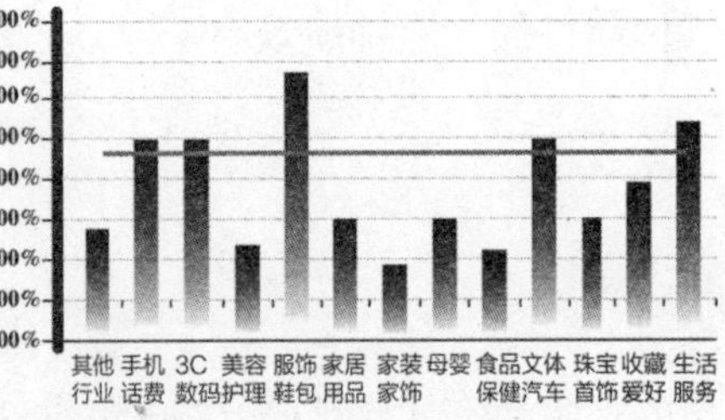

图 9-6　行业退款率

表 9-2　退款率 Top10 类目

1. 运动鞋
2. 台式机 / 一体机 / 服务器
3. 平板电脑 /MID
4. 办公设备 / 耗材 / 相关服务
5. 笔记本电脑
6. 珠宝 / 钻石 / 翡翠 / 黄金
7. 国货精品手机
8. 网游装备 / 游戏币 / 帐号 / 代练
9. 古董 / 邮币 / 字画 / 收藏
10. 彩妆 / 香水 / 美妆工具

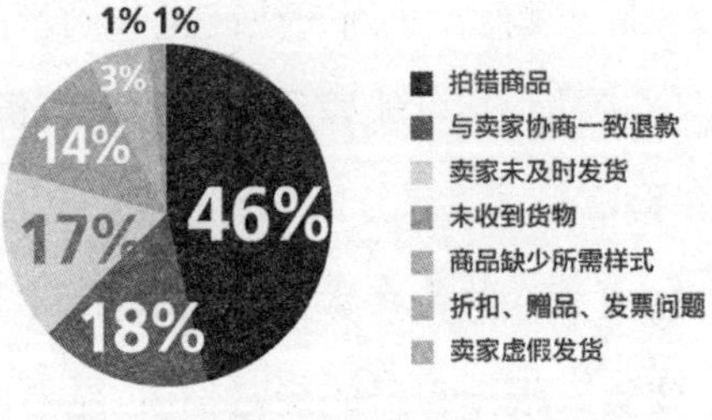

图 9-7　某女装卖家的退款原因

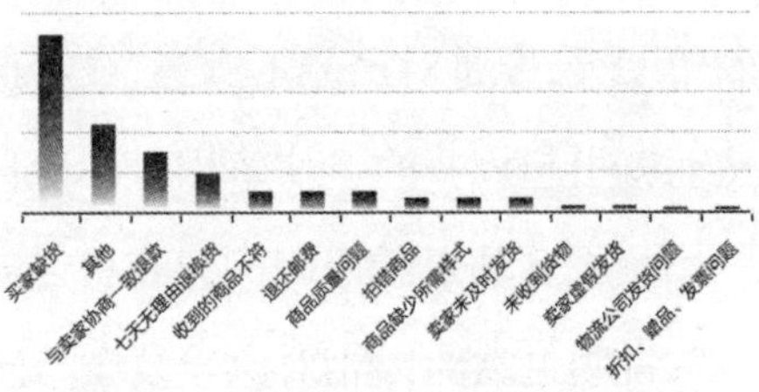

图 9-8　某运动鞋退款的原因分布

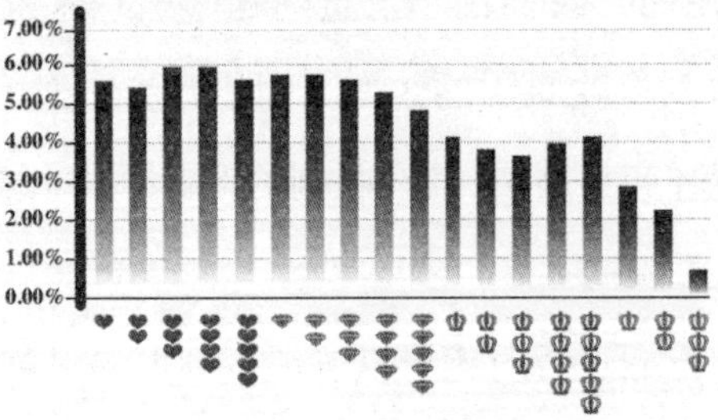

图 9-9　信用等级与退款率

家的产品质量、服务态度都比集市卖家好，这样才使得这两种卖家的退款率有明显的区别。

很多集市卖家都是小卖家，他们卖的货往往是从批发市场来的，自己对产品的质量把控不严；而商城卖家都有自己的供应链跟生产体系，所以对产品质量的把控比较严格，再加上对客服时常培训，客服能力提高也在某种程度上降低了退款率。

行业及类目退款率

由于服饰鞋包行业的成交量大，并且产品又为非标类，所以退款率相对要高于全网的平均值。在服饰鞋包行业中主要的退款原因为：收到假货、卖家缺货、商品缺少所需样式、卖家虚假发货、与卖家协商一致退款、收到的商品不符、卖家没有在 24 小时内发货、未收到货物、物流公司发货问题，以及商品质量问题，折扣、赠品、发票问题，七天无理由退换货，拍错商品及退还邮费等。

提取 2011 年三月份退款率 Top10 的一级类目，我们可以看到：在这些类目中，既有标类产品，如手机、电脑、办公设备；也有非标类产品，如运动鞋、珠宝、古董和彩妆等；同时也含有虚拟产品。因此，经营以上品类的卖家尤其要注意在售前环节加强管理，特别是销售客服在销售期间应该跟顾客说明产品尺码等信息，这样可以降低退换货的概率。

某些行业由于自身的独特性，退款也有原因客观存在的。比如陶瓷、灯饰等一些易碎的产品，由于物流、打包未能做好，就极有可能破损，然后导致退款。而这些卖家为了防止退款的发生，同时也为给买家有一个更好的购物体验，会补寄破损件，并且将外包装做得更加结实。

针对上述退款原因，我们分别以某女装卖家和某运动鞋卖家为例。

在三月份的退款中，某女装卖家各项退款的原因分布如下：

去除了退款原因中的“其他”和“退回邮费”后，在剩余的原因中，由于“拍错商品”几乎占到50%，说明卖家售前的引导工作还需要大力加强，在“与卖家协商一致退款”方面与全网的比例持平。该店铺应该整顿一下自己的发货时间，也可以考虑换一家快递公司，因为目前所用的快递并没有很好地为店铺服务，未收到货物的退款率达到了14%。要想改变这样的局面，建议卖家重新整理仓储、整合打包人员，不然发货、物流等问题依然不会有好转。

另外我们对某四皇冠的运动鞋卖家的退款进行分析，可以发现：卖家缺货成了最大的退款原因，这说明了卖家的后台供应存在很大的问题，或许这位卖家忘记了自己的库存，只让客服接单，这样对买家的再次购买也会造成一定的伤害。同时，还需要加强店铺页面的引导。也许这位四皇冠的卖家在前期也有备注说明缺货，但有些买家没看到或者没问清楚就购买了商品，那样也会提高退款率。

开店时间、信用等级与退款率的关系

根据数据可以看出，开店时长与退款率之间的关系是散乱的，说明开店的早晚与退款行为之间没有必然的联系。但笔者也随机探访了几个开店时间长，且销量评价都还不错的卖家，他们的退款率是逐年下降的。因为他们已经有了一批属于自己的忠实买家，这样对降低退款率来说也是一件有益的事情。

从图中可以发现，随着信用等级的提升，退款率会有下降，说明卖家规

模的增大提升了卖家的运营能力，从而减少了退款的可能性。vielot0716 是 2010 年开店的一个小卖家，到 2011 年 5 月才“三心”，货源不足、款式不多、颜色一般往往导致了买家的退款，尽管掌柜的服务态度高于同等级的卖家，但是退款也是在所难免的。而随着店铺信誉的增加、销售量的增加，卖家的退款率也随之下降，卖家的供应链、销售前端、售后都在逐步完善，买家的购物体验好了之后，那么退款率也会下降。

通过对退款率进行分析，差不多您也了解了淘宝网整个消费群体的退款原因。卖家要想降低退款率并不是神话，只是在于卖家能否完善自己的管理机制，尤其是仓储、打包、物流、供应链等问题，当然巧妙的售前、售后服务，也能使退款率降低。家家有本难念的经，每个店铺的退款原因应该按照实际情况来分析，抓住自己的软肋，赶紧行动，去完善它。

（文 | 采林）

你离类目平均转化率有多远

买家在你店里逛了半天，却什么都没买就离开了？好不容易做了直通车引来的流量，买家就是只点不买？吸引来了宝贝详情页，说服他们买下这件宝贝，才是王道！

宝贝购买转化率 = 该宝贝详情页的购买人数 / 该宝贝详情页的浏览人数。简单来说，就是 100 个人看了这个宝贝，有几个人买了？

我们想象买家的购物路径，不管买家是先进到店铺首页，还是先进到店铺的活动页面，最终都是到了宝贝详情页，然后购买、付款。所以，临门一脚能否射进，就看最后你的宝贝详情有没有说服消费者。

怎么查看“宝贝购买转化率”？

整店宝贝购买转化率查看：通过“量子恒道→综合报告”得到。

单个宝贝购买转化率查看：需要分别查看单个宝贝的购买人数，以及单个宝贝详情页的浏览人数。前者可以通过销售数据得到，后者可以通过“宝贝量子恒道→宝贝被访数据→宝贝被访排行”得到。

目前量子恒道只支持 Top 商品的查询。

先说服他们买下“这件”才是王道

不少卖家常常走入一个误区：为了提升买家的访问深度，为了“逼”买家们多看些店内的商品，常常把一个宝贝详情页搞得花里胡哨，塞满了跟这个宝贝不相干的内容，买家们常常拉了好几屏还看不到当前宝贝的细节照片。买家或是各种烦躁之下，愤然离去；或是被引导着看了好多个差不多的商品，却找不到一个“这件更适合”的理由，悻悻离开。

其实这个道理很简单，小学语文老师就教过我们：与主题关系密切的要详写，与主题关系不密切的要略写，与主题无关的不写。永远别忘记宝贝详情页的使命——先说服他们买下“这件”才是王道，其次才是让他们买更多，买更贵，常来买。

这样一想就很清楚了，描述当前这个宝贝的内容才是最重要的事，要写在最最前面，用最最大的篇幅。这些内容往往包括以下几项。

1. 整体效果图，最好有模特或参照物的对比，以及在什么情况下使用它更合适。

2. 一切参数：比如尺寸、面料等等一切理性数据。

3. 各种细节：越能真实表达质感越好，越细致越好，但不是越多越好。注意不要使用过多照片来表达同一个点，不然只会让你的宝贝详情像二姨奶奶的裹脚布——又臭又长。

4. 或许再来点与这件宝贝相关的故事，营造一些小情调，这个视你的店铺风格跟团队能力而定。但我们见过的成功的店都有宝贝故事，有时候，我们也管那叫“品牌”。当然，如果精力有限，那就先说“清楚”，再说“漂亮”。

5. 如果你刚好说中了买家的心事，给了他一个“这个适合你”的理由，那么恭喜你，成功了。比如：这条裤子尤其适合个子娇小的女生，或是如果你还没尝试过萝卜裤，那么这条一定很适合你。

6. 这件商品参加哪些店内优惠：用这块内容做满减，提升客单价，或是做搭配套装的推荐，再合适不过了。

买家的心思你来猜

如何获取“买家最想知道什么”的信息呢？简单介绍三种方法。

方法一：尝试换位思考

假如你是一个消费者，你最想通过这个宝贝详情马上了解到什么？不是店铺里现在有哪些活动，也不是什么东西比这件更好更漂亮，而是这件宝贝是怎么样的，它是我要买的“Mr.Right”吗，它参加店里的哪些优惠。如果觉得换位思考太主观,那么尝试以下两种方法。

方法二:深度访谈

约上几个曾经买过东西的买家聊聊,注意不要拿公司员工替代哦,员工的意见往往会受工作关系的影响。笔者经历过一次用户研究专家做的尝试访谈,流程如下。

1)把你的宝贝详情中展示的内容罗列出来,比如尺寸、材料、做工、车线、保养、售后、物流等等,让买家做重要性排序。这个过程相当于"说"。

2)让买家演示他如何在你的店铺内挑选商品,观察他在宝贝详情页各部分的停留时间,拉动滚轮的速度。这个过程相当于"做",期间不能打断或者提问。

3)重复他"做"的动作,同时问他,为什么这里拉得特别快,那里停留的时间特别长,最后哪块内容促使他确认要买。

方法三:客服总结

一线客服最知道买家的想法,让客服将买家们对这件商品最常问的问题记录下来,就知道他们在关注什么了。把这些写进宝贝详情,还可以大大降低客服的工作量哦。

好图片提高转化率

从2011年开始,淘宝好多冲动型消费的行业都开始做细节图项目,行业的运营小二们通过数据分析与消费者研究,制定了行业的细节拍摄标准。

以女装为例,淘宝2010年开始做细节实拍项目,圈了120家女装店铺重点监测,做细节实拍后的转化率提升了16%~20%左右。

以下是一些行业的细节标准。

1. 女装：公告见“女装细节实拍官方帮派”

款式细节：设计特别的要素，如领口、袖口、裙摆、褶皱、腰带等等。

做工细节：走线、内衬拷边、里料等等。

面料细节：微距拍摄面料、颜色、面料纹路、面料花纹等。

辅料细节：拉链、纽扣、钉珠、蕾丝等等。

2. 箱包：公告见“淘宝箱包官方帮派”。

必须要在宝贝主图多图位置放置两个选择：

选择 1 为商品正面图（允许模特图）、商品背面图（或侧面图）、设计细节图 1、设计细节图 2、内袋图；

选择 2 为商品正面图（允许模特图）、商品背面图、商品侧面图、设计细节图、内袋图。

设计细节图包括以下几项。

款式细节：设计特别的要素，如袋口、包扣、拉链、褶皱等等。

做工细节：走线、铆钉、里料等等。

面料细节：微距拍摄面料、颜色、面料纹路等。

辅料细节：拉链、包扣等等。

一级类目	宝贝购买转化率	一级类目	宝贝购买转化率	一级类目	宝贝购买转化率
女装 / 女士精品	5.92%	传统滋补品 / 其他保健营养品	6.49%	运动鞋 new	4.07%
女鞋	5.56%	家装主材	5.76%	网游装备 / 游戏币 / 帐号 / 代练	20.23%
男装	6.82%	厨房 / 餐饮用具	9.53%	珠宝 / 钻石 / 翡翠 / 黄金	2.40%
箱包皮具 / 热销女包 / 男包	5.06%	电脑硬件 / 显示器 / 电脑周边	6.95%	笔记本电脑	1.52%
童装 / 童鞋 / 亲子装	8.79%	ZIPPO/ 瑞士军刀 / 眼镜	7.78%	生活电器	6.64%
女士内衣 / 男士内衣 / 家居服	8.36%	个人护理 / 保健 / 按摩器材	10.18%	五金 / 工具	9.16%
美容护肤 / 美体 / 精油	11.95%	日化 / 清洁 / 护理	13.48%	MP3/MP4/iPod/ 录音笔	5.02%
手机	2.77%	品牌手表 / 流行手表	4.38%	办公设备 / 耗材 / 相关服务	7.98%
3C 数码配件市场	10.35%	尿片 / 洗护 / 喂哺 / 推车床	14.18%	鲜花速递 / 花卉仿真 / 绿植园艺	7.78%
运动鞋	5.84%	儿童玩具 / 早教 / 童玩车	10.03%	平板电脑 /MID	0.91%
饰品 / 流行首饰 / 时尚饰品新	7.54%	成人用品 / 避孕 / 计生用品	5.37%	美发护发 / 假发	10.44%
网店 / 网络服务 / 个性定制 / 软件	10.78%	电子词典 / 电纸书 / 文化用品	10.78%	大家电	2.23%
服饰配件 / 皮带 / 帽子 / 围巾	8.11%	工艺饰品	5.63%	奶粉 / 辅食 / 营养品	13.90%
居家日用 / 收纳 / 礼品	10.49%	影音电器	6.29%	音乐 / 影视 / 明星 / 音像	7.61%
流行男鞋	5.93%	古董 / 邮币 / 字画 / 收藏	5.69%	闪存卡 /U 盘 / 存储 / 移动硬盘	10.32%
零食 / 坚果 / 茶叶 / 特产	11.61%	国货精品手机	2.45%	电玩 / 配件 / 游戏 / 攻略	5.60%
汽车 / 用品 / 配件 / 改装 / 摩托	6.78%	粮油 / 蔬果 / 干货 / 速食 / 水产	10.37%	演出 / 吃喝玩乐折扣券	9.58%
运动 / 瑜伽 / 健身 / 球迷用品	7.51%	孕产妇营养 / 用品 / 孕妇装	9.65%	手机号码 / 套餐 / 增值业务	12.15%
彩妆 / 香水 / 美妆工具	11.38%	布艺软饰	6.08%	商业 / 办公家具	3.35%
床上用品 / 靠垫 / 毛巾 / 布艺	7.76%	数码相机 / 单反相机 / 摄像机	2.50%	乐器 / 吉他 / 钢琴 / 配件	7.29%
玩具 / 娃娃 / 模型 / 动漫 / 桌游	6.84%	厨房电器	7.95%	酒店客栈 / 景点门票 / 度假旅游	6.25%
户外 / 登山 / 野营 / 旅行用品	6.80%	书籍 / 杂志 / 报纸	14.41%	品牌保健品	11.22%
运动服 / 运动包 / 颈环配件	5.72%	宠物 / 宠物食品及用品	9.75%	台式机 / 一体机 / 服务器	1.81%

图 9-10　各类目宝贝购买转化率比较

（文 | 赛英）

图书在版编目(CIP)数据

淘宝大数据/卖家编著. —北京:中国友谊出版公司,2014.1(2014.10重印)

ISBN 978-7-5057-3236-0

Ⅰ.①淘… Ⅱ.①卖… Ⅲ.①电子商务—商业经营—研究—中国 Ⅳ.①F724.6

中国版本图书馆CIP数据核字(2013)第307675号

书名 淘宝大数据
作者 《卖家》
出版 中国友谊出版公司
策划 杭州蓝狮子文化创意有限公司
发行 杭州飞阅图书有限公司
经销 新华书店
印刷 杭州钱江彩色印务有限公司
规格 710×980 毫米 16 开
15 印张 184 千字
版次 2014 年 1 月第 1 版
印次 2014 年 10 月第 4 次印刷
书号 ISBN 978-7-5057-3236-0
定价 39.00 元
地址 北京市朝阳区西坝河南里 17 号楼
邮编 100028
电话 (010) 64668676